ISABEL DE SEFARAD

Un viento árido se abate sobre la España del renacimiento, en la que se está dotando de identidad propia, y los vientos de la intolerancia, harán que se divida entre mente y corazón, quedando así hasta que una brisa sople desde el este, barriéndola de una vez para siempre.

En la torre del espolón del castillo de "La Concepción", los ojos tristes de una doncella, miran al mar que se traga a su joven enamorado, dejándola tan sola...tan sola...

Sus cabellos rubios flotan agitados por el viento cálido que se levanta por las tardes, arrastrando arena proveniente de los riscos que jalonan la fortaleza. Como la representación sorda de un sentimiento no comprendido, su corazón late de forma acelerada, y su mente cavila como reunirse con el, aunque eso le cueste la cordura a su padre, don Rodrigo de Pechuán, noble descendiente del hidalgo que cabalgó a las órdenes del rey don Jaime I el conquistador, arrogándose los méritos propios de un guerrero. Que alcanzó el título de conde, por salvarle la vida al mismo rey que moría a traición a manos de un sucio infiel, de no ser por la oportuna intervención de don

Alvaro de Pechuán antepasado y tronco del apellido de rancio abolengo que hoy ostenta, don Rodrigo.

No, no dudará doña Isabel de Pechuán en acudir con su joven doncel allá donde fuera menester, que su alma está con él, y su brazo, aunque débil, por el dará cuanto sea necesario. Sangre de guerrero, fluye por sus venas, y hora es de demostrarlo, sacando de donde carece, aquello que no posee. Lágrimas deja correr, que es hembra y no varón, amargura que ha de guardarse, si es que su deseo concibe la doña señora, de Pechuán. Allá marcha que él es de judía la raza, y lo echan de su lado, por haber matado al Señor, el día de su crucifixión. Una vela se pierde en el horizonte, y ella se irá tras del.

Una voz grave resuena entre las áridas rocas que a ella se le antojan barrotes que el Averno le manda.

-Hija...mira que mi alma muere, si os ve llorar, y palidece el cielo si de veras no sonreís. Decidme que habéis olvidado al que fuera dueño de vuestro dolor, que me robó el tesoro que más yo guardo.-le dice con voz que tierna parece, posando su tosca mano, en el blanco hombro de doña Isabel.

-Padre, perdonadme-se vuelve con la faz envuelta en la tristeza ella, dominando su dolor-que no puedo daros placer, en esto que me pedís, y mi yo mismo se desuella por dentro, en espera de vuestro apoyo. Dadle a él lo que para mi guardáis, decidle que vuelva a mí, y...

-Mi niña, vos no sabéis en vuestra inocencia qué pedís con vuestro anhelo, que nada se puede hacer. Donde manda doña Isabel,Castilla, sino obedece. El marqués de águilas, que Gabriel le pusieron al nacer, de vos solicita el don. Prestadle atención a él, que vos le habréis de hallar, solícito, y de buen ver. Decidme que así lo haréis...

La muerte le pareció que le llegaba, cuando su señor padre, le dirigió aquellas crueles palabras, hurgando donde ella, trataba de curar.

-Haré lo que de mi solicitáis, más no pidáis de mi alma tregua, que solo obediencia es, aquello que vos deseáis, y yo os concedo.-respondió doña Isabel, con resignación propia de su educación y rango. Abandonando el torreón, con lento y distinguido paso, para dejar que se la tragasen las entrañas de la torre.

Con la barbilla apoyada en su mano, don Rodrigo mira como, entre lamentos y suspiros, su joven hija, abandona la contienda, sin oponer resistencia. Y piensa si no tendrá ella razón al no conocer la diferencia, entre varón fiel, y el que no se somete, a la ley del Cristo. ¿Acaso no manda el corazón allá donde su lanza clava?. Los estandartes ondean en las almenas, anunciando la presencia de regios personajes, que con sus séquitos moran por un tiempo, en el castillo de don Rodrigo, a la vera del rey Fernando, que supervisa la expulsión de los hebreos.

-Mi señora,-se dirige a ella su aya, que conocedora de su dolor, no se separa de su señora, tratando de consolarla-no desesperéis que todo ha de arreglarse, y la sonrisa asomará de nuevo a vuestros labios. Venid que os he preparado algo de comer, que estáis muy flaca, y me preocupa que don Gabriel, os vea en este estado tan lamentable...-suspira el aya, que sabe lo que se ha de hacer.

Ambas mujeres descienden los estrechos escalones que en círculo bajan al gran salón donde los nobles reunidos, esperan la presencia de la más solicitada de las doncellas hijas de noble. Todos vuelven sus ojos a ella, y se levantan en señal de respeto, para presentar su admiración a la hija de su anfitrión.

Lucen atavíos con sus armas en el pecho, que hablan de hazañas que llevaron a cabo sus padres y abuelos, y que les convierten en señores de feudos y riquezas. Entre ellos se halla, don Enrique de

Avalos, marqués del Basto, y con él, don Luis de Castro, que unen sus armas en camaradería, para poner frontera a los judíos de Castilla y de Aragón, que ambas coronas abandonan. Aun allí se encuentran, don Alonso de Hijas, y don Rodrigo de Barahona, que viene de Riaza, en la muy noble ciudad de Segovia, y don Fadrique de Ayala. Todos esperan que la hija de don Rodrigo de Pechuán, de su anuencia, y concuerde con el marqués de águilas, el compromiso que selle la alianza de las dos familias, que convertirá en poderosas a ambas.

Los hachones encendidos crepitan en las paredes, y dan su luz obligados por la brisa que los azuza. Desplegándose todo en derredor del salón en el que se hallan reunidos la flor y nata de Castilla y Aragón. Las armas del conde presiden en lo alto de la enorme chimenea, en dos banderas cruzadas, y cuando él aparece en el dintel pétreo de la puerta que da acceso al torreón, todos se dan la vuelta para prestarle atención, pues tiene la confianza del rey Fernando.

-Gracias amigos, por acudir a mi humilde casa, en este día tan importante para las casas de Castilla y Aragón, que se ven al fin libres de los hebreos, para dar comienzo a una era sin infieles, que dejen mácula en la historia torturada de estas tierras. Mi hija doña Isabel de Pechuán, conocerá hoy a quien la pretende desde hace largo tiempo.- Dirige su mirada a don Gabriel, marqués de águilas, que ciñe espada al cinto cuajada de joyas rojas traídas de la lejana Catay. Su túnica roja y blanca, luce en su pecho las armas de la familia, que son campo de plata, y sobre él,, castillo azul flanqueado por dos coronas de oro, sobre campo negro, con bordura azul y siete cruces, muestra de las batallas libradas a las órdenes de reyes de Castilla, que yacen junto al Señor.

-Heme aquí, con el ánimo encendido, dispuesto a honraros señor, pues es vuestra hija quien es objeto de mis más sinceros sentimientos, que deseo expresarle.-Mira a la dama que permanece callada, como el protocolo exige, sentada entre dos caballeros que son de su familia .

Así transcurre la tarde, que se revela dura, para doña Isabel, solo pensando en aquel que es dueño de su alma. Recorre con su mente el mar, en busca del barco en el que se aleja, surcando las aguas cálidas del mediterráneo, para no volver. El sonido de las piezas de las armaduras entrechocando, de las espadas que resuenan en sus vainas, y el olor a cuero curtido, le llenan las fosas nasales. Recuerdo que ya nunca olvidará. Su aya está detrás de ella, como la gallina que protege de aquello que amenaza. Ella la ha criado desde que su madre muriera, en aquel infausto día en que ella decidió venir al mundo. Su cuerpo fuerte y grande intimida a quien se atreve a acercarse a doña Isabel, y coloca un muro ante el que no es deseado. El vestido de doña Isabel, de lino fino, y ligero, se derrama por los costados como espuma de ninfa, y sus brazos blancos de marfil se apoyan con sus manos aferrando las cabezas de león tallado, que adornan los reposabrazos del alto sillón de madera de roble, desde el que observa la escena que se desarrolla.

El fornido marqués, se deshace de sus iguales, y con la mirada puesta en doña Isabel, se acerca y dobla la rodilla. Para dirigirse a ella en tono de súplica. Todos los allí presentes contienen el aliento, conscientes de que ante ellos se fragua, la fusión de dos de las casas más poderosas en el levante español. Es en ese instante, cuando el suave fru fru de la seda rozando la fría piedra, anuncia la llegada del más influyente de los canónigos de los dos reinos. Don Pedro González de Mendoza, entra en el salón, seguido de una pequeña corte de hidalgos y abades, que le sirven en su viaje a Cartagena, donde viene a observar, como se cumplen las órdenes de su católica majestad, doña

Isabel de Castilla, y de su egregio esposo, don Fernando, rey de Aragón. Ordenes que se refieren a la expulsión de los enemigos de Cristo y de la Iglesia, que poblaran antaño las tierras de los infieles moros, protectores de los hebreos, para deshonra de los reinos cristianos.

Como si un ensalmo se produjese, todos vuelven el rostro hacia su eminencia, que con gesto displicente y acostumbrado, da su permiso para que continúe el acto. Don Gabriel, toma la mano de doña Isabel y la besa, mientras en todo momento, sus ojos controlan la faz seria e inexpresiva de su elegida.

-Hacedme doña Isabel el honor, de convertiros en parte de mi casa, que no hay otro mayor, que adornarla con vuestra presencia, y regaladme con vuestra palabra, el saber que soy de vuestro agrado. No desdeñéis mi oferta, que soy caballero rudo, de pocas palabras en boca, y mi expresión no me hace honor.

Doña Isabel retira su mano con la delicadeza de un pájaro que escapa a ojos de su predador, escurriéndose entre sus garras, y le dice en voz dulce y sosegada:

-Ved mi señor marqués, que solo soy una mujer, y mi alma no anhela, si no, ser amada y aun a amar aspiro, al dueño de mi corazón. Hoy que a mi padre honráis, y que la nobleza de Castilla y de Aragón se halla presente, agradezco vuestro deseo, y me complace saber de vuestras intenciones, más es mi señor quien ha de decir en este menester, las palabras finales. Que yo obedeceré su deseo como hija que le soy.

El aya que tras de ella se halla, envarada como ástil de una lanza, la mira desde lo alto, sin comprender el cambio sufrido en su ahijada. Ella conoce bien el sentimiento profundo que anida en su interior, y no tarda en darse cuenta, de lo que trama su niña. Un escalofrío le recorre el cuerpo, y mira a los allí reunidos, a sabiendas de lo sencillo que resulta desatar una guerra, en el pecho de los varones que están presentes, lo fácil que sería resucitar viejas ofensas, de cuando cada uno combatía por elevar al trono a una princesa, de la casa de los Trastámara.

Vuelve la cara al conde el señor marqués de águilas, que de nombre ostenta don Gabriel, para pedir socorro a su anfitrión, que no conoce el camino a seguir, en aquellas difíciles lides.

-Mi hija don Gabriel, consiente en convertirse en vuestra esposa, en el plazo que a bien tengáis, y se harán los preparativos necesarios para que a cabo se lleve tal evento. Las dos casas serán unidas por una sangre.

Un aplauso general, retumba en el gran salón, y se suceden los abrazos y las felicitaciones, entre guerreros rudos de toscas maneras, que buscan perpetuar sus estirpes. Doña Isabel se disculpa, y se retira lamiendo con su vestido las paredes de piedra descubierta, para descender al patio, donde la luz del sol domina, y una fuente, que le pidió instalara a su padre, rodeada de setos verdes, y rosales multicolores, reina como señora del jardín. Se sienta de costado en el borde, y llora su pérdida que es lo poco que se le permite hacer a una hembra en los tiempos que corren. Deja caer una rosa que corta, de las que asoman su encanto sobre el agua, atrevidas, y ve como flota en ella, sin poder salir.

Los rosales crecen alargando sus varas que se retuercen invadiendo ya los bordes de la fuente, ocultando sus tallas. El aya llega con paso seguro y firme, y con la mirada le interroga. ¿Pues no ha fingido sumisión al marqués, a sabiendas de que no cumplirá poniendo así en peligro la alianza de su padre con tal señor?

-¿Qué pretendéis mi niña?-le pregunta ella-se que no deseáis convertiros en esposa del marqués, y aun así alentáis sus esperanzas, y aun más, le dais palabra.

-Ay mi fiel aya, ¡como me conocéis! cierto que no será como mi padre desea, y que no tendrá el marqués la esposa que busca en mi, pues yo no deseo sino, ser de aquel que ya está lejos. ¡Habéis de ayudarme!, que se que hacer, antes que sea muy tarde.

Los ojos de doña Inés, se agrandan y muestran su desasosiego, al ver que dentro de su mente, hay decisión ya tomada. No le apartará nadie de su camino, que ha de ser como ella quiera. Así fue siempre, y fue su padre quien hubo de doblegarse en todo tiempo, al decidir de su señora hija, doña Isabel. Comienzan a bajar al patio los nobles que buscan aire fresco, allí la ven en soledad, acercan a ella su presencia, y le dan su parabién.

LAS NAVES DE LA DIASPORA

Las velas de los navíos que transportan hacinados a los judíos sefarditas, en las bodegas en las cubiertas, y hasta en las bordas, se hinchan con el viento de poniente. Surcan en cuarenta y una carracas y trece galeras, que manda el Sultán Bayaceto II, fletadas para tal fin, las aguas del mar que conduce a Estambul. Lejos les siguen cuarenta y siete galeras de Castilla, y trece de Aragón, más como prevención que como escolta. El cielo está parcialmente cubierto de nubes, que anuncian buenos vientos, y los marineros se afanan en sus labores, a pesar de los quejidos de los barcos, que crujen de viejos. Desde unos se saludan y felicitan los más jóvenes, mientras los más ancianos, se acurrucan en un rincón, llorando el destierro injusto a que los someten los reyes de su patria. Pronto verán los inexpertos, hijos de Abraham, como se les trata en Torgarmáh, y que nada si no extraños serán allí. Echarán de menos los colores de Andalucía, los olivos salpicando el paisaje, y los almendros en flor. El sol de Sefarad, y las ciudades de ella, que no volverán a ver. Agarrado a un cabo, con el pelo revuelto, y los ojos hinchados, un joven José Beckhat, mira al horizonte donde hace días se perdió la silueta de la tierra que le vio nacer. No es por nostalgia de aquella tierra, que también, sino, que en ella deja a quien alumbró su corazón para darle una razón de vida, y ya...ya no será suya. Allá se queda doña Isabel de Pechuán, la dueña de su alma misma. Viste túnica de lino blanco, y se ciñe con cinturón de seda azul, regalo de ella, que no pudo lucir en Castilla, por estarle prohibido ostentar a los hebreos, ropas lujosas. Ahora libres de la pesada ley de la reina Isabel de Castilla, todos cambian sus atavíos por otros acordes a su costumbre. Su mano se desgarra al aferrar con fuerza el cabo que tensa la vela.

Oye las risas de los turcos que se burlan de los cristianos al salir a mar abierto, aunque hace cuatro días que eso ocurrió, y las naves de los reyes abandonaron su crucero, seguras de su curso. Ve sus colores desgastados como pinceladas de color, que adornan las galeras en las que reman esclavos capturados en contiendas, que nada pueden ofrecer a sus dueños, resignados a trabajar en sus navíos hasta el fin de sus días.

Son los últimos diez mil que abandonan Sefarad. Ellos crearán una estirpe que se perpetuará en el devenir de los siglos hasta llegar a nuestros días. José, baja a la cala, donde viajan los más pobres, aquellos que no tienen recursos para pagarse un pasaje en la cubierta superior, o en la cámara misma como es el caso de su padre. En la proa del barco, observa como rasga el agua separándola como hiciese Moisés en el mar rojo, y deja que su mente divague en las cosas que podrá hacer en Estambul, sin el estorbo de leyes crueles que le coarten su iniciativa

Por el camino que conduce al castillo de la Concepción, llega un muchacho al que su tez oscura, y su cabello enroscado, delatan como hijo de Africa, aunque vista al modo de los cristianos. Es Mahmud, que ahora se llama Esteban. El monta en una mula, que sobrecarga cada día con las provisiones, que adquiere el conde por medio de su intendente en el pueblo que se extiende a la sombra de este. Viste un jubón de cuero que le regalase el día de su bautizo la señora doña Isabel, y bajo este una camisola, amarilla por el uso. Calzones de algodón marrones, anudados con un cinto de cuero negro, de los que su padre ya anciano, aun curte y repuja en su taller. El sabe del dolor de su amiga, la señora, y le trae lo que le pidió hace cinco días, cuando desde la costa, en una carroza negra, hecha de ébano, asistió a la partida de los judíos. Un fardo con su pedido, se balancea en la grupa de la mula, que paciente asciende por la pendiente que lleva al portón del castillo. Fustiga a la mula, sin castigarla en exceso, más como estímulo que le sirve para no desfallecer, mientras alza la vista para ver si ella, le espera.

Pero es doña Inés, el aya, quien le hace señas desde lo alto de una ventana que se abre al camino, en el que solo hay piedras sueltas, y polvo bajo el sol de mediodía. Dos soldados de áspera presencia le miran con aprecio, pues conocen su amistad con la señora, y saben que de él dependen el pan y el vino que tanto les gusta. Pronto el portón se levanta y el paso queda franco. Como un torbellino, la guardia le cerca, para ver que trae, y doña Inés se escabulle de entre ellos, para recoger lo que su señora espera. ¡Ay que les puede traer la muerte a ella, y a su padre!.

La algarabía que sucede a la llegada de Esteban, hace que don Rodrigo salga a la balconada que preside el patio de armas, para ver la razón de tal escándalo. Sonríe al ver como sus hombres ríen y cantan mientras se llevan a las cocinas los aprovisionamientos que llenarán sus estómagos de carne, pan y vino, devolviéndoles así la alegría. Un grupo de nubes acaba de aparecer en la lejanía, y la esperanza de que el agua haga aparición con ellas, se convierte en el tema de conversación de los moradores del castillo.

-Mi señora, aquí os ha traído ese joven...Esteban, lo que le solicitasteis. Aun estáis a tiempo de echaros atrás...no sé si debéis...

Mi fiel ayita, sois lo más parecido a una madre que nunca tuve, y no deseo involucraros en mis desventuras, que no se en que concluirán. Dejad que me lleve un recuerdo de vos, que almacenaré en mi alma, y en mi corazón, para siempre-llora el aya, con su cara entre las manos de doña Isabel-ahora ayudadme a cambiar mi aspecto, por el de un varón, que de no ser así no saldré del castillo.

-¡Ay hija mía! Que esto es un gran pecado, y no sé si el infierno será el pago a todo este vuestro esfuerzo. —Le dice mientras le sube los calzones y le mete la camisa en ellos-dejadme que os aconseje…

-Aya mía, no me deis más consejos, que son fardo pesado para este viaje, en el que solo la audacia, y el Dios del cielo, pueden servir de algo.-se ciñe los pechos con una banda de tela por encima de la camisa, a la que añade el jubón encima, atándolo con fuerza.-ahora, cortadme el cabello, que seré hombre y no podré lucirlo allá donde voy.

-No me pidáis eso mi señora, que lo he cepillado tantos años que un apéndice de mi cuerpo cortáis, y no del vuestro.

-¡Hacedlo! no me chistéis, que el tiempo es enemigo de quien lo pierde.-le muestra la melena que le llega por más abajo de la cintura.-Aquí tenéis le da un puñal con el filo acerado, y brillante.

Cerrando los ojos al principio, y con mano temblorosa, corta el primer mechón, para dejarlo caer al suelo donde una sábana lo recoge como ofrenda de ninfa. Cae la belleza de doña Isabel, en pro de una causa noble, que nadie conocerá. Y su aya, mira el envoltorio, con ojos recelosos, que sabe que es delito vestirse de hombre para una dama, que los reyes, y el Papa, lo prohíben por ser un gran pecado para las hembras hacer tal cosa. Esteban ha marchado, con regalos de los soldados a los que trae en secreto, lo que de él solicitan. De aquello que los navíos que comercian con los berberiscos, dejan en las costas de Levante. Ha abierto el aya con sus manos ajadas por la vejez, el paquete, mostrando el contenido, que no se atreve a tocar, al ver que es. Una coraza de turco, y piezas de armadura, de infiel, así como cimitarra con sus arneses, para ceñirla al cinto. Y túnica de guerrero musulmán que horroriza a la vista al aya.

Al ver la expresión de repulsión de su amada aya, decide explicarle el plan que en su mente ha concebido, a fin de tranquilizarle, y que lo trate de ver como ella lo hace.

-No es tan malo como vos creéis aya mía, que no es sino, un disfraz de moro, que llevaré encima de mis ropas de varón cristiano, para así pasar desapercibido entre los de infiel condición.

-¡Ay hija mía, que ya me habláis como si fuerais varón!¡que pérdida, para mí, que no tuve hijos, el ahora tener que despediros...

-Vamos, vamos,-le consuela con voz dulce y una sonrisa que le dice con ternura, lo mucho que la quiere.-que volveré con mi señor, y hablaremos de amor, y de batallas, como si este suceso terrible nunca hubiera tenido lugar.

Su padre se halla con el marqués, paseando por la playa en la que aun se ven despojos de los viajeros que dejaron como lastre en su forzado éxodo. Paquetes amarrados con cuerdas, utensilios de cocina, y algún arma que no se les permitió llevar consigo, jalonan el rastro que conduce a la mar.

Los dos hombres de armas, montan caballos de bella estampa, que trotan a lo largo de la playa, entre el sonido de las espadas que rebotan contra el muslo de sus dueños, y el sordo golpeteo de los cascos al contacto de la arena. Don Rodrigo se cubre los ojos con la mano, y mira hasta donde el horizonte se une con el mar. En lontananza, una vela se recorta agrandándose según avanza.

Un sacerdote de vientre grueso, corre veloz, entre los toscos centinelas, a pie para descender a la zona, en la que la arena se adueña del terreno, dirigiendo sus pasos con premura, y marcada precisión, hacia un punto concreto, en el que unas tablas se amontonan en confuso montón, de manera que no llaman la atención. Se agacha y las levanta una a una, hasta que ve lo que busca. Una bolsa de terciopelo rojo, anudada con tierno cuidado, que se encuentra casi cubierta por la arena y las algas. Mira en torno suyo, como temiendo ser descubierto, y la guarda entre sus hábitos marrones, para darse la vuelta, y correr de nuevo, esta vez en dirección al castillo en el que aguarda doña Isabel de Pechuán. Su paso de común torpe, se vierte en raudo caminar, jadeando, y murmurando entre dientes una maldición, para quienes no comprenden su pesada humanidad, que a su capacidad escapa aquel encargo.

De no ser doña Isabel la que de él necesita, que no hubiera de ceder a tan taimado deseo, de no ser que su alma estuviera en el trato. Ella le salvó de la cárcel cuando su eminencia don Martí de Sacrosanto le acusara, de inteligencia con los judíos, librándole de la tortura, y quién sabe si de la hoguera también. Y todo por dar cobijo a un sefardita, que de sed moría en medio de la playa, en la que no le embarcaron, por no dar la necesaria bolsa, y que dejaron a su suerte, cuando sus correligionarios partieron apresuradamente, en una noche sin luna.

Ahora que su alma pena, es menester devolverle el favor a la señora, para calmar su dolor, que el doncel que ella despide, ha dejado en sus manos, aquello que el atesora entre sus ropas.

En el castillo, se le abren las puertas, de par en par, y con el semblante enrojecido por el esfuerzo, asciende peldaño a peldaño, los escalones que le separan de su benefactora. Abre la puerta de los aposentos tras dar dos secos golpes contra ella, y encorvado, jadeante, ya punto de desfallecer, habla con la voz agotada.

-¡Ay mi señora, de no ser vos, hubiera desistido de este empeño en recuperar para vos, las palabras últimas de José Beckhat, vuestro amado. Las tropas de Castilla y de Aragón galopan hace cuatro días rumbo a sus feudos, y solo esto queda ya, de los que se fueron-le muestra una bolsa de terciopelo rojo, anudada con cordón de seda, y se la tiende.

Ella con mano temblorosa, toma de él, de su amado el adiós, y lo desenvuelve con torpeza y nerviosismo, para ver que entraña dentro de si aquel envoltorio. Un rollito de pergamino nuevo, y dos piedras rojas como sangre, caen en la palma de su mano, de dedos blancos y delgados. En la lengua de sus ancestros, José Beckhat, le confirma sus sentimientos, y no desespera de verla en tiempos en que pueda ser posible el regreso. Dos piedras rojas para que le sirvan como esclavas a su entendimiento.

Los ojos de doña Isabel, dejan resbalar su dolor en largos surcos de agua, que de sus lagrimales caen amargos como hiel que ha de beberse. Son segundos de dolor sereno, que no se borrarán, y alza la mirada a su aya, y con ella le solicita que no la abandone en momentos tan duros. Más doña Inés, saca por toda respuesta, de un armario, un saco de piel de ternera, pesado a la vista, y lo deja caer en medio de la pieza, con seco golpe. De él extrae calzones y jubón de varón, y una camisa grande, que se enfunda sin más.

-¿Acaso creía mi dueña, que sola habría de ir a tan terribles lugares, sin que yo siguiese sus pasos, como sombra de medianoche?. Esteban trajo anteayer, bajo amenaza de comunicarle a vuestro señor padre sus negocios con los soldados, que sin duda castigo le impusiera, ropa de hombre de armas, que adquirió en la medina de Granada, un comerciante al que le llegaron, los despojos de la toma.

Se le agrandan los ojos a doña Isabel, que sola pensaba huir, y don Javier de Soto, que se halla entrado en años, se acaricia la panza, sin dar crédito a lo que ve. Su señora, viste ropaje de varón y pelo corto, y ciñe al cinto, espada de soldado, con apariencia de mancebo. Mientras que doña Inés, se transforma ante su incrédula mirada, en hombre de armas, de fornido aspecto. Nada vio nunca igual, y le tiembla todo el cuerpo. Las dos damas, le piden que las lleve a su pequeña ermita, en lo alto del promontorio que da al escarpado risco por el que habrán de descender, en la noche, para embarcar en la galera de don Felipe de Leizo, siguiendo la singladura de la flota del sultán. Que se encarga el tal hombre con su tripulación, de la guardia y custodia de las costas de Cartagena, patrullando sus aguas cada dos semanas.

-Mis señoras, ¿Qué dirán los guardias si descubren la impostura?, esto que me pedís supera mi...mi...

-No os apuréis amigo mío-le tranquiliza doña Isabel, con voz dulce-que esta será la prueba de que nadie nos reconocerá ahí afuera. Y si ha de ser, que lo que el señor quiera, sea y suceda.

A pie, tras el clérigo, avanzan las dos mujeres, con la cabeza baja, y fardos a la espalda, fingiendo ser lo que desean se crea. Salen sin estorbos del castillo, bajando por el sendero que conduce a la explanada, abierta a la llanura que precede a los riscos, retrepados y orgullosos, que caen al mar en farallones de piedra, que las olas golpea.

El calor se hace patente, en toda su potencia, y reseca el suelo de piedra y polvo, que se les pega en costras al cuerpo, endureciéndolo, mientras suben por las empinados y pedregosos caminos en revueltas, alrededor del modesto edificio que es la ermita. Una cruz de hierro, señala el límite de los dominios de don Javier de Soto, desde que fuera ordenado como sacerdote del Señor, hace ya cuarenta inviernos. Con suspiros de alivio, se plantan en la meseta, que como cortada por manos de gigante, sostiene los cimientos de la edificación en la que reza y medita el fraile.

-Un poco más y me deshidrato doña Inés, tenemos que reflexionar y decidir el rumbo que habremos de tomar a partir de ahora. —dice con voz entrecortada doña Isabel, que acaba de iniciar el camino hacia el infierno del mundo real. Acostumbrada a las comodidades que le ofrece el castillo, se ve castigada por el calor pero libre al fin, de la servidumbre de ser quien no puede defender siquiera su causa. Desde este momento es un hombre, y ya no será más la mujer indefensa y frágil que fue antaño. Se mira los calzones que se le caen de flojos, y la cimitarra que se ciñe al cinto como un elemento extraño. Pero es doña Inés quien le hace notar que no engañaría a nadie con semejante aspecto de no ser que resultara ciego.

-Decidme padre Javier, ¿Qué es menester que se haga con tal de transformar mi aspecto por uno que sea viril y masculino? Que estoy dispuesta a sacrificar cuanto sea necesario con tal de parecer lo que necesito para ser el nuevo yo.

-Mirad mi niña, que antes de ser sacerdote, en tiempos en que los moros aun campaban a sus anchas por estas tierras, en las que vuestro padre guerreaba contra ellos, en las filas del rey don Fernando, yo mismo fui caballero, y manejaba la espada de tal forma y manera que era temido en el campo de batalla. Yo os enseñaré a ser hombre, y haré que vuestro rostro de mancebo mude por el de un varón curtido en las artes de la guerra, hasta parecer lo que nunca seréis.

-¡Ah eso si que no, ni hablar!-se rebela entonces doña Inés-ella es de noble estirpe, y de rancio abolengo su apellido, y no consentiré…

-Calla mi fiel aya, que lo que ofrece nuestro común amigo, del todo me place, y así ha de ser.-le toma de la mano al aya, para apaciguar su furia, que ya ha tenido que cortar de su cabeza el oro de sus cabellos y por no decir más, vestirla de varón, que desmerece su atuendo.

ENTRENAMIENTO DE CABALLERO

Durante los siguientes días aprovecha doña Isabel de Pechuán, para aprender a sostener una espada en alto, y hendir el aire con ella, golpeando trozos de madera que no sienten el toque de su acero bien templado. El viento se ríe de su afán y el sol recalienta su piel que suda por vez primera bajo la cota de malla que le cubre, causándole rozaduras que le atormentan el cuerpo.

-Alzad el brazo, que no el antebrazo, y echadlo hacia atrás con la espada misma, para dejarlo caer sobre quien deseéis atacar. Que así romperéis la defensa de cualquier escudo, y quebraréis su resistencia. Y si no os son suficientes dos golpes, repetid hasta que lo consigáis.

¡Vamos!¡alzad y dejad caer, alzad y dejad caer todo vuestro poder.

Se retrasa la galera de don Felipe de Leizo, que cumple con una nueva ruta, aun más larga y tardará en atracar en la ensenada en la que ha de embarcarla a ella y a su aya, y a al sacerdote, que en su testarudez, insiste en seguirles allí a donde vaya. Cubierta de polvo, y heridas, con la furia en los ojos, y el semblante enardecido, doña Isabel de Pechuán, se revuelve contra sí misma, asestando mandobles al enemigo imaginario que contra ella lucha. Va mudando su tristeza en valor, y su fragilidad en ardor guerrero, a medida que los días se suceden.

Su augusto padre le busca como enloquecido, y cubre el terreno que abarca su territorio en busca de una hija que sabe de alguna forma perdida. Cincuenta soldados cabalgan rastreando el territorio del señor feudal en direcciones que conforman una estrella al separarse. Es no obstante el señor de águilas el que no parece satisfecho con el abandono del hogar que la señora doña Isabel era ya su esposa ante los hombres de quedar en el castillo, y se le escurre entre las manos como agua en una cesta. El y sus hombres de armas, como aves de presa se ciernen sobre el mar oteando el horizonte en busca de una pista que les indique como acceder a su persona sin en riesgo poner su vida.

La paz del castillo que ahora retorna a su cotidiano trabajar, se ve alterada por aquellos que en todo ajenos a su anhelo, ven en la huida de la doña señora Isabel, la fuga de una mujer enamorada que amante tenga. Y es don Rodrigo quien teme una guerra entre clanes que la paz arrastre a lo más profundo de lo que la venganza trae. Que no es Gabriel quien a su nombre haga honor, ni en palabras de bien abunde. Si no aparece la señora doña Isabel, la guadaña de la guerra segará las vidas en pro de una horrible ofrenda a su honor manchado.

En las almenas del castillo, los centinelas ponen especial atención a lo que el horizonte les depara, que en juego está el porvenir de sus vidas, haciendas, que aunque pobres son suyas, y por eso amadas les son. A los reyes doña Isabel y don Fernando, ha llegado con el paso de los días de mano de sus agentes en el castillo, la noticia de la tal desaparición, que en mucho desagrada a sus egregias personas, a las que costó pacificar tras la guerra que asoló Castilla los feudos de don Rodrigo y de don Gabriel de águilas.

Se pasea doña Isabel de Castilla en presencia de su señor esposo don Fernando, por el claustro del palacio de Valladolid, en busca de solución al respecto, pues una mujer como Isabel de Pechuán en peligro pone los planes reales de la reina más poderosa de Europa. Ni el mismísimo emperador de la lejana Germania, se atreve a contrariar a la reina católica que en su haber posee el ejército más grande de los reinos de Europa, y primero es en ser solo de los reyes y de los nobles no depende como ellos.

-Decidme vos mi señor qué se ha de hacer en caso como éste es, que de la mano se me escapa el como resolver.

-Ay mi reina y señora, que no es otro que vuestro esposo quien en vos confía. Pensad que eso vos hacéislo bien, y decidid como hallar el que ambos señores contentos queden sin que las armas hablen de guerra.

-Será fácil conseguir de don Rodrigo la paz, que por mi causa a dado sus armas y en mi puso su fe, al ayudar a proclamarme reina de Castilla, en contra de los intereses que don Gabriel defendió, y que generosamente perdoné en pro de la paz, y que no eran sino los de la princesa Juana.

-Si esto se nos va...todo comenzará de nuevo mi señor, quizás si vos intercedierais por la causa de don Rodrigo, que en buena fe bien creo, que su hija tras hombre ha ido, y no por ofender a su progenitor, que mucho la ha de amar, y en nada piensa, que encontrarla sino morir...

-Así se hará señora de Castilla, que en buena hora tenemos conseguida, la unión de los ambos reinos, y poco queda en el norte que nuestro ha de ser en breve, para España ser grande, como nunca lo fue hasta ahora. Parto para el feudo de don Rodrigo con hombres de armas numerosos y allí hospedaré mi alma, en busca de la tal doña Isabel de Pechuán. Dadme de vuestra mano credenciales que me otorguen poderes en que confiar el conde, y que vea de acuerdo a sus señores en esa suerte.

De la corte de Valladolid sale el rey don Fernando, seguido de trescientos hombres de armas que de la guerra son veteranos, de granada y no más. La espada rebota en el muslo del rey, y las piezas de las armaduras resuenan entrechocando entre ellas, anunciando la varonil comitiva con destino a l feudo de Pechuán que regresa el rey.

La antes débil señora hija de Pechuán en lances se atreve con cimitarra de moro que de Granada le vino, a entrenar su brazo que en busca irá del doncel que expulsado está de la Sefarad que el ama.

Golpea con ella el muñeco de madera, y en hendiendo el saco de arena con la punta, grita más como varón, que hembra no sabe de estas lides. Han pasado tres días y su rostro curtido al sol, aparece como el de un joven guerrero, que con expresión adusta amenaza sin desenvainar el arma. Su aya le mira, y acostumbrada queda en poco, a ver un hijo donde antes viera una hija. Aquello les salvará la vida en tierras de infieles, que a ellas van, de Sefarad que dejan.

Don Javier de Soto, sonríe al ver sus progresos, y a ella se acerca con la frente sudorosa y las manos húmedas. No vio nunca mujer que de armas estuviese armada, ni que tan bien las manejase en su mano.

-Hija sois el orgullo de este viejo terco y arrugado que de comer solo sabía hasta vuestra llegada. Co vos he de ir hasta que el mundo se acabe, y si vuestra aya me permiso da, como vuestra sombra he de ser.

Doña Isabel, jadea ante el raspado muñeco de madera que se balancea a punto de caer de su pedestal, con el sudor cayéndole a chorros por las sienes. Ha aprendido los trucos de un caballero en los escasos días que lleva residiendo en la ermita del fraile. La cimitarra es un apéndice de su brazo, que se ve fibrado y poderoso, para doncel menudo. Espera a Felipe de Leizo, que le llevará a la Estambul que los infieles arrebataron al gran y último emperador de Bizancio Constantino XI. Allí conocerá la forma y manera de traer a su mancebo a Sefarad, que no concibe sin su presencia la vida.

-Esto es ya pan comido muy señor mío...que no me queda nada que saber, ignorando mucho. Pues no dispongo de tiempo para desaprovechar, y el reloj de la vida me atruena con su sonar.

-Estáis hija mía preparada como pocos caballeros lo están a lo largo de su carrera en la guerra contra el infiel. Esta noche tiene anunciada su llegada la nave de don Felipe de Leizo, que regresa de los mares infestados de piratas berberiscos, trayendo presos tres navíos que capturó en las costas de Algeciras, fuera de su perímetro de acción, razón por la que es su tardanza. Habremos de tener sumo cuidado de no alertar a los centinelas que abundarán como pocos días al año, al venir a recibirlo el señor del castillo don Rodrigo de Pechuán.

-Será mejor entonces, que nuestro devenir de tal depende, que nos hallemos entre las rocas escondidos, y con las capas dispuestas para en la oscuridad de la noche perdernos con las sombras. Cuando mi señor padre se vaya con los suyos al castillo, será la ocasión de salir corriendo, para en la galera partir con rumbo a la Estambul de los turcos.

-Entonces descansemos, que es bueno que el que trabaja vea el fruto de su duro trabajo bajo el sol, dijo el sabio rey Salomón. Entre tanto meteré provisiones en un saco, y armas que disimularemos debajo de las capas.

Don Rodrigo sale de su fortaleza en busca de don Felipe de Leizo, que torna a tierra con presas hechas entre los berberiscos que asolan las costas del levante español, para colmarlo de atenciones y premiar en el nombre de los reyes su faena, que bien lo vale. Doce hombres de armas le acompañan, y el piensa en donde se hallará la niña de sus ojos, que no la ve en su deambular por los corredores como antaño, que se topaban a menudo en la pequeña fortaleza. El caballo relincha, y trota, camino abajo, expulsando el fría aire nocturno por sus ollares.

El camino serpentea y retuerce como una culebra que descienda de las alturas, a la caza de una presa, que no es así. En el horizonte se ve la galera de don Felipe, que atraca en el precario puerto a medio terminar, pues las prisas apremiaban por la falta de protección en los mares de cerca. Las gaviotas emiten su sonido estridente en la noche, y sus blancas siluetas, se recortan como luces que auguran un mejor porvenir, que el señor del castillo lo desea. Las capas vuelan libres al viento, y las lanzas reflejan su plateado brillo a la luz de la luna.

LA GALERA DE FELIPE DE LEIZO

La galera amarra en los postes de madera del puerto y los remos se almacenan en su interior, como brazos que se guarecen del frío. Las maderas crujen agradecidas y toda la quilla parece enroscarse en sí misma para dejarse mecer. Los estandartes se enrollan y se pliegan en las jarcias, y una hilera de triste aspecto sale de la nave. Son los piratas berberiscos que serán en el mejor d los casos canjeados por los cristianos raptados por sus correligionarios. Amarrados por cuello y muñecas avanzan penosamente hasta pararse a una voz autoritaria en medio de la playa que otrora saquearan y cubriesen de sangre fiel. Soldados cansados de la lucha les escoltan a cada lado, y tras ellos viene don Felipe de Leizo, que luce al cinto espada larga y ropajes lujosos de noble de Castilla. El señor don Rodrigo le abraza como se hace con amigo fiel, que es él quien del peligro le libra para vivir adorando en paz, y no es en vano.

-Sed bienvenido amigo mío, que veo venís triunfante como de costumbre es en vos. Estos que aquí veo a los que nos agreden, me recuerdan, que miedo tienen los pescadores, de tales manos crueles.

-Estos son los que, mi señor, saquearon las playas que de vuestra mano son. Aquí y ahora se hará la justicia que se requiere, para que otros no sigan su camino, que en muerte acaba.

-Llevadlos don Felipe a aquel risco en el que crece el árbol que allí veis, y tended una cuerda para que vayan recibiendo tres de ellos la recompensa por su trato con nuestras gentes. El resto será canjeado por cristianos que en sus barcos languidecen.

Como ordenase el señor del castillo, que desde las almenas controla el mar que hasta el horizonte se cierne, don Felipe de Leizo cuelga ante los ojos de su hija, que no lo sabe, a tres de los moros, que chillan al sentir que la vida se les escapa del cuerpo. Los que tienen la suerte de seguir vivos se resignan como aquellos a los que capturasen, a servir de esclavos hasta su liberación a cambio de almas cristianas, que volverán sino han muerto, a sus hogares.

En su escondite, doña Isabel de Pechuán ve la muerte tragarse las vidas de los tres moros que se balancean en la rama mayor del árbol que crece como una amenaza siniestra en lo alto del risco bajo el cual ella leía escoltada de lejos por los soldados de su padre, ignorante de que ese era el verdugo de los que osaban asaltar las costas cercanas al castillo. Su aya le aprieta el brazo con fuerza, y con un dedo en los labios le ruega silencio, para no echar a perder su plan d fuga. Es don Javier de Soto el que es llamado para que acuda a ver al señor feudal, sin que sea hallado en parte alguna.

Don Felipe de Leizo mira en derredor, en busca de los "pasajeros" que ha de llevar en su galera en la madrugada de aquel día infausto en que la hija abandona al padre. El señor se va a lomos de su caballo, que como testigo mudo calla lo que sabe, y los hombres de armas con él se van. Tras de sí dejan tres cuerpos inertes, y un capitán de galera, que ha de salir al mar de nuevo, llevando su más preciado tesoro en el camarín de su nave.

Cuando la oscuridad y el silencio se apoderan de la playa, salen de su escondite los tres fugitivos reuniéndose con el sorprendido Leizo, que solo contaba con una mujer, viendo tres figuras no una.

-Pero ¿Qué es esto? Quedamos en que me llevaría a doña Isabel, ella sola...sois tres eso es un riesgo mucho mayor, difícil de explicar...-se lamenta Leizo, que mira al fraile y al aya, incrédulo.

-No me iré sin ellos dos, capitán, los necesito a mi lado. Os ruego señor por la bondad de nuestro Dios, que no me neguéis esto, que prisa le corre a mi alma, salir en pos de mi señor, que dueño es de mi persona.

Suspira el guerrero curtido en mil batallas, y vuelve la cabeza, abandonando toda esperanza de ganar a una mujer la batalla que ella lucha, que no le es posible resistir su llanto.

-Bien no se qué haré subid que mi vida de un hilo pende, y no me puedo detener en barras. Mi segundo os acomodará en el camarín y no espere vuestra merced nada sino madera dura en el viaje que se inicia con vos de pasajera.

Por la pasarela colocada a tal efecto caminan cinco figuras como fantasmas que del submundo llegaran, para ser tragados por las entrañas del barco. Sus mantos les esconden de miradas indiscretas, que los marineros de la galera, hombres son, aun que de confianza del capitán. Desligan las amarras de los postes del puerto, y separan con tres remos la galera de las maderas que lo sujetan a tierra, permitiendo que el navío se deslice como un cisne sobre las aguas dormidas de la playa. Como una sombra se pierde en la lejanía y las velas triangulares se despliegan con sonido de lona fuerte. El viento sopla de popa, y se adentran en el mar abierto, siguiendo la estela ya borrada por el ingrato mediterráneo, del doncel que escapa de la furia real de la doña Isabel de Castilla, por judío de raza ser.

Los hombres se alineaban en las bandas del navío remando con vigor, con la proa enfilando a la poderosa Estambul. En el camarín del capitán don Felipe de Leizo, doña Isabel y su aya así como el fraile don Javier de Soto, trababan conversación en aras de tomar una decisión sobre como desembarcar una vez en territorio turco a tan delicada mercancía.

-Una vez hayamos penetrado en los dominios del gran turco, habremos de camuflarnos con vestiduras de las que ellos acostumbran a llevar. Cambiaremos el estandarte de la cristiandad por el de un pirata berberisco que se supone trae esclavos para el gran zoco de la capital turca. Posiblemente hagamos algunos prisioneros a tal efecto en nuestra singladura y así tener con que negociar en ese instante que será el más crítico.

-Ay mi señor don Felipe, que no es de cristianos hacer tales cosas, y menos aun atar a seres humanos en cadenas para venderlos como a animales en un zoco, que solo ellos, los infieles hacen tal.-Exclama doña Isabel, que se horroriza ante la perspectiva de tener que superar las enseñanzas que desde niña se le inculcasen.

-Es menester mi señora, que de otro modo no sucede, sino que luchar habremos, en pro de nuestras vidas, y presos es que haremos para no matar, que es mandamiento superior en nuestra fe.

-Que se haga como vos creáis que conviene a tal momento mi señor-le dice adelantándose el aya a su señora-que no opondremos resistencia a lo que consideréis necesario con tal que lleguemos sanas y salvas a Estambul, donde buscar será de primer orden al doncel que anheláis abrazar.-Le mira ella con la esperanza de que entre en razón.

-Por vuestra razón dispongo que así sea, y no por otra cusa aya mía, que me aterroriza pensar en el destino cruel que se les da a quienes por esclavos se les tiene

La vela se hincha y se deshincha y don Felipe de Leizo sufre la calma que se avecina como una maldición venida del averno mismo. Que es mar de corsarios del gran turco, que no respetan bandera ni estandarte, y temor no sienten por galera, ni de guerra. Los hombres descansan del remo, y comen y beben que pronto habrán de ver los turbantes de los turcos como algo usual en derredor, y las armas listas habrán de tener al cinto si quieren vivir para narrarlo.

Una voz ronca avisa desde la cofa de un navío que asoma por estribor, sin que aun pueda identificarse ni saber de su s intenciones. Apenas resulta ser un punto en la lejanía.

Leizo se acomoda en la borda de babor, y observa el horizonte que se une al mar en abrazo frío más como amenaza que con filial deseo. En la línea que los separa una vela hace su aparición. Es un punto en él pero en dos horas estará cerca y sabrán si es enemigo o amigo. Crece la preocupación en su pecho, y agarra la empuñadura de la cimitarra que ha cambiado por ella la espada, como el resto de los suyos para no dejar que de lejos, les identifiquen. Doña Isabel sale acompañada en todo momento por su aya, y ve al capitán con el catalejo en la mano, dándole vueltas y colocándolo en el ojo a cada poco.

-¿Es que veis algo que no os gusta capitán?- le pregunta con la inocencia de quien no ha visto la sangre fluir del cuerpo de un hombre que lucha por su vida, viendo como se le escapa.

-Aun no lo sé, pero mejor será que os cobijéis dentro del camarín por si fuesen piratas berberiscos que abundan por estas latitudes. Si os ven en cubierta desearán apresaros para venderos en algún zoco...

-Haremos lo que decís...avisadnos cuando el peligro haya pasado señor.-le ruega doña Inés.

Las dos damas desaparecen de cubierta y Leizo hace llamar a su segundo y dos hombres, que seguro está ya, al ver el pabellón que despliegan que de corsarios se trata. La vela azul con la media luna pintada en ella revela que pertenece a Ben Salim, uno de los corsarios de la peor especie, y duro de vencer.

El continuo craaac, craaac de la tablazón de la galera al verse forzada a virar para situarse a favor del viento, les anuncia la llegada de un combate no deseado. Los cañones se limpian y se cargan por tres servidores que a teles menesteres acostumbrados andan, y les apuntan a la galera enemiga, que ya se sabe llega con intención de apresarlos.

Ya se divisa el feroz ajetreo en la cubierta del navío corsario, que se reúnen los hombres en la borda para iniciar el combate. Un cañonazo de aviso les llega a proa y Leizo decide responder cuando se hallen más cerca, pues no quiere fallar ni uno solo de sus golpes.

-¡Preparad los cañones y estad listos para repeler su abordaje. Los bicheros en la mano, y las lanzas cerca!¡ los arqueros a cubierto tras la borda!. Atentos a mi señal. Quiero aun escuadrón de marineros armados con bicheros y lanzas tras ala amurada de babor y en proa. En la popa los arqueros.

Los rostros patibularios de los corsarios berberiscos, ya se pueden ver tan cerca, que asustarían a quienes no se hubiesen enfrentado a ellos otras veces, como es el caso de Leizo y sus hombres. Gritan para amedrentar a sus víctimas y se suben a los flechastes y la borda en ademán de abordar. Entretanto sus cañones truenan y saltan astillas del navío de Leizo destrozando una de las cureñas de la que salta como impulsado por un muelle la culebrina. Pero Leizo y sus hombres permanecen impasibles. Es cuando están ya confiados en que se rendirán cuando da la orden de hacer fuego. La galera está aparejada de estribor con la de los corsarios, y ha situado tres culebrinas camufladas entre los remos. Resuenan como rayos en la noche, y de entre el humo, se oyen los quejidos de los corsarios que mueren sin saber que sucede. La borda de babor de la galera corsaria aparece destrozada y los hombres se aprestan a salir del avispero en que se han metido, sin saber que la muerte ha llamado a su puerta para segar sus vidas. Leizo se lanza seguido de sus soldados al abordaje pues no queda tiempo para nuevas andanadas y entre ellos sin que él lo sepa va doña Isabel que empuña una cimitarra hambrienta de sangre mora. La carnicería que sigue al abordaje deja desierta la nave berberisca, que jamás atacará a ninguna otra. Isabel se emplea con saña contra un segundo de a bordo que resiste en pie blandiendo dos gumías. Tras una larga escena de esgrima digna de un relato aparte, Isabel clava el arma en el estómago del corsario, en lo que es su bautismo de guerrera. Es entonces cuando Leizo ve su cara ensuciada por la pólvora y la cimitarra ensangrentada, y le sonríe desde el centro de la nave aprobando su coraje. Leizo camina ganado metro a metro espacio en la galera enemiga hasta llegar al puente de mando, en la popa del barco, donde el capitán corsario viejo conocido de él, le espera a pie firme cimitarra en mano. La cubierta se halla sembrada de cadáveres de piratas berberiscos y el fuego crepita haciendo crujir la tablazón del navío, que se muere entre atroces estertores. La sangre chorrea por entre los remos y cae al mar en ofrenda al dios de la guerra que con nombres distintos s ele conoce pero la misma cosa pide a quien por sus aguas transita. Ha conocido la victoria y ha hundido a más de una treintena de barcos cristianos antes de ser destruido el. Los aceros se cruzan con miedo y furia en una lucha que es observada por los pocos sobrevivientes berberiscos y sus apresadores que miran el combate absortos en el. Saltan chispas y el moro intenta acertar a Leizo entre las piezas de su armadura que le cubre hombros y pecho, pero el caballero del mar, hunde su espada en el hombro de éste y la cimitarra cae de sus manos. Leizo en una finta siega la vida del inmisericorde corsario que cae al mar que se convierte así en su tumba.

RUMBO A SICILIA

La galera se hunde en el Mediterráneo para siempre, y la de Leizo prosigue su curso a salvo de la primera amenaza. Las dos velas se despliegan y el viento agradecido empuja la galera que ayudada de los remos, surca el mare nostrum en busca de un hebreo que la reina de los dos reinos, expulsara de Sefarad. La meta siguiente es la isla de Sicilia que se halla bajo la corona del rey don Fernando.

Sin más incidentes dignos de mención, la galera de don Felipe de Leizo, atraca en puerto de Sicilia sin estorbo, y desembarcan los heridos acompañados de un escuadrón de soldados que buscan la protección de su señor en aquellas tierras, y reponer así sus provisiones y el agua potable, que necesitarán para la travesía que han de emprender. La galera queda en el puerto y se concentran los curiosos para ver en qué se pueden beneficiar sus faltriqueras. Las calles estrechas y sombrías, apenas iluminadas por el sol que radiante se derrama en sus plazas a él abiertas, les conducen hasta el palacio del gobernador, que es el conde de torre alta. Señor de apellido de rancio abolengo, que manda con mano de hierro en guante de seda, la guarnición de la isla. Ven acá y allá judíos que andan a sus anchas por los dédalos de calles adyacentes que se confunden unas con otras por su similitud. Se sorprenden de ver la tolerancia de la que hace gala el señor de la isla, y callan por ser suya la disposición hecha a tal fin.

Se alza en lo alto de una colina pétrea el castillo, de recios muros y altas torres, con un puente de tres ojos que lleva a salvar el terraplén, que se abre entre el portón y la ciudad, con un puente levadizo que es alzado llegada la noche. Ante sus puertas hacen guardia seis soldados de aspecto hosco y ataviados con armadura y alabarda, que hacen ver de lo que espera en el interior.

-Aquí solo hablaré yo, que me corresponde ser la voz de todos los que conmigo viajan en esta galera que del rey es. No salga de vuestras mercedes palabra que en peligro ponga la misión que nos concierne señora.

-Llamadme don Alonso, que ya no soy dama de corte, ni debe saberlo hombre alguno señor don Felipe de Leizo. —Le dice seria la que es desde ahora, don Alonso de Pechuán, caballero del rey y hombre de confianza, del tal don Rodrigo de Pechuán, señor de La España que defiende a su majestad el rey don Fernando.

-Así se hará a partir de ahora que habéis demostrado coraje de hombre, que no de hembra es. Saldréis junto a mi persona como caballero de alto rango que sois, y tendréis libertad para deambular por donde vuestra merced considere oportuno. Habréis eso sí de prescindir de vuestra aya que no es de varón ser seguido por su ama de cría en barco que combate al moro.

-Si creéis que me voy a alejar de esta mi señora muy equivocado estáis señor mío...-se queja amargamente el aya-

-Será entonces menester que os convirtáis en varón también si ese es vuestro deseo "señor". Que este es navío de patrulla del señor don Rodrigo de Pechuán y no de recreo bajel. En el castillo me conocen pues recalo a menudo en su puerto y no es necesario que sepan de nada lo nuestro.

-Así haré que tal decís, y no ha de ser de otra manera capitán, llamadme de ahora en adelante escudero Juan.

El capitán Leizo sonríe con complacencia al ver la lealtad que despliega el aya en pro de su protegida señora, que se haya en dificultades en horas amargas. Resultará un escudero algo torpe y grueso por demás pero sin duda fiel como león que a la defensa, dispuesto se halla.

Una voz seca les frena y les interroga uno de los guardias que le conoce de otras veces en las que el propio gobernador le ha invitado a pernoctar en el castillo junto a sus hombres antes de proseguir su tarea de exterminación de corsarios turcos y berberiscos en el mar que los rodea.

-¿Qué deseáis señor? No tengo órdenes respecto a vos...

-Avisad al gobernador don Martín de Santoñán de que su amigo y compañero de armas se halla en el portón de su castillo en espera de ser recibido por su merced.

El oficial desaparece tragado por la sombra en la que se adivina más que se ve, la existencia de un retén de soldados dispuestos a defender la fortaleza en caso de ataque. Tarda unos minutos en volver y su sonrisa advierte del resultado de su consulta.

-Mi señor os recibirá gustoso en el salón de justicia. ¡acompañad a los señores hasta la presencia de don Martín de Santoñán!-les ordena a dos de sus hombres que escoltan a los recién llegados por las contramurallas ascendiendo por escalones tallados en piedra, ya gastados por el uso, para desembocar en ante un dintel ricamente esculpido con caballeros en torneo, que preceden a la entrada del gran salón donde administra justicia el señor de la isla. Un espacio frio y grandioso, recubierto de enormes tapices, con un sillón de madera exquisitamente labrado sobre unos escalones que se ven de madera, a modo de plataforma, indican el lugar donde se ejerce el dominio de la población aledaña. Don Antonio de Torre Alta llega hasta ellos con voz ronca y sonrisa franca, abriendo sus brazos y dejando su vientre voluminoso al descubierto. Sus vestiduras dan fe de sus gustos refinados y caros que se puede permitir gracias al barrido que galeras como la de Leizo hacen de manera habitual por las aguas que circundan su isla feudo del rey don Fernando.

-Sed bienvenidos a mi casa que es la vuestra amigos míos, es un placer teneros de nuevo por aquí. Os esperaba no obstante más tarde que el día de hoy decidme en que puedo seros de utilidad. ¿Provisiones, armas, pólvora...?

-Mi señor Martín de Santoñán, sois la persona en quien confío mi alma en estos mares infestados de infieles que Dios perdone por su error. Es menester que solicite de vos información y vituallas además de todo lo que citáis como necesario para la lucha contra el corsario. El rey nuestro señor os pagará con generosidad el total de la monta y seréis recompensado con tesoros en el cielo mismo, que esta lucha es por el señor, y no por ganancia injusta.

-Se hará como decís pero antes descansaréis en jergón de lana y comeréis algo que vuestro cuerpo sigue en la tierra y no sois ángel de Dios. ¿Quiénes son los cristianos que os acompañan?

-Perdonad mi grosero comportamiento mi señor, son don Alonso de Pechuán pariente de don Rodrigo de Pechuán, y su escudero Juan, el fraile es don Javier de Soto el confesor sin el que no va a ninguna parte don Alonso.

-Así pues sois hombre dado a responsos y misas que el cielo os guía sin duda, mi señor don Alonso. Contadme de vuestra lucha contra el moro en tierras de Africa, que me llegaron noticias de una expedición que nuestro señor el rey dirigió contra ellos por sus razias en las costas de levante.

Isabel piensa si no será una trampa y decide decir algo que sorprende a su anfitrión.

-Siento defraudar vuestras expectativas mi señor don Antonio, más no se de esa incursión en tierra infiel. Que mi espada hace ya que no se tiñe con la sangre de los infieles.

Respira tranquilo don Felipe de Leizo, que se veía en dificultades para decirle a Isabel, que no hubo tal expedición sino que será enviada dentro de un año, y reclutándose está a soldados de todas las tierras de las dos coronas.

El gordezuelo gobernador quedó así satisfecho, y se produjo en él un cambio de conducta respecto a don Alonso, que tan solo le pareció demasiado joven e inexperto como para nadar recorriendo el infestado mar que les rodeaba sin más respaldo que su valor y el de una galera por mucho que ésta fuera la de Felipe de Leizo.

-Contadme cual es vuestro propósito y veré de ayudaros en lo posible. ¿Cuál es vuestro destino mi señor de Leizo?

-Tengo encomendada mi por mi señor una misión que me lleva hasta la capital turca y es menester que mi navío se halle en las mejores condiciones, que no da cuartel el turco a los que como don Alonso y yo mismo, se adentran en sus dominios, sin previa invitación.

-Mandaré reparar vuestro navío y repondré de pólvora la santabárbara, además de avituallarlo y armarlo mejor. No, no me deis las gracias que sois vos y no otro, quien mantiene lejos de mi puerto a los infieles que asolan las costas de levante, y secuestran a los campesinos. Nuestro señor el rey don Fernando, me apremia para que construya dos navíos con los que patrullar alrededor de esta isla, que tiene numerosos arrecifes y escollos, y he de someterme a su dictado, más sois vos quien lleva la delantera en combatir al turco. Decidme que os parece que se haga al respecto y daré orden de dar comienzo en los astilleros su construcción.

-Bien nos vendría tener dos compañeros en el mar que apoyasen la galera que comando, y si el rey nuestro señor ha decidido aumentar el número de naves de guerra, no será por nada mi señor.

-Estarán Dios mediante dentro de una semana, que vos podréis dar descanso a vuestra alma en cama blanda que no habréis de hallar sino dolor y lucha en lo que os ha de venir, mi señor don Felipe, aceptad mi hospitalidad como honra a vuestra merced, y no de obligada sanción de parte de nuestro rey. En cuanto los cascos de las dos naves hayan sido calafateados y sus remos en ellos estén, procederé a colocarlos bajo vuestro mando, que así lo quiere nuestro señor. Ahora contadme don Alonso de vos que extraño me sois en todo aspecto, y conoceros deseo.-Se dirige al doncel que viste harapiento a causa de la lucha mantenida con los berberiscos y caído esta su semblante por la duda que sobre él se cierne.

-Soy caballero aun por nombrar, y de ganarme he las espuelas y el puesto entre los que honran a nuestro señor.-responde sabiamente doña Isabel, ahora don Alonso, en pro de su protector don Felipe que se juega la lealtad de su señor y el honor para con él.

-De orden de nuestro rey han de saber los jóvenes que lo defienden del turco, como se ha de hacer para alejar al infiel de las costas de sus dominios que Dios le diera en guarda y custodia.- Añade Leizo que no se muerde la lengua, pues es conocedor del temperamento inflamable del gobernador, y no quiere que se descubra su farsa sino ya lejos de allí.

-Mi señor por causa de su extremada juventud viaja con amigos fieles que cuidamos de su persona, y así no dejar que el mar se lo lleve de mano de los corsarios, mi señor-se inclina Javier de Soto, zalamero y adulador, que conoce el ego del tal gobernador de cuando él mismo era un hombre de armas, y de él se hablaba en los círculos más cerrados en los que el poder gira a modo de rueda sin final.

-Es justo que un padre de su vástago ponga cuidado en no perder, que su nombre depende de su honor y su linaje de su brazo, bien decís padre de Soto.

Palidece el semblante del fraile, que ignora si ha sido reconocido `por el poderoso señor de la isla, o si tan solo se trata de mera cortesía que por mediar le entrega.

-¿Y vos escudero no decís nada que solo los caballeros hablan? Segura está mi alma, que tenéis en vuestra cabeza-señala la suya propia en un gesto que pretende ser mordaz-mil historias que contaréis a los vuestros en los breves momentos vividos junto a ellos.

La voz de el aya doña Inés se quiebra como avergonzada en un intento de fingir ser el varón forzudo que aparenta, y que en su mente guarda los tesoros de mil aventuras no vividas.

-Soy tan solo el brazo de mi señor y del suyo por ende, que no tengo lengua doble, ni hablar le concedió Dios a mi alma, para contar sino las hazañas de ellos dos, que son el brazo de nuestro señor en la tierra.

Se sorprende el gobernador de cuanta sabiduría juntan entre los cuatro, y calla con el rostro serio, que ha sido vencido en buena lid, y es él quien combate y obliga a hacerlo, a cuantos pasan por su castillo, de obligado peaje, que no concede a cualquier señor, por recomendado que llegue, que prudente se ha de ser en tiempos turbulentos en que el turco ronda.

Los días trascurren bajo la gracia del sol que anima los cuerpos doloridos de quienes surcan el mar en busca del turco, sin reparar en costos, y entregando su alma misma en pro de la paz de las costas, que no consiguen aun así. Los servidores del gobernador tienen órdenes de satisfacer a aquellos varones del rey enviados, para proteger sus costas, y darles de cuanto deseen el doble, que mujeres abundan en sus lares, y el vino es bueno. Luce planta don Alonso, y su aya le sigue como perro fiel allá donde vaya, acompañado del piadoso fraile, que compaña forman de tal manera, que la atención llaman de todos cuantos les ven, por los muelles rondar, espada al cinto, de cristianas ropas ataviados, que las moras en la galera yacen. Van y vienen los hombres del gobernador, que reponen de la despensa lo esencial, y aun le añaden vino, agua y pan, la carne que ellos importan de las tierras lejanas de la península, y frutas que el escorbuto ahorran. Velas nuevas, y por el horizonte se ven llegar, dos naves que lucen pabellón del rey don Fernando, rey de aquel feudo, rasgando con sus afilados espolones, el mar tranquilo, que de guerra sabe. Son las dos galeras del gobernador que salen de las atarazanas de la isla, para unirse a la de don Felipe de Leizo. Tres han de ser ahora las galeras del rey que surquen el mar cercano, barriendo de sus aguas el peligro moro.

-Tendremos que ser prudentes mi señor don Alonso, que solos ya no vamos al mar, y ellos desconocen de vos la identidad.

-Seremos como sombras de vos así pues no temáis señor, que estamos seguros de a buen puerto llegar con la espada sacada y el brazo de nuestro capitán-sonríe a placer doña Inés y le siguen el de Soto y ella misma doña Isabel. Que aun añade la suya Leizo.

Hombres rudos al mar acostumbrados llegan remando con rostro alegre, que hermanos perdieron en manos del corso moro, y venganza sus almas claman desde sus tumbas. Son tropa fiel al rey, que desean combate sin cuartel, y darán la vida misma, para que no se pierdan las almas del Señor, que el rey guarda en su territorio, como el más preciado tesoro. El sol, como amigo d los que nacen para el combate, luce en su cénit, calentando sus cuerpos y animando sus almas que al mar salen al mando del capitán don Felipe de Leizo. Son bienvenidos, y la flotilla de galeras, escapa de las garras de la tierra, como hijos que se van, de los pechos de su madre. Al mundo y no a otro van, con la espada lista y alerta los ojos, en tridente que peina el mar azul que hierve de vidas que se niegan a morir.

TRES VELAS CONTRA EL TURCO

Tres velas parten dejando al gobernador satisfecho, perdiéndose en la lejanía, como figura de belén que no tiene más importancia que aquella que se le da. Los remos baten el agua, como armas finas, que en él penetran a modo de fintas de espada, para castigar al infiel. Calma chicha, y vientos favorables se suceden, para dejar en medio de las aguas azuladas y frías, que dejan que se deslicen como delfines sus naves, surcándolas con amante suavidad.

Que mandan las otras dos naves el hijo del gobernador don Martín de Santoñán, Ramiro de Santoñán, y el hijo segundón de don Marcos de Amaya, que ostenta el nombre de su padre, que busca su lugar en el mundo a base de espada y sangre, que con ellas ha de halar el botín de un feudo, por el rey concedido, a aquellos que bien le sirven. En la proa dirigen a quienes a sus órdenes van, y los cañones que apuntan a delante, como anunciando el objetivo, lucen de negro, que así no se les ve, antes de la muerte servir en bandeja de hierro.

Barcos huyen de su singladura, al ver el pabellón de Leizo, que los corsarios conocen bien por haber perdido naves y botines a su costa. Pero otros ajenos a su arte de la guerra sabido, se le acercan, para yacer en el fondo del mar que les vio nacer, con la sangre tiñendo su superficie, que los peces beben.

Los barcos avanzaban lentos, como detenidos por el gran Dios. Fuertes, los brazos de los hombres de manos duras y callosas que se agarran a las maderas alargadas que se sumergen en el mar separándoles de su tierra, son las que lanzan las proas de los bajeles siempre adelante, siempre sin detenerse por causa alguna. Delfines rodean las bordas y doña Isabel que aun puede revelar su condición femenina grita de entusiasmo al verlos. Dicen los más veteranos que cuando estos mamíferos aparecen es porque un buen viento les sigue y que son augurio que precede a algo bueno.

-Mi señor don Alonso, no podremos salir indemnes de todos los combates si nos acercamos más a los dominios del gran turco, será imprescindible que nos disfracemos mejor y cambiemos nuestro pabellón por el de un corsario turco con permiso para piratear en las aguas que domina el sultán. ¿Seguís dispuesto a continuar con vuestra aventura de hallar al doncel hebreo que fue expulsado de España?

-Amigo mío, es menester que yo haga algo al respecto si no quiero arrepentirme todos y cada uno de los días que el señor me de en su infinita misericordia para vivirlos en esta tierra. Él se halla en esa lejana Turquía donde el mundo se parte en dos, y los hombres comercian con la carne humana. Mi alma anhela acceder a su cuerpo como el espíritu desea marchar a su región de origen.

-Veo que sois valiente, temerario más que otra cosa mi señor don Alonso-le llama ya por su nombre de varón-preparaos para luchar en breve con una especie que no conocéis aun señor.

Felipe de Leizo le da la espalda y desaparece de la cubierta, sus cartas de navegación adquiridas a un comerciante árabe que liberó de la esclavitud en una galera que resultó hundida por la acción de la suya propia, le esperan en su cámara de popa. Siente admiración por el valor que evidencia tan joven mujer, que en caso de otra, se limitaría a llorar con desconsuelo en la torre más alta del castillo de su señor padre. Esta es de una raza guerrera que prefiere morir antes que ceder en su impulso amatorio.

Dejan el centro del mar, que tierra de nadie es, y se adentran en los dominios del gran Turco, a sabiendas de que no habrá poder alguno capaz de ayudarlos en su tarea de arribar a puerto en la Estambul, en la que comercian venecianos con los enemigos de la cruz, y que si consiguen salir indemnes, será menester no hacer gala de cristiana fe, para así hallar al doncel, por cuya vida se juegan la suya propia.

-¡¡Señor capitán, cinco velas a proa, lucen pabellón del sultán!!-anuncia el vigía en la cofa de la nave de Leizo, que miran allá los de las dos naves que con ellos van, y el zafarrancho de combate se produce, para hacer frente a la posible amenaza. Visten ropas de infieles, y turbantes de moro que tomaran de dos galeras que no hablarán de su muerte a los que llegan hasta ellos. Seguros de su número, y de que ningún loco cristiano se aventuraría a traspasar la frontera que separa del Turco y los creyentes a los infieles de occidente, avanzan para interceptarlos.

Velas verdes, con la media luna blanca, y la bandera del sultán Beyacit II, que ama y protege a los judíos de la persecución de los reyes católicos que de Sefarad los echan para siempre.

-En el nombre del sultán príncipe de los creyentes, designado de Alá, y señor de estos mares, y en el propio de Alá, queremos saber de vuestras intenciones que estáis en aguas turcas. Yo el hijo del león de Esmirna, he de abordar vuestra galera, que de contrario será hundida.

-Mucho presume ese gallo, que de no ser por la causa que llevamos le iba a demostrar quién manda en el mar sea cual sea éste. Dejad que suba a bordo, y mantened los nervios templados por Dios, que de lo contrario, habremos de retornara nuestra tierra derrotados por causa del orgullo de caballero.

Da órdenes a las dos naves, que no aciertan a comprender la razón de Leizo, para no atacar y hundir como al resto de las halladas hasta ahora, y siguen no obstante su voz de mando.

"El León de Esmirna", con la cabeza muy alta y grande el turbante, que es costumbre que se haga así y más grande es cuanto más rango se tiene, otea en derredor como león rugiente, que espera un error para lanzarse a la captura y hundimiento, de la galera, que eso persigue de ser posible.

-¿Qué venís a hacer en tierras del sultán nuestro señor? Debéis saber que habréis de pagar impuestos para seguir a e4stambul, que no se permite atracar en otro puerto en este momento.

-¿Me permitís mi señor preguntar la razón que nosotros a Esmirna vamos?

-¿No sabes o no eres buen musulmán, que se concentra una flota de guerra en Esmirna que la guerra prohíbe atracar ahora en aquel lleno de galeras lugar?

-Perdonad mi señor a este mal informado musulmán que sin embargo se alegra de saber que nuestro señor el sultán prepara un flota con la que combatir al infiel.

-No, que no es contra ellos que l sultán lanzará sus barcos que con la ayuda de Alá irán contra la usurera Venecia para castigar su avaricia y su comercio desleal con el sultán. Ben Abdulá el Hassán, león de Esmirna, controla esta parte de los dominios del príncipe de los creyentes. Decidme que venís a buscar en Esmirna que no podáis resolver en Estambul.

-Solo somos comerciantes en busca de seda de Catay y la India, y compraremos piedras preciosas, que en tu ciudad señor son de la mejor calidad. Desde allí formaremos una caravana que nos llevará a Bursa donde se vende la mejor seda de oriente.-le explicó confiando en que le creyese y dejase partir sus naves, inclinándose reverencialmente ante aquel pavo real que reinaba en un trozo de agua salada por encargo de su sultán que sin embargo dependía del comercio con occidente y que no despreciaba oportunidad alguna para aumentar el caudal de sus arcas.

-Está bien os escoltaremos hasta el puerto de Estambul, y desde allí podréis realizar el trayecto de manera inversa.-le respondió altanero y mirándolos por encima del hombro con evidente desprecio. Descendió a la falúa que lo había transportado hasta la galera de Leizo, y se perdió siempre en pie en la popa de la embarcación, en la que remaban cuatro soldados.

Durante dos días las cinco galeras les escoltaron por las aguas revueltas que zarandearon las galeras que parecieron encogerse ante aquel inesperado tiempo de tormentas, que impedía ver más allá de diez metros. Cuando la lluvia cesó y el mara se calmó la galera de Leizo estaba sola, habían perdido contacto con las otras dos, y tres de las cinco de Ben Abdulá el Hassán les flanqueaban como aves de presa, y un sentimiento de temor se apoderó de Leizo, que conocía bien el carácter ambicioso de los comandantes turcos que acostumbraban a salir en corso cuando el sultán no les mantenía ocupados. Más de una vez se había iniciado una escaramuza con galeras venecianas a causa de ésta avaricia que los solía dominar.

-Estad atentos a cualquier signo de posible agresión creo que se estarán pensando si atacarnos ahora que son más que nosotros y no tienen que temer una defensa demasiado cara para ellos.

-¿Creéis que nos atacarán? Si es así estamos perdidos, son tres contra uno...-auguró don Alonso que se extrañaba de las maniobras que ya realizaban para acercarse con el espolón enfilado hacia la galera en que ellos viajaban.

-Por toda respuesta Leizo se limitó a gritar zafarrancho de combate y a agitar a sus hombres que se aprestasen a la defensa de inmediato. El espolón de madera de la nave de Abdulá pasó a un par de metros de su popa, y pudieron escuchar el sonido siniestro de éste al rasgar las olas. La galera viró en redondo y Leizo aprovechó este momento de debilidad para disparar un cañón que llevaba en la popa y que desmontó una parte de los remos que volaron en astillas por los aires. Leizo había aprendido que era mejor llevar cañones donde los turcos no suponían que los llevarían y que suponía la diferencia entre la vida y la muerte, la victoria y la derrota y la esclavitud posterior.

Las otras dos galeras se acercaron por el costado de estribor y una de ellas penetró con su espolón colocándolo sobre la baja borda de la galera que crujió amenazando con desintegrarse. La segunda chocó con su compañera y ambas se quedaron prendidas de los remos y los flechastes que se les enredaron con las jarcias.

El combate cuerpo a cuerpo comenzaba con los gritos de guerra de los turcos y los de los hombres de Leizo que hundían una y otra vez sus espadas en las carnes de los infieles saciando así la sed de sangre de sus armas. Las tripulaciones turcas se apelotonaban y se estorbaban unos a otros a veces hiriéndose entre sí. Leizo y Alonso espalda contra espalda se desembarazaban de sus oponentes con habilidad manifiesta, mientras el fraile decapitaba a uno de los capitanes de galera, y mantenía tras de sí al aya de Alonso. La tripulación cristiana en un círculo cerrado segaba cabezas y miembros según estos avanzaban con sus cimitarras en las manos. Su número disminuía considerablemente y apenas quedaban quince hombres que exhaustos alzaban sus espadas contra una nube de furiosos turcos hambrientos de su sangre que vendían cara.

La encarnizada lucha estaba a punto de dar la victoria a Leizo cuando Abdulá el Hassán golpeó traicioneramente a éste y amenazó con cortarle la cabeza si no se entregaban. El combate paró como por arete de ensalmo, y las espadas tras una mirada entre ellos, cayeron al suelo con sonido triste. La derrota era mejor que la muerte y solo su capitán podría sacarles de aquel avispero cuando despertase de su inconsciencia.

LA DERROTA DE LEIZO

Al abrir los ojos Leizo atado al palo mayor de la galera de Abdulá el Hassán, veía como se terminaba de sumergir la galera en que combatiese a los berberiscos entre un mar de llamas provocadas por los asaltantes que habían vencido y les conducían sin duda a la esclavitud. Una mancha roja le decía que a algunos de sus hombres ya no les volvería a ver...compañeros de sufrimientos y penurias en pos de turcos y piratas que asolan las tierras de los reyes, y que no verán más la luz del sol. Una hilera corta de trece hombres cubiertos de sangre y suciedad a causa de la terrible lucha mantenida, se sentaban tras una cruel sarta de latigazos que les obligó a cubrirse con las manos cara y cuerpo. Semidesnudos y harapientos, en nada recordaban a los aguerridos varones que subieran a bordo de la galera Tritón, a su mando. Abdulá se le acercó y pudo oler su aliento tan cerca que le repugnó.

-Así que ibais a Esmirna, ¿eh? Yo más bien creo que sois cristianos que espiáis a favor de los venecianos, para enviarles la información que recabéis y así frustrar los planes de mi señor el sultán. Dime ¿Cómo les enviaríais esa información? Es posible que salves la vida cristiano si me dices lo que quiero saber.

En aquel momento Leizo pensaba tan solo en cual habría sido el destino de Isabel de Inés y del fraile que viajaban con él. Entre los prisioneros no los había visto, quizás habían perecido en el combate o...

-No sé de que me estás hablando yo soy un buen musulmán y vengo a comerciar con seda. Cuando el sultán s entere de esta felonía te mandará empalar.-Jugó fuerte en un postrero intento de conseguir la libertad y evitarle a Doña Isabel el amargo trago de sufrir a manos de los turcos un destino mil veces peor que la muerte misma.

El turco le golpeó con el dorso de la mano, y un hilillo de sangre apareció en le labio partido de Leizo que le miró arrogante y sonrió bajando la cabeza. Había hecho sentir miedo en el cobarde corazón de aquel miserable pirata.

La sangre reseca le impedía ver con claridad, pero hizo un esfuerzo y atibó a ver a los tres, en la popa del navío acurrucados con las ropas rasgadas y Leizo rogó al cielo que la razón no fuese otra que el resultado del combate. Lo cierto es que el aya le había comunicado fingiendo traición a su señora que el tal don Alonso no era sino un hijo del conde don Rodrigo por el cual podría acceder a un cuantioso rescate. Eso sí, si no le tocaba un pelo de la ropa. Esto y no otra cosa les había mantenido en seguridad ante los ojos codiciosos de la tripulación que deseaba venderlos en el zoco de Estambul, y repartirse las ganancias. Las dos galeras que acompañasen a Abdulá en su examen de las de Leizo aparecieron en el horizonte y se le unieron conformando una flotilla que dominaba aquella parte del mundo.

Se adentraron por entre las islas que conforman el archipiélago egeo, y serpentearon evitando los arrecifes y escollos que le defendían de galeras enemigas de manera natural. En un islote en el que una sombría fortaleza se elevaba amenazante como titán de tiempos pretéritos, rodeada de pequeñas casas que Leizo creyó servirían de cobijo a los tripulantes de las naves, les recibió.

De las otras dos galeras bajaron veinte presos más que con las cabezas bajas caminaron hacia su destino, resignados. Les reunieron a todos en una especie de estrado de piedra y les echaron cubos de agua fría hasta que estuvieron empapados para arrancarles los jirones de ropa que llevaban y les entregaron unas chilabas con que cubrirse. Después les metieron hacinados en una de las casuchas de adobe pintada de azul oscuro y cerraron la puerta con una llave de grandes dimensiones. Dos guardias se apostaron ante ella. En una cercana encerraron a Leizo y a Alonso que consolaba a doña Inés. El fraile permanecía con ellos con los ojos muy abiertos y alerta en todo momento.

-Siento no haber sabido defenderos mi señora, es lamentable que terminéis en un encierro de esta clase. Al menos no saben...bueno eso.

-No desesperéis Leizo que el cielo enviará quien nos saque de este apuro, y solo rezar servirá para salir y regresara a las galeras que no sabemos de su curso ni destino.

-No soy yo de vuestro confiar, que solo la mano del que lucha es la que resuelve, y la espada lo que los infieles comprenden mi señora.

-Pensemos que el que se ayuda de Dios recibe consuelo, y su mano presta está para sacar de de males a quienes tanto por el dan. —añadió el de Soto que buscaba claridad en su mente y algo que aferrar en la mano para enfrentar al turco.

Los gemidos de los prisioneros atrajeron a los guardias que se limitaron a emplear sus látigos con dureza, para acallarlos. El dolor de su maltrato llegó hasta ellos que cerraron los ojos entre sollozos que decían como se sentían al ver la crueldad de sus captores.

El alba les sorprendió con un enorme turco recortándose en el umbral de la pequeña puerta que le hacía verse más grande aun de lo que era.

-¡¡Vamos esclavos afuera Abdulá quiere que veáis lo que les sucede a los que se le oponen!!.

A golpes les empujó afuera, y pudieron ver el estrado de madera, sobre el que una treintena de hombres vestidos con las chilabas que les entregasen la noche anterior. Se alineaban. Un negro grueso y de voz ronca, les anunció a los presentes que s eiba a proceder a la venta de aquellos perros como él los llamó y el gentío que se apiñaba en torno al estrado prorrumpió en un griterío que le costó al vendedor acallar. Como si de caballos se tratase les desnudó de uno en uno, y palmeó sus espaldas y apretó sus brazos para garantizar la calidad de sus músculos que les proporcionarían muchos años de trabajo en sus campos y barcos. Manoseó incluso sus genitales para mostrarles que sestaban completos, y la humillación resultó así completa. Tras esto comenzó a venderlos y el júbilo estalló entre los asistentes.

Leizo con los ojos inyectados en sangre vio como Isabel lloraba sin poder contenerse y su aya le cubría con sus anchas espaldas para ocultar su condición femenina. Javier de Soto, el fraile, se situó junto a Leizo y le habló en susurros.

-Esto es denigrante para un buen cristiano, y solo siento la impotencia de no poder hacer nada por esos desdichados. ¿Qué creéis que será de ellos?

-Les explotarán hasta que no sirvan y les matarán para adquirir otros después.

-Malditos hijos del infierno...solo los salvajes venden a los hombres de bien.

-Sí, solo ellos son capaces de orar cinco veces al día y después vender a hombres libres en un mercado obsceno como éste.

Los días transcurrieron lentos como siglos y solo pudieron saber que sus compañeros vendidos permanecían en la isla trabajando para los turcos, cosa que les hizo pensar en si todavía habría alguna posibilidad de liberarlos y salir de aquel averno en el que la vida no tenía valor ninguno.

Amanecía en la isla, y el frío atería los cuerpos de los esclavos en sus barracones, que se apelotonaban unos contra otros en busca de calor enroscándose como ovillos. La puerta de gruesos tablones, se abrió bruscamente, y un enorme turco apareció recortándose contra la luz escasa y amarillenta del amanecer. Les gritó en su lengua que comenzaban a conocer, que saliesen del barracón y ellos supusieron que ya era la hora prefijada para que diese comienzo la tortura del trabajo forzado en las destartaladas barcas de pesca en las que les obligaban a salir para abastecer de pescado a sus amos. Otros eran llevados a los bosques cercanos donde apenas si, crecían unas docenas de árboles para talarlos y construir más naves con las que surcar el mar en busca de esclavos que vender en los zocos de Estambul, o por los que pedir rescate por sus vidas.

-¡Vamos perros cristianos, a trabajar! se acabó el dormir, ¡vamos, vamos! No remoloneéis.

-Algún día pagaréis por este maltrato, murmuró por lo bajo uno de los hombres de Leizo, que nunca había caído en poder de los turcos ni de los berberiscos, y conservaba su espíritu combativo sin quebrar.

-¡Schhhh…!-le exigió silencio uno de sus compañeros a sabiendas de que de oírle le podría costar unos buenos latigazos.

Se encaminaron hacia donde se hallaban esperándoles un par de grupos de corsarios turcos que látigo en mano se disponían a "estimularles "para que cumpliesen con sus tareas. La luz del día como temerosa de ser la culpable del dolor que se les causaba, ascendía en el cielo, sumisa, tímida, rodeando un sol pequeño e intenso, que amenazaba con recalentar las cabezas y los ánimos de los esclavos.

En el barracón que ocupaban Leizo y los que le acompañaban, se presentaron dos oficiales que les pidieron sospechosamente que saliesen afuera. Se miraron unos a otros, y obedecieron. El sol les cegó y se cubrieron con las manos antes de poder mirar de frente a quien les observaba con aire de enfado y calibraba cada detalle de sus personas.

-Así que estos os los que tanto os ha costado capturar en el mar...pues no parecen mucha cosa para unos corsarios curtidos —les miró con desprecio a la vez que se acercaba a Leizo. Fue entonces cuando el turco vio en los ojos del capitán de galera la determinación que flotaba en ellos, y el odio que destilaban. Y temió que no se sometería a sus estúpidos hombres dados a destrozar las espaldas a latigazos de quienes no se plegaban a sus deseos.

-Escucha maldito cristiano del demonio, si te decides a cambiar de religión y te conviertes en un fiel musulmán, te nombraré sobre dos de mis galeras y tendrás parte en el botín como mis capitanes corsarios. No respondas demasiado pronto y date tiempo, tienes hasta mañana para darme tu palabra de que así será de lo contrario habré de matarte, pues eres un guerrero y sé por experiencia que no logrará nada, ni el látigo ni la tortura quebrar tu ánimo. ¿Comprendes?-le preguntó a modo de amenaza.

Leizo sintió que la muerte le llegaba y que nada ni nadie podría sacarle de aquel averno infernal en el que habían caído, sino era por sus propios medios. No contestó a las palabras del corsario acostumbrado a mandar y que mantenía el desafío con la mirada sin que nada, sino un silencio ominoso y pesado reinara en el ambiente, que se había enrarecido en torno a ellos. Don Alonso se situó entre ambos con la valentía que da la estupidez de la juventud en un intento de que la tensión se rebajase. El turco ofendido por la intrusión, le propinó unos latigazos y hubo Leizo de interponerse y solicitar de éste clemencia.

-No mi señor capitán, que es joven el que me sirve, y de sus cuidados dependen otros, yo me encargaré de que no desee nuevamente colocarse en el lugar que no le corresponde.

-Está bien, espero que sepas corregir a este atrevido que se cree capaz d detener la mano de su amo. Castígalo a tu gusto, mañana veré qué has hecho con él. Ahora seguidme deberéis colaborar con mis capitanes en dibujar las cartas de navegación que necesitamos para atacar las costas de España donde capturaremos tres galeras que nos darán el poder definitivo en estas aguas.

Un sentimiento de rabia y rencor se apoderó de don Alonso y del fraile y el temor invadió en una oleada el cuerpo de doña Inés que ya se veía en el infierno a causa de aquel infiel que se le parecía cada vez más al demonio mismo.

LA RAZIA DE MOHAMMED EL FASSIN AL FAD

En el camarín de la galera del turco que dijo llamarse Mohammed el Fassín al Fad, y se proclamó señor de aquella isla y sus aguas en nombre del sultán, éste les mostró desplegando un enorme pergamino, las costas de la tierra amada, donde figuraban los detalles de las aldeas de pescadores, y las fortalezas de antigua construcción. Su segundo Abdulá el Hassán, escucha tras de él. Las que los reyes católicos habían mandado edificar y cuya ubicación desconocían eran las que les interesaban para evitar así el peligro de ser atacados y destruidos sin remedio. Leizo vio la oportunidad de que aquello le sirviese para desbaratar los planes del turco, claro que para ello debería darles algo que les obligase a confiar en su lealtad, de lo contrario todos morirían y no serviría de nada. Una vez en la biblioteca del conde don Rodrigo, padre de Isabel, leyó algo de Vitrubius, el general de Julio César que creó la teoría de la perfecta proporción del cuerpo del hombre, usando la medida de la divina proporción que más tarde Leonardo Da Vinci convertiría en famosa. Decía que para triunfar en una batalla tomando a su vez de Aníbal la lección, se debía sacrificar una parte de los efectivos y así confiar al enemigo a fin de que su destrucción resultase plena después.

Una sonrisa asomó por dos segundos en su rostro, sin que el turco se percatase de que su ruina se fraguaba en aquel momento.

-Aquí y aquí existen dos torres que se terminaron de construir hace un año y medio- mintió a sabiendas de eran las causantes de su interés- y en esta zona se edifican otras dos...- señaló dos que efectivamente se construían para frenar los ataques de los berberiscos. Esas eran las menos importantes, pero cumplían un papel primordial en el sector donde se ubicaban, por lo que su pérdida resultaría desastrosa en un principio para las armas cristianas. Pero a posteriori él confiaba en que viesen los estrategas de la reina doña Isabel de Castilla que era menester meterlas más en terreno que se pudiera defender con mayor facilidad desde tierra, con cañones que dañasen más a los navíos intrusos.

-Vaya eso si es cierto, y lo comprobaremos pronto, supondrá que te enrolemos en nuestras galeras con el rango de capitán, piensa en convertirte y serás el corsario más famoso del marque baña las costas de los dominios del sultán.

-Como ves señor estoy dispuesto a servirte y cuando compruebes mis informaciones, verás que puedo ser de gran utilidad a tus planes de saqueo de las costas que anhela dominar nuestro señor el sultán-se incluyó como dando por hecho que él era ya uno de ellos.

El turco gritó unas órdenes que resonaron como cañonazos en el barco, y doscientos hombres de aspecto patibulario aparecieron ante él como salidos del averno mismo. Se situaron a una orden suya en los remos y la vela se desplegó con el sonido característico al rozar consigo misma.

Sacaron de la galera a leizo y a los suyos, y les encerraron en el barracón desde cuyos ventanucos redondos vieron partir a los barcos a sabiendas de que dos torres serían destruidas y muchos hombres pagarían con sus vidas la salvación de otros muchos más. Leizo lloró de espaldas a los demás y luego pasó a explicarles el plan que había concebido.

-Es arriesgado, si no sale bien morimos todos, y no será de forma rápida claro, -aseguró-pero de lo contrario estos corsarios crueles y saqueadores desaparecerán de la faz de la tierra gracias a nosotros.

-Y gracias a las vidas que se habrán de perder en esta razia que inician estos malditos en España- respondió el fraile -sin apercibirse del matiz que de reproche conllevaban sus palabras-.¡oh, no es culpa de vuestra merced, disculpad mi torpeza señor de Leizo que no sois sino protector de nuestra ama, y habéis de tomar las decisiones más difíciles en cuanto a nuestro bien se refiere!.

-No apuréis más mi alma, que en sollozos desde dentro se derrite en pensamientos oscuros, y mi honor se ennegrece al ver las almas cristianas que se perderán en esa razia, padre.

Isabel se acercó hasta él y le puso sus manos en ambos hombros para consolarlo de su dolor, consecuencia de su autoridad.

-No echéis sobre vos la culpa que todos compartimos, que derrotados fuimos, y nuestras espadas debieron ser más firmes que las cimitarras del infiel. Aunemos fuerzas mi señor, que del infierno hemos de salir, aunque en el empeño dejemos jirones de carne quemada.

-Señora-le llamó esta vez-no es sino por vos que saldremos de esta esclavitud, y servirá a nuestras espadas para no rendirse en futuras contiendas.

A lo largo de los días, el encierro les dio la oportunidad de conocer las defensas de la isla dado que tenían permiso para dirigirse allá a donde quisieran, siempre que dos de los corsarios turcos les acompañasen donde fuesen. Una batería de cañones compuesta de cinco unidades, apuntaba al puerto por donde únicamente podían penetrar las galeras sin riesgo de estrellarse contra los afilados arrecifes que erizaban las aguas aledañas. Dos viejos almajaneques con aspecto de no haber sido utilizados en mucho tiempo, permanecían arrinconados contra unas rocas cubiertos por unos toldos de telas sucias y malolientes que les servían de camuflaje. La isla demostraba no haber sufrido un ataque desde mucho tiempo atrás.

En su sutil inspección del terreno en el que pisaban, advirtieron la presencia de un pequeño campamento que permanecía alejado del que conocían, algo que les produjo gran extrañeza.

-¿Quiénes son los que habitan aquel campamento que no se mezclan con vosotros? ¿acaso compartís el territorio con ellos?-preguntó Leizo que necesitaba conocer tan importante dato.

-Son perros renegados que ahora a pesar de no haberse convertido en musulmanes sirven a nuestro capitán. Permanecen apartados de los que somos buenos creyentes para no crear disensiones entre ellos y nosotros, antes solo había peleas, y eso no agradaba a nuestro capitán.

-Creí que solo admitíais a conversos en vuestras filas...

-Así fue hasta que ellos e ofrecieron a colaborar con el capitán y su oferta disgustó a casi todos, no así a él, que es el que manda.

En la mente de Leizo comenzó a fraguarse un plan, pero para llevarlo a efecto necesitaba hablar previamente con los renegados, si es que lo eran.

Quería saber cuantos eran, de que armamento disponían y si estarían dispuestos a cambio del perdón real a luchar en su bando para que la isla dejase de ser una amenaza para España. El capitán cristiano derivó la conversación preguntándole al turco sobre la corte del sultán y de cuales eran los objetivos de éste para con el Mediterráneo, para ver si así olvidaba que le había sometido a un interrogatorio profundo sobre los renegados.

Descendieron por caminos de piedras sueltas que rodaron a su paso, levantando polvo y quedaron enfrente de una playa de piedras blancas que apenas mediría veinte metros entre dos acantilados de elevada altura que lo aguardaban celosamente. Las olas suaves llegaban hasta sus pies y los bañaban con ternura mientras miraban la línea del horizonte que se unía a lo lejos con las azuladas aguas del mar. Isabel, cada vez más inmersa en sun papel masculino, con la mano en el cinto, y la cabeza muy alta, no se separaba de Leizo y tras ella como en un séquito de facto, don Javier de Soto, y Doña Inés que semejaba cada vez más un turco gordo y malencarado.

Los turcos ríen y bromean en su lengua materna que les protege de ser escuchados por los prisioneros, sin saber que Leizo la comprende como la suya propia, y le confiere ventaja que le aporta información de primera mano.

-Están riéndose de cómo huyeron las galeras del de Santoñán y que no se las ha visto por estas aguas, que una galera esta en busca de su singladura para hundirlas y hacer seguras estas latitudes para el turco, que no le agrada tener invitados de esa clase.

-¿Creéis que realmente huyeron del fuego, dejándonos a merced de los corsarios?-pregunta inquieta doña Isabel, que ahora es don Alonso.

-Más bien creo que la tormenta les alejó de nosotros y no pudieron dar con la ruta seguida por el turco, es más que aun pienso que están en busca nuestra y vendrán en rescate si saben de nuestra desgracia. —Responde Leizo que conoce el coraje temerario de quien de joven desea más que nada obtener su nombramiento de caballero.

Las palabras de consuelo, de Leizo infunden ánimo en las almas cansadas de los que se ven presos por rescate, y aun y con todo son los mejor tratados, a causa del valor que para el turco poseen.

Retornan a las inmediaciones de los barracones y ven en el camino a sus compañeros de infortunio trabajando a golpe de látigo, que les someten para quebrarles el espíritu, y transformarlos en dóciles esclavos que más tarde venderán en cualquier zoco por cuatro dinares que no los valdrán de maltratados que irán.

Esa noche Leizo reúne en torno a su persona a los que pueden tenerse en pie, y les transmite su plan de fuga que les valdrá la libertad o la muerte.

-Este y este-marca en el suelo de arena y piedras con un trozo de rama que tomase de una higuera que en el camino hallase-son los puntos por los que ellos desembarcan y aquí se encuentra el campamento de los renegados. Hemos de ponernos en contacto con ellos a fin de darles ofrecimiento de perdón, que me hallo en posesión de tales poderes, a fin de recuperar para la causa cristiana en el nombre del rey don Fernando, a aquellos que se dejaron tentar por el turco. Si respondieren como es nuestro deseo, ellos atacarán este punto en el este de la isla que ellos acampan allí y sabrán de cómo hacerlo.

-¿Y nosotros que haremos capitán?-inquiere don Alonso.

-Nos dirigiremos hacia los cañones que si apareciesen las galeras de los nuestros, no se les destruya si en nuestras manos ase halla tal disposición.

-Más no sabemos de su existencia en estos mares, ni de su intención de rescatarnos.-se lamenta Antonio, que luchase con Leizo en todas sus batallas en la mara contra los turcos.

-Es menester que pensemos que así del señor que esté vendrán a salvarnos nuestros hermanos, y esa será la señal. Al avistar las galeras, atacaremos a los turcos y desharemos sus defensas para permitir el acceso de las que llegan.

-Quiera Dios nuestro señor que leguen antes que las del turco que nos retiene, de lo contrario será igualado el combate y no sabremos si ganamos o aumentamos en prisión, que no tendrían clemencia de nuestras almas.

LAS GALERAS DE SANTOÑÁN

La galera crujía como si la torturasen, y la tablazón semejaba ir a partirse en dos en cualquier momento. Las jarcias se combaban bajo el peso de las velas completamente empapadas, y los cabos a duras penas resistían en sus amarres. Desde la galera que comanda Ramiro de Santoñán, se divisa la cubierta barrida por las embravecidas aguas, de la del de Amaya, que en la proa de la nave da órdenes para tratar de salvar la galera que se estrena contra el mar, y no contra el turco.

Los remos se cruzan en la cubierta, y a ellos se agarran los que allí sirven, que de ellos dependen sus vidas en momentos tales. No ven la galera de Leizo que el mar simula haberse tragado, y sus almas suspiran por saber de su destino. Se bandean las naves y se encrespan las olas que los hacen trepar sobre sus crestas como cascarones de nuez. Caen en picado y les parece que es llegado su fin, cuando la galera sube de nuevo una y otra vez en medio de la más absoluta oscuridad, que el averno está en la tierra, y no hay a donde ir fuera de su alcance.

La calma sucede a la tormenta, y el de Santoñán y el de Amaya, comprueban los desperfectos que ha causado, rogando a la providencia que aun puedan navegar, y aun más hallar a sus compañeros. La quilla de los barcos ha resistido bien el embate del mar, pero tres remos están partidos en tres pedazos, y el mástil del palo mayor ha sufrido daños que han de sewr4 reparados de inmediato. La del de Amaya se encuentra en mejor estado, y solo se les ha rasgado la vela, que con habilidad coserán los marineros que como hormigas trepan por los flechastes para tal tarea.

-¿Qué será de nuestro comandante Leizo? Ni vemos a los turcos ni a ellos. Quiero pensar Dios del cielo, que hayan podido escapar de las garras de los infieles.-se dirige Santoñán a su segundo que se aferra a un cabo, tirando de él para tensarlo.

-Es difícil tras una tormenta como la que hemos sufrido, saber del destino corrido por ellos, que el turco habrá aprovechado la situación para cobrar la presa.

-Da órdenes desde cubierta de aparejarnos contra la del de Amaya y proceder a la búsqueda de la galera, que mi augusto padre espera de su sangre el valor heredado, y no la cobardía del turco.

Las dos galeras como hermanas se arriman la una a la otra y en paralelo, sus capitanes deciden iniciar el barrido del mar, que ellos son de los suyos y deben ser hallados sin falta. Como aves de presa se lamen las heridas causadas por el mar, y a los dos días salen de caza, peinando las aguas que bañan las costas , siguiendo el dibujo de sus playas.

Las velas como alas de cisnes negros se hinchan del viento del oeste, y de popa les empuja contra los dominios del gran turco.

Como columnas de bronce las piernas del de Santoñán se clavan en las tablas de la proa, ante los cinco cañones que apuntan al horizonte amenazando destruir lo que poder, no se puede. En la nave del de Amaya, como figura enfurecida subido a uno de los flechaste otea en lejanía que una tierra extraña se recorta en lontananza como anunciando combate en el que habrán de teñir de sangre infiel sus espadas.

Sus velas ahora lucen el pabellón del rey don Fernando que en guerra está contra el que ataca sus costas, y esperan provocar su ira que mande barcos a ellos que las espadas lucen nuevas aun.

-¡¡Tierra a la vista!!,¡¡tierra a la vista!!-grita el vigía desde la cofa con ganas de ver de cerca la muerte.

-¡¡Zafarrancho de combate!!,¡¡zafarrancho de combate!!-responden los capitanes a una, con las espadas al sol.

Cuatro figuras pasean cansinas por la orilla de la playa con la esperanza como escudo, y sus ojos fijos en el horizonte que les deparará algún día la salvación proveniente del mar que de él llegaron presos del turco. Surgen entonces como aves rapaces las galeras de don Fernando, con el pabellón bien alto.

-Leizo le da un codazo a Isabel, que repite con el de Soto, y todos miran allá donde los suyos llegan por ellos. Ruegan al cielo que el corsario se tarde en la razia en España, que es menester vencer para poder salir y llegar en refuerzo de sus correligionarios.

No tarda en darse cuenta el corsario, que alarma da y manda encerrar a los cristianos y aprestarse a la defensa. Más no pueden permitirse que enciérrenles de nuevo, pues han d ayudar en cuanto saben de sus defensas, y los cañones neutralizar si pueden.

-Vamos a ellos-grita Leizo, y cómo demonios enfurecidos se lanzan contra los guardias que los custodian, y muertos son, a manos de sus prisioneros-. Hay que llegar antes que ellos a los cañones tenemos ventaja pues estamos a medio camino. Que sufran la derrota de manos de la cristiandad, que merécenlo.

Como serpientes se arrastran entre las rocas comiendo polvo y tierra que les llena la boca, y cubre sus cuerpos, como si la naturaleza misma quisiera esconderles de sus captores. Suben por empinados terraplenes, y sufren los dardos que eles envían pues saben de su intención y no pueden permitir que sean los cañones de sus defensas los que les batan. Una flecha se clava en la pierna de doña Isabel, y otra en la mano de Leizo, que ambos se agarran con fuerza y tiran entre gritos de dolor para arriba, sin detenerse que el turco les llega de cerca.

Doña Inés se carga a Isabel a sus hombros como haría un varón, y sube sin prestar atención a la flecha que se la clava en la espalda. Se oye el tronar de los cañones de las galeras que barren la costa con su poder ígneo, y al fin Leizo llega hasta los que defienden las costas corsarias, y los vuelve contra sus perseguidores cargando casi antes tan solo de que suban tres de ellos que han de morir a espada que de sus manos arrebata. Truenan los cinco cañones y los estragos son grandes que huyen del combate perdida la batalla, y esperan que llegue la flota de su señor Mohammed el Fassín al Fad, que dará su merecido a los rebeldes.

Dos barcazas desembarcan treinta hombres que espada en mano esperan luchar para poder convertirse en hombres de armas respetados en su tierra y honrados por el rey. Acuden los cuatro casi derrengados y caen en las barcazas como sacos de tierra muerta, que se desmaya doña Inés y doña Isabel, que don Alonso es, a su lado cae semiinconsciente, y no después de desclavarse ella misma la flecha que la pierna le atraviesa. Es leizo quien da las órdenes ahora de partir sin falta que las galeras, cinco son del turco y de momento a otro llegarán y no se hallan en condiciones de luchar en contra. Se frustran de momento las ansias de matar de los que honran al rey don Fernando, y embarcan con la misión cumplida y el alma herida, que quedan en paz los malditos sin castigo de por hora.

Surcan el mar y de frente se topan con la flota de Mohammed el Fassín al Fad. Es de buen soldado que de luchar trata, sacar espada en esta hora ,y matar o ser muerto.

-¡¡Zafarrancho de combate!! ¡¡zafarrancho de combate!!-suenan y resuenan los gritos en siete galeras que el mar llenan con la furia de dos colosos que se enfrentarán por siempre hasta que el uno o el otro gane de mucho y no por la mano.

Pican los espolones del de Amaya y se clava en la capitana que sale cimitarra en mano Mohammed el Fassín al Fad con la rabia de ser burlado. La del de Santoñán evita ser atravesada por el espolón de las dos que le cercan, y escapa escurrido entre sus dos bordas. Humo y fuego surgen de no se sabe bien donde, y caen los primeros muertos. Los remos se parten al rozar entre las dos naves, y el crujido retumba como la espada de la muerte recién desenvainada. Como una masa impenetrable, los corsarios en tropel se lanzan al abordaje, con gritos y amenazas, que helarían la sangre en las venas de quien no estuviese acostumbrado a oírlas. Se apelotonan tanto, y tan en desorden, que resulta como segar para las espadas de los españoles de Leizo. Como un hormiguero que vibra por la nutrida presencia de sus moradoras, los unos y los otros se mezclan en confuso montón y solo la habilidad personal decide ahora el final de la lucha, que encarnizada, se recrudece a cada nuevo grupo de contrincantes que se suma al combate. Caen al mar los muertos y los heridos tiñendo con su esencia vital las aguas de intenso rojo, y algunos huyen, que la muerte les ha rozado y vivir desean.

La capitana se hunde entre las llamas que la consumen, y dos huyen despavoridas que el demonio les protege creen, y así se zafan de la contienda. Dos son capturadas tras medirse las armas de los que bravos creen en el paraíso, de las huríes del edén. Pero el enfrentamiento prosigue, que en la del de Amaya se haya lo más granado de la guardia de Mohammed el Fassín al Fad., y no se rindieron nunca, que fanáticos son de la guerra y su señor. Isabel apoyada en un barril, se luce con la espada, y de dos tajos le separa la cabeza del cuerpo a un turco que pretendía entrar en el camarín en el que descansa que casi muerta su aya. El de Soto cimitarras tiene en ambas manos, y corta brazos y piernas hasta que la sangre inunda la tablazón de la cubierta anunciando victoria. Tiene una astilla clavada en un brazo que no la nota y la cota de malla hizo en éste su trabajo d eprotección.

No queda nadie vivo que no sea de la galera del de Amaya, y del de Santoñán, que los turcos yacen destripados o a medio cuartear, sembrando la cubierta, resbalando de un lado a otro a medida que el navío se mece en el mar y es ahora cuando hay que liberar de la isla a los cautivos cristianos, que la providencia manda en su busca. Son ahora cuatro las galeras que llegan a la costa y desembarcan con la rabia de la sangre probada en sabor real, para aplastar el poderío de los corsarios que esa y no otra es su tarea. Se esparcen por doquier, cortando la vida del que turbante lleva, y los barracones quedan vacíos al son de la muerte que marca el ritmo. Una venganza cruel se cierne sobre sus antiguos amos y nace el rencor guardado por mucho en la mente y corazón del dominado. Persiguen a quienes dejan armas y bagaje, y mueren por la espalda que no combaten, y esto irrita a sus enemigos. Cadáveres yacen desperdigados por doquier en toda la isla, que lo siembran como semillas de muerte.

Se reúnen en la playa al amparo de las cuatro galeras, mirando en lontananza, que el horizonte les queda cerca, y saben de su destino, tanto como el ave del mañana. Barcazas salen a recogerlos y van con ellos cincuenta turcos que serán canjeados por prisioneros cristianos o en el zoco vendidos, que deben fingir ser lo que desprecian. Vítores resuenan al abordar las naves, y grande es la alegría al reencontrarse los compañeros de espada, que por muertos se dieron, y del averno tuvieron miedo, por las almas que a él enviaron. Cuatro velas abandonan la costa de la isla de los esclavos de Mohammed el Fassín al Fad, para no regresar. Pregunta Leizo por don Alonso y por Juan el escudero de ésta, que en la sentina yacen tendidos como muertos en las tablas que sangre destila de sus heridas. Alonso tiene la pierna abierta en sangre y una mano atravesada de lado a lado por el filo de una gumía turca, que no pasó a mayores por la ayuda del de Soto que en socorro del tal acudió para acabar con la furia de su atacante. Pero es Juan que ostenta nombre de apóstol, a pesar de ser el aya y mujer por más razón, el que en trance de muerte se halla, por tener una lanza en sus carnes cruzando la cintura y entre dos le sacan el astil del arma y taponan la herida que el alma se le va por ella.

Leizo se inclina sobre ella y no permite que nadie toque a tan valiente escudero, que de tener sangre de noble caballero merecería ser nombrado. Llora con rabia y maldice a tan inoportuno encuentro con el turco, que le priva de hombres de valor insustituibles como son. Pálido está el rostro de doña Inés que ostenta el nombre de Juan, y como hombre se muere sin remedio, a pesar de las atenciones que Leizo, experto en mil combates le dispensa. La sangre huye de su cara y como cera amarillenta se presenta su estado preocupante que es para sus compañeros de aventura.

-Señor aquí hay un turco que dice saber de estas cosas y se ofrece a cambio de su vida a salvar de las garras de la muerte a don Alonso de dar vos vuestro consentimiento.

Mira a la cara el de Leizo, y con el odio pintado en su faz le responde tragando la sangre que le resbala por la frente que herido está sin él saberlo.

-Traedlo aquí que es menester que viva tan valeros...valeroso varón-se corrige al casi delatar el sexo del herido.

Se presenta a él un enorme turco que se inclina respetuoso, pues reconoce el valor en su enemigo, como noble y caballero que es, a pesar de turco e infiel ser, que ellos también distinguen.

-Mi nombre es Hyradaín, y curaba a los hombres de Mohammed el Fassín al Fad. Si me otorgáis permiso, administraré éstos cuidados a vuestro hombre, que saldrá de ésta si vos queréis.

-Haced, haced lo que bien podáis, tan solo que no uséis maleficio, ni don alguno, que de la sabiduría del hombre venga, que su muerte de ser, ha de cuidarse su futuro.

-Haré como mandáis mi señor-le contesta humilde el turco, que saca de su faltriquera hierbas y ordena hervir el agua, lavándose las manos, antes de proceder. Emplasto de éstas le aplica y cierra con aguja de acero e hilo fino de seda, la herida que deja de sangrar en el instante, y no deja Leizo ver a sus hombres de ignorancia aguda ver, pues la superstición abunda. El ve y así no cree, pero calla por la vida que sabe preciosa para doña Isabel que de Sefarad viene con ella tras de sí.

-El peligro ha pasado, y su respiración regular anuncia que se salvará mi señor. Debéis cumplir con vuestra palabra que sois caballero del rey don Fernando y a ella os debéis.

-Haré como hablé con vos que veo que conocéis más de los cristianos de lo que el común de los vuestros saben.

-Me crié en España cuando granada era reino, y hube de partir, que los reyes expulsaron a quienes fieles así eran. Llegué hasta las costas de la isla en mala hora, y allí fui puesto a curar las heridas de los corsarios del sultán.

-No fío en vos de momento, que aun viendo nobleza en vuestros ojos moro de religión sois y no cristiano. Más a partir de ahora aun vigilado, por la galera podéis caminar a vuestro antojo, a favor por la cura de Juan el escudero de don Alonso, que él os lo agradecerá mejor que yo.

Leizo visita a quienes gimen de dolor a causa de las heridas que en el cuerpo tienen y les consuela pidiéndole a Hyraddín que ayude en tan inmensa tarea, por pago de sus servicios que el oro lo tienen y la vida pende. La sangre tiñe de rojo los dedos de los que ayudan y ven el resultado del enfrentamiento con el enemigo, a sabiendas de que esto solo acaba de dar comienzo.

Como aves hambrientas de vidas surcan las aguas ya en el egeo las dos galeras de don Ramiro de Santoñán y Marcos de Amaya y las dos que comanda el de Leizo, con líneas turcas, que no cristianas y le servirán de camuflaje a éste. Numerosos navíos de diferentes procedencias viajan en seguridad en aquel mar de islas salpicado, sin estorbo, que ellos esperaban ver la guerra y el pillaje en cada puerto y cada trozo de costa. Venecianos recorren aquellos lares sin que nadie les intercepte, que fue tan solo mala suerte el ser descubiertos por el corsario que en el edén no se halla. Pabellón que dice quienes son, exige el gran turco a aquellos que se adentran en su territorio, y no más. El león de Venecia amarillo sobre rojo, como símbolo de san Marcos, luce vivo en cada bandera que sus navíos cruzan, sin que ataque el turco sus naves, que de guerra no son.

Pliegan velas y reman en las mansas aguas que de colores azules como noche se mezclan con rojos sangre y verdes que recuerdan la espesura de la tierra virgen donde los árboles dominan.

No tardarán en ser descubiertos por un poder que incluso el propio sultán teme y respeta, a causa de su fuerza militar y adiestramiento en las lides de la guerra. Siete galeras de la orden de los caballeros hospitalarios de san Juan de Jerusalén salen a su paso con sus velas rojas, y sobre ellas la cruz patada que los identifica. Son los más poderosos señores de los que ostentan la cruz sobre sí que moran y reinan en los mares que los turcos reclaman sin podérselos arrebatar por la espada.

-¡¡Flota a la vista!! ¡¡flota a la vista!!-grita el vigía con la voz quebrada al reconocer las armas que lucen en las velas y el color de éstas. Son los caballeros de Jerusalén-. Vienen hacia nosotros en orden de batalla, se alinean para hacer fuego…-se le corta la voz al que desde la cofa otea el horizonte, y su sangre ve en el mara regando las aguas sin remedio, que son fieros los caballeros hospitalarios, y no dan cuartel.

-¡¡Zafarrancho de combate!! ¡¡zafarrancho de combate!!, que todos se quiten los disfraces de turco y se vistan con ropas de cristiano, que de los nuestros son y no han de atacarnos al vernos ser.

Pero al ver el cambio que se opera en los tripulantes de las cuatro galeras se aprestan los caballeros al combate al creer que son turcos que espían sus costas con la intención de trasmitir informes a su sultán, a fin de sorprenderlos y derrotarlos en su isla. Las galeras disparan sus cañones y la proa de la capitana de Leizo salta en pedazos al ser tocada por el fuego. Pero el de Leizo responde y una bancada de remos es hecha pedazos por los cañones que milagrosamente han quedado intactos sin la protección de sus troneras de proa que se esparcen por las aguas en montón de astillas. El fuego cruzado cesa cuando los daños son relevantes y las dos flotillas se abren camino entre los restos de maderas que flotan en el mar para tacarse sin dilación.

Salta el gran maestre de la orden de los caballeros de San Juan a la del de Leizo y se encuentran ambos enfrente el uno del otro, espadas en mano. Cruzan tan solo unos mandobles y se detiene la lucha que el maestre comprende su error, y grita a voz en cuello.

-¡¡¡Detened la lucha hijos de la cruz, que de los nuestros son!!!¡¡¡bajad las espadas que luchamos contra cristianos!!!

Los contendientes bajan las armas y se quedan unos frente a los otros mirándose con los ojos inyectados en sangre, sin saber a qué atenerse. Es el de Leizo quien responde a los gritos del gran maestre.

-¡¡Detened la lucha que haya paz entre los de Cristo!!

Los dos capitanes se abrazan para hacer ver que todo queda en un mal entendido, y se alborozan los caballeros de san Juan y los del de Leizo, que atruenan el aire con voces de guerra y lamentos, entre risas que se han hecho daño a las naves de la cristiandad.

-Tenemos la galera a punto de irse a pique,-se lamenta Leizo- que ve como el agua inunda las bancadas a punto de llegarle a los pies en la cubierta que separa los costados de la nave.

-No os deis por vencido, que sois de valor para vuestro rey señor, la orden os devolverá la galera que treinta se aparejan en el puerto de Rodas, y hacia allí nos dirigimos que el turco anda en danza en estos mares. Decidme la razón por la que cambiáis de ropajes cuando os enfrentáis a cristianos, que turcos os vimos desde lejos y del sultán os creímos. Somos del rey nuestro señor don

Fernando de Aragón y de castilla que en misión nos dirigimos a Estambul, y no podemos comunicar con cristiano ni turco, el contenido de ésta.

-Callad si es de menester hacerlo, que el rey vuestro señor eligió bien a su enviado, y la orden os proporcionará cuanto necesitéis. Abordad la nave que capitaneo y dejad que el mar se trague ésta que el turco dio.

En la galera de don Julián de Mantea, que de levante es de origen, y gobierna la isla como gran maestre, viajan y le son presentados como caballeros novicios don Alonso y su escudero Juan, que el aya es, y el de Soto como confesor de éste que con el viaja a la ciudad que se mecen el Bósforo como gema del imperio otomano, que sin embargo ellos llaman aun Constantinopla, que se niegan a llamarla como el turco la llamó al tomarla. Diez galeras surcan el mar egeo, y retuercen la singladura `para atormentar al sultán que tiene espías en cada isla, para atemorizarle y darle a saber, que tienen galeras con qué enfrentar su poderío naval.

Rodas se halla a dos días de viaje desde la escena de la batalla entre los caballeros y Leizo, y durante el viaje no divisan las galeras del turco, que se esconden de su rudeza en las lides guerreras. El castillo, imponente se alza en el escarpado que domina el mar por dos vertientes, y en sus almenas erizadas de cañones se ve el poder de los caballeros que lucen la bandera roja de la orden con la cruz estampada en ella. Treinta galeras, como bien dijera el gran maestre se alinean en el puerto bien separadas entre sí a fin de zarpar en cuanto se crea necesario, sin estorbarse unas a otras. Las velas arriadas y las jarcias doblándose por su peso que se comban, con los remos guardados y los centinelas con sus lanzas brillando al sol.

-¿Cuál es la razón de este estado de guerra permanente que se observa en el puerto mi señor? No se ven naves del turco, ni parece que puedan atacaros desde el mar, que sois sin duda fuertes y merecéis tal temor.

-No hace mucho que se refugió en la isla Shezade Djem el hermano del sultán Beyacit II, que buscaba su ruina para evitar que reclamase el trono en algún momento pues es costumbre entre los que llegan al trono de Estambul, matar a sus hermanos todos. Diez galeras partirán para Francia para trasladarlo y evitar su muerte. Es temor que Beyacit II ataque la isla con todas sus fuerzas y esa razón de guerra nos tiene en alerta.

Los estandartes de la orden cubren el cielo con sus colores y las lanzas abundan en el puerto y las almenas, que el horizonte parece se llenará de galeras turcas en busca del príncipe turco, que como arma secreta guardan los cristianos en contra del sultán. Desembarcan en las gradas de madera del puerto que se adentran en el mar para aumentar su tamaño, que las galeras muchas son, y no deben permanecer juntas, que un ataque podría incendiarlas y destruir su mejor arma, que los barcos son. El camino hacia la fortaleza es empinado y costoso, y fatiga el alma. El portón cae con ruido de espanto, que cruje su maderámen y las cadenas lo sostienen como del cielo que bajasen. Entran en el patio de armas traspasando las altísimas torres semicirculares entre las que unas ventanas góticas parecen atreverse a mirar a la lejanía con evidente desafío, y ven el frenético trabajo con que se ocupan en surtir de flechas y arcabuces a quienes se hallan en las almenas, así como de balas de cañón a los que en ellos e atarean. Todo está listo para la contienda, y solo se espera que llegue el enemigo.

En el torreón cuadrangular que se abre al interior, cuatro arcos ojivales, se sostienen sobre pilastras y en ellos se concentran los caballeros de alto rango. Las armaduras brillan al ser heridas por el sol, y sus espadas son aferradas por los gruesos dedos acostumbrados a la guerra y la muerte. Les miran con asombro, pues nadie en su sano juicio se atrevería a navegar por los mares aledaños sin arriesgarse a ser atacados por las galeras del gran turco.

-Venid que descanso merecéis y de comer con abundancia, no será por hambre que nos rindan en el castillo en que os halláis. Habréis de quedar en este castillo algún tiempo, que el turco mora ahí afuera, y ha de venir con rabia manifiesta.

Mira a la lejanía el de Leizo y se encuentra con los ojos de Alonso que le inquiere de su razón al verse presos, que de ésta no saldrán como de la isla de al Fad, sin el permiso del maestre, y en una batalla campal se verán envueltos de ser cierto lo que dice el de Mantea, que es poderoso en hombres de armas.

-No cejéis en vuestro afán que he de hallar como salir de la fortaleza, y con las galeras de nuestro señor el rey, que de buscarnos debe andar.

Se arremolinan en torno suyo Alonso, Juan y el de Soto, que acuden a la reunión improvisada su segundo y dos hombres que de enterarse están ansiosos.

-Hemos de convencerles de que es mejor en el mar tener cuatro galeras y saber de cómo van los aparejos turcos que de tenernos aquí no sacarán nada. De no conseguirlo, habremos de permanecer en esta isla el tiempo que dure la batalla con los del sultán.

-No podemos, es demasiado, ni tan siquiera sabemos cuánto podría durar esa guerra...-enfatiza Isabel que ya huele a cuero y sudor como si de varón fuese el cuerpo.

-Veremos que se puede hacer, que el cielo no parece en nuestra causa aunar esfuerzos.-se queja amargamente Leizo por vez primera.

Los días trascurren lentos y Leizo incide en hablar con el de Mantea, para ver de convencerle, que su respuesta es una y otra vez la que no desea. Trama como alternativa una escapada de noche en plena oscuridad que habrán de disfrazarse de caballeros de la orden y esto les costaría car de ser descubiertos. Los hachones encendidos lucen por doquier en cada torre, puerta y paso, sin que nada permanezca en sombras. Es tarea de espíritus piensa Leizo en su inspección de la zona susceptible de ser la menos vigilada. Se escurre una noche entre los centinelas y ensaya la huída, que es menester saber de obstáculos posibles. Baja por una escalera de piedra como todo el recio castillo, y da de manos a boca con la ronda que hace su turno descendiendo a los fosos, que nada queda sin ojear. Se echa contra la pared y pegado como lapa, espera conteniendo la respiración, para ver de cómo salir sin ser visto.

Una vez que desaparecen los soldados, se escabulle por entre las delgadas columnas que apenas le ofrecen escondrijo alguno, para salir ante el portón que permanece alzado con las cadenas bien escoltadas por ocho soldados. Por allí será virtualmente imposible escapar. Ve como se acerca el oficial de la ronda de noche y supervisa las puertas para su buen cerrar. Desanda el camino y regresa al torreón que se les ha asignado para desmoralizado dejarse caer en el borde del camastro. Mañana verá de intentar algo diferente, que no es posible escapar de tan reforzada vigilancia.

Isabel y su aya, duermen en una cámara contigua, y el de Soto en la capilla, donde ayuda en los oficios con el capellán castrense, que viste armadura sin espada dentro de ella, y con espada al cinto cuando sale, que se la ciñe a la cintura como parte del cuerpo ya. Piensa el de Leizo en reunirles solo cuando se halle seguro de poder salir de la fortaleza y ganar el mar abierto. Isabel, sueña con el castillo de su padre, y los perfumes de los que ya no recuerda el olor fragante, los colores de las flores de su hermoso jardín envidia de los que lo visitaban, y le viene el rostro de su augusto padre, que tendrá el corazón apretado como de sufrir tormento eterno, al no saber de su vida el paradero. Ve a esteban subir con sus productos de contrabando al castillo, que su padre sabe de sus manejos y le permite llevarlos a cabo, por la satisfacción que le produce a sus hombres de dura vida entre las piedras de la fortaleza, alejados en ocasiones de los suyos, y así se ríen y cantan sin ambages.

Su aya se debate en un pesado sueño en el que da vueltas como una rueda de molino, y ella que conoce sus pesares le ayuda tocando sus costado, que queda tranquila al sentirse acompañada y entra en sueños más placenteros al cambiar. Llora en silencio doña Isabel, que añora a los suyos sobremanera, y empapa la almohada con las lágrimas de niña que no se permite de día.

Leizo ve a una dama que soñó con conquistar y hasta su mano pidió en solemne ceremonia, que su padre le negó, de ser solo capitán sin fortuna, y eso persigue de ser posible, que ha de retornar con la bola llena y reclamar a su dama para bien vivir. Manos tras la nuca, mira al techo y sonríe pues las armas le son favorables y esta aventura que la vida le costará si vuelve sin nada en las manos, que todo se perdona cuando se triunfa, le dará la oportunidad de ascender y quizás el rey mismo le nombre con título de noble, para poder alcanzar lo que tanto anhela.

El alba les sorprende con los rayos del sol penetrando audaces en las estancias y el grito de los centinelas que les tranquiliza al dar voz de calma. Cambia la guardia y en el horizonte no se divisa nave alguna, que preocuparles pueda. Se mecen en el puerto las galeras de la orden de los caballeros hospitalarios de san Juan de

Jerusalén, como cisnes prestos para transformarse en aves de presa capaces de tragarse las galeras turcas a cañonazos. Se reúnen como cada día en la torre del homenaje que presta su altura como guardián discreto para sus charlan sin que sean escuchados por oídos traidores.

-Es imposible escapar por el portón, se halla vigilado como una virgen por su padre.-aclara Leizo.

-Entonces debemos hablar con el maestre de nuevo, el tiempo juega en contra de nuestros intereses...-se impacienta Alonso que ve disiparse su posibilidad de hallar la felicidad.

-Aun tenemos una oportunidad pero requerirá de todos nosotros valor y correr riesgos.

-Que sea lo que sea, harémoslo.-responde Alonso presto.

-Entonces escuchad lo que propongo: esta noche vos –le dice a Isabel-,esconderéis armas y ropas negras en el jardín. Allí estaremos a la hora quinta de la madrugada, y llevaremos yesca y pedernal para hacer fuego, no. No temáis no prenderemos fuego al castillo, solo unos matojos que alarmen a los soldados de la ronda para alejarlos, y salir de estampida. Nos descubrirán y habremos de sortear flechas y lanzas si deciden matarnos...

Las mentes de los presentes todos cuatro, asienten sin ppensarlo dos veces.

-Yo avisaré a mis hombres que se deslizarán hasta los barcos y tomaremos cuatro, una por la destruida, para remar como alamas que lleva el diablo. ¿Entendido?

Todos se van más tranquilos a pasear, que han de disimular su fuga, con la naturalidad imposible que da el saberse en tensión. El sonido de las aguas de las fuentes del jardín se les antojan anuncio de libertad, y disfrutan como si condenados a muerte estuviesen del olor de las flores, y el viento que les llega del mar. Los caballeros de la orden ajenos a todo lo que no sea estar prestos para tomar las armas y luchar, dejan a sus anchas a los que creen aumentarán sus efectivos en la lucha que se avecina.

Cae la oscuridad de la noche, y un sinnúmero de sombras se deslizan por los solitarios corredores, que les dan su protección como guardianes de su oportunidad. En el puerto, no saben cómo, los hombres de Leizo han tomado cuatro barcos, una galera de la orden por la suya, y los centinelas duermen el sueño que ofrece Morfeo en esas duras jornadas de combate con él.

Leizo Isabel y el aya llegan a la vez que el de Soto sale de una puerta estrecha dándoles un susto de muerte. Juntos avanzan por los muros, y pegados a ellos, hasta llegar a las galeras. Los remos se sumergen en las aguas cálidas del mar que circunda los dominios de la orden y salen de puerto mientras un centinela avispado grita con denuedo alarma.

Ve desde la torre del homenaje el maestre señor de Mantea, como escapan de sus manos, y solo lamenta no contar con tan audaces soldados de la cruz en la batalla que le viene sin duda ya de cerca.

-¡Señor han tomado cuatro galeras y huyen con ellas!...¿les perseguimos?

-No, dejad que se vayan en buena hora, -sonríe alabando su coraje —se merecen lo mejor, que ellos solo saben de la misión que su señor el rey les ha encomendado. Espero se zafen de igual manera del turco, que llegue por camino alejado de su singladura.

Desde el almenaje se despide con el corazón de un guerrero de sus invitados que abandonan la seguridad del castillo, tomando por secuestro y prisión lo que el maestre hiciese por retenerlos entre los muros del la fortaleza que les ofreciese cobijo y vida si el turco llegaba.

Dejan surcos tras de sí que muestran su tenacidad en la lucha y en la decisión de servir como solo un buen rey merece. La tranquilidad que precede al atormenta se apodera del maestre que tiene la responsabilidad de proteger de los infieles aquel reducto de las armas cristianas. No ve la hora de comenzar el combate y así hablar con la espada en la mano, para demostrar de una vez por todas, que son dominio suyo mientras él viva, y no se arrebatará a las armas que el ostenta nada que a ellas le pertenezcan. La brisa de la mañana les refresca y aviva sus músculos que se desentumecen olvidando los momentos de inactividad recuperando su poder. En una línea que barre el mar, salen en busca de su destino en la capital turca a la que parecía mucho más fácil llegar. Por estribor unos puntos negros anuncian la presencia de las galeras del sultán y se desvían al oeste buscando la protección de la línea que marca la separación entre los dominios del gran turco y los de la cristiandad.

La encarnizada batalla que se dará en los límites del imperio otomano, servirá para que el comercio se estanque una vez más y solo los corsarios a sueldo del sultán consigan ganancias que de otro modo serían canalizadas a favor de los venecianos y genoveses, que a su vez dominan el comercio de la seda y las especias traídas del lejano oriente, de China e India. Noventa galeras de velas verde esmeralda color del islam, atacan la isla de los caballeros hospitalarios de San Juan de Jerusalén, que segarán sus vidas como trigo maduro con sus largas espadas de acero toledano, que se teñirán de rojo rubí.

Un cerco impresionante reduce las dimensiones de la isla a meramente un montón de piedras que sobresalen del mar sin más importancia que la que tiene como lugar estratégico para la orden. Los jenízaros se preparan para el asalto y se escudan entre los flechastes de las naves ansiosos por saltar a tierra donde son invencibles lanza en mano sobre sus caballos. Los caballeros por su parte centrados en la masacre que son sabedores acaecerá tras el desembarco, procuran mantenerlos alejados de tierra el mayor tiempo posible, para diezmar con sus cañones los efectivos humanos de que disponen y así equilibrar el número de sus soldados con el suyo propio. Los gritos de muerte y las amenazas, a modo de guerra sicológica, atruenan el aire y siembran el terror en los corazones de los más débiles, que ven su alma ascendiendo al cielo, tras rodar sus cabezas al filo de la cimitarra infiel.

Los cañones de los turcos bombardean la costa causando pequeños estragos en el maderámen del puerto y provocando la salida de las treinta galeras de los caballeros que en perfecto orden se lanzan al ataque con sus espolones deseosos de atravesar las bordas de las naves enemigas, disparando sus cañones con estruendo terrible. Al frente va el gran maestre de la orden, señor de Mantea, hijo segundón de los condes de Mantea que vio en manos de su hermano el feudo familiar, como es costumbre entre los nobles de la época, y decidió seguir el camino que los grandes labraban para sí, en tiempos de guerra defendiendo los santos lugares de las garras del infiel. Alza su espada por encima de su cabeza, y grita con voz atronadora que anima a sus soldados a combatir hasta la muerte que es el paraíso para quien caiga, o la victoria que se le concederán honores sin igual en la orden y podrá aspirar a ser el próximo gran maestre de ser de casta noble.

Los espolones de la nave capitana se clavan en la borda de babor de la almiranta turca y la parte en dos. Basahj Pashá, cae en el mar y es izado por sus capitanes que le ponen una cimitarra en las manos de nuevo, para adentrarse en el corazón de la batalla buscando al almirante cristiano. Se cruzan entre amenazas terribles sus aceros, y saltan chispas al rozarse, que habrán de decidir el curso de la escaramuza entre ellos a pesar de estar en plena lucha ambos bandos.

-¡¡No pasarás de aquí maldito infiel!! Mi cimitarra te cortará la cabeza en honor de Mohammed el profeta de Alá...-ruge furioso por la humillación sufrida al ver como se hunde su galera en el primer embate.

-¡¡Tu cabeza la clavaré en una pica antes de que bajes al averno hijo del diablo!! No tomarás para tu depravado sultán esta isla que es bastión de la cristiandad.

La tropa de los caballeros están desbaratando la línea de batalla de los turcos y éstos se desmoronan lentamente al ser hendidos por una compacta línea de combate cristiana que les hace ceder terreno sin apenas darse cuenta. Las naves están clavadas la mayoría unas en otras y se hunden, llevándose a sus presas las que no logran sacar sus espolones de las enemigas. Las galeras comienzan a separarse y se distancian en dos grupos bien definidos antes de que los comandantes cesen en su intento de acabar el uno con el otro y así decidir el final de la batalla, que se prevé larga y difícil. Mucho han aprendido los turcos del arte de la guerra de sus oponentes occidentales que se entrenan de continuo para la guerra como sus jenízaros. Setenta y dos galeras turcas sobreviven al enfrentamiento naval, mientras que de las treinta de los caballeros salen del combate veintisiete. Tres de ellas desmanteladas y dos ardiendo parcialmente. Se aseguran de permanecer bajo el poder de sus cañones de la fortaleza que atacan a las galeras que osan seguirles hundiendo dos de ellas. Desembarcan los heridos y son sustituidos por tropas de refresco que ocupan el puesto de éstos con el orgullo de saber que serán los próximos en combatir al infiel en los mares que circundan el dominio del turco señor de los musulmanes que poseen tierra santa.

La noche cae y las estrellas ajenas a la guerra relucen en lo alto del cielo recogiendo las oraciones de ambos bandos, que todos dejan esposas e hijos en tierra y desean que se sientan orgullosos de sus hazañas, que para tal menester habrán de morir algunos que otros no regresarán y los más serán tullidos. Las antorchas iluminan el entorno del castillo y los centinelas pasean por los pasos de ronda alabarda al hombro y con los arcos cerca junto a cestos de flechas y arcabuces que relumbran al ser tocados por la luz de la luna que comprende a quienes guerrean por su supervivencia y parece mover la cabeza imaginaria de un lado a otro lamentando el quehacer de los hombres intolerantes, que no se permiten vivir sin imponerse criterios que dominen sus vidas.

El de Leizo ve como en el horizonte se distinguen las luces casi diluidas en la oscuridad, que ha regresado para ayudar a los caballeros en su afán de sobrevivir y se adentran remando en silencio para no atraer sospecha de su presencia y así delatarse. Se esconden tras las bajas bordas de las galeras y tienen listos los cañones para un ataque que sorprenda a los turcos y así en combinación con los caballeros desmantelar el plan de asedio de éstos. Esperan que desde la fortaleza sepan interpretar el ataque y salgan a la lucha para terminar el asedio en pronto combate y triunfar las armas de la cruz ante los infieles.

Se hallan ya demasiado cerca como para no ser detectados y Leizo alza la antorcha que escondía en un jarro para indicar el momento del ataque. Truenan los cañones y desmontan la proa de tres galeras que saltan por los aires. Incendian otra y los turcos rabiosos salen de sus bancos d remos y de las cubiertas en las que descansan, para estorbarse unos a otros en confuso montón. Desde las almenas de la fortaleza, ven como algo inusual sucede y observan que se combate.

-Señor ahí abajo está ocurriéndoles algo malo a esos infieles hay lucha y arden barcos que estallan en llamas.

-Veremos, puede ser una trampa para obligarnos a salir del castillo. —mira con el catalejo el maestre y acierta a distinguir el acero del de Leizo

Las galeras le son familiares y al pronto reconoce la que se llevase el de Leizo. Clama, con ánimos renovados alarma y organiza la salida que supone espera el de Leizo, esperando que no resulte demasiado tardía la ayuda.

-¡¡A las armas hijos de la cruz!! Nos llegan refuerzos -grita a voz en cuello-. Que las galeras salgan del puerto y ataquen a las turcas estamos a punto de vencerlos...

Un frenesí se apodera de los caballeros que salen en tropel del castillo llenando las naves de hombres sedientos de sangre infiel. Las galeras tardan apenas quince minutos en salir una vez ocupadas por sus tripulaciones y se lanzan al ataque sin dilación. Los turcos que se ven entre dos flotas, se disponen a luchar hasta que la victoria se decante por ellos, o mueran y vayan al paraíso de las huríes. Echan tablones sobre las bajas bordas de las galeras y se arraciman en ellos para pasar a las naves cristianas cimitarra en mano, mientras desde las galeras los arqueros disparan cubriendo a sus compañeros. Los arcabuceros de las galeras cristianas de la orden, disparan barriéndolos y dejando sin su preciada protección a los que luchan a cuerpo descubierto en las cubiertas, y que van cediendo terreno ante el empuje de los caballeros que siegan su cosecha de sangre entre la multitud que se agolpa en un confuso montón, para ir creando un campo de cadáveres que anuncia el final. Las galeras comienzan a hundirse de uno y otro bando flotan restos de lo que fueron orgullo de sus señores los reyes que desde sus palacios juegan a la guerra. El fuego se enseñorea en las popas de las naves, y las llamas se alzan en las velas que colorean con nacarados colores, el cielo que luce azul, ajeno a todo lo que bajo él sucede. Leizo, agotado a duras penas sostiene la espada en sus mano, y ante él dos turcos ven la posibilidad de rendir a tan poderoso caballero, lanzándose a el con furia desmedida. Han tomado mal la talla del capitán del rey, que de un limpio mandoble bajo, les corta el vientre sin que sientan que la muerte les llegue. Cae después en uj sopor que le envuelve y todo se oscurece para él. El maestre de la orden con su armadura cubierta de sangre turca, y propia, combate como un león, pero tres turcos le abaten y una de sus cimitarras, se hunde en su carne por la hendidura que une antebrazo y brazo, causándole un dolor que lo hace marearse, momento que los turcos aprovechan para alzar las armas y cortar su cabeza, que no llega tal a suceder, pues es doña Isabel, que don Alonso aparenta, quien se deshace de ambos matándolos sin dilación. Ya no se oyen los disparos de los arcabuces, y los gritos que sobresalen de la lucha de dolor y muerte son, que no de rabia, ni odio, que han muerto con los hombres que ceden el paso a la guadaña de la oscuridad para abandonar el mundo de los vivos, sin haber vivido. Juan, que Inés el aya le conoce la dama de Pechuán, ve como por la hendidura de su espada resbala el líquido vital que ha salido de las lamas de sus enemigos, que no se ha despegado de su ama en todo el tiempo, que la lucha ha tenido lugar en el mar, y algo apartado de ellas ve, al de Soto, que chorrea sangre por un costado, y corre el aya como pesado guerrero, en su busca, que sin él el Señor no les permitirá continuar hasta su meta final, y han de salvarle de la cruel señora que lo aguarda saboreando su alma, que muere sin saberlo. Se arrodilla tras quitar de sobre él a un turco que cae ya muerto contra su costado. Lo ha matado tras ser herido por su traicionera gumía, y ahora con los ojos le clama por ayuda a su amiga que ahora es hombre de armas, llorando, que es un niño que se va, y no un ministro que sirva a quien crea ser fiel.

-No os apuréis mi señor que taparé con jirones de mi ropa vuestra herida, y querrá el diablo o Dios en su eterna misericordia, que sanéis sin más estorbo, que las palabras de reprimenda que el ama os ha de dar.

Amarra con la tela sucia enrollándola en sus lomos para cerrar el agujero por el que la vida desea irse, y éste grita con desgarro, que siente pocas fuerzas en sí y agradece el dolor que no siempre es desdeñable. Alrededor ya no quedan hombres vivos y la señora se da la vuelta, casi la puede ver ella al mirar con los lagrimales ocupados por el llanto. Cesa la lucha y solo se oye correr en pos de la vida a quienes la segaban poco antes.

Cogidos entre dos frentes los turcos ven hundirse galera tras galera, y el lugarteniente del gran maestre da la orden de retirarse. Bashj Pashá ha sido derrotado en toda la línea y a duras penas saca a veinte galeras del infierno en que se ha convertido la batalla. Se pierden en la noche para lamer sus heridas y los caballeros hacen recuento de sus galeras. Han perdido otras tres y dos arden sus proas, pero se podrán recuperar. El mar aparece con el alba sembrado de cadáveres de turcos y caballeros que han ofrendado sus vidas, y las maderas flotan como vestigios de una batalla cruenta que deja tras de sí la seguridad de que el sultán no atacará de nuevo mientras recuerde la derrota y tenga otros objetivos de mayor importancia.

Se abren los ojos de Leizo y en el lugar del cielo que esperaba ver, solo halla la viguería que atraviesa el techo de su alcoba, que es la del gran maestre. Se incorpora pero todo le da vueltas, y cae de nuevo para ver junto a él dormida a doña Isabel que de verdad hombre parece, y no dama de alta alcurnia. Su carita dulce aparece solo cuando duerme y él la admira ,que la ama como a hermana y ve en ella a quien hubiera protegido de no ser muerta prematuramente por la tuberculosis, que azotó su ciudad tiempo ha. Su espada deja ver los derelictos de la encarnizada pelea que con los turcos han tenido, y la sangre reseca luce grana en la funda, en el pomo y camufla las joyas que ostenta. El aya entra con un tazón que desprende vapores que le llenan las fosas nasales, y el estómago se niega de momento a aceptar la ofrenda de la vida que necesita para seguir.

-Debéis tomar esto, os hará bien señor, es menester que cobréis fuerzas, y el ánimo anide de nuevo en vuestro brazo.

Toma la cabeza de su capitán que no los ve quien el secreto no conoce, y deja que resbale el líquido por su garganta, quemando la muerte y alejando su fantasma.

Lloran sus ojos al sentir el calor de la vida, y se duerme como niño en breve.

Echa el aya una manta sobre los hombros despellejados de su ama, y se va no sin antes besar la frente de ésta. El de Soto, yace en peor condición y está en peligro de muerte como le sucede al gran maestre que se halla en la capilla en espera de un milagro, o de que le llegue la hora. Alrededor de su persona se apiñan sus hombres de armas que pequeños y desconsolados aparecen ante su señor y camarada, que muchos le deben la vida dos o hasta tres veces, y ante su cuerpo lloran y rezan por su vida o por su muerte. Los velones encendidos crean sombras que atormentan las mentes supersticiosas de los que oran en compañía y las frías paredes les dicen lo que de sus cuerpos será en el futuro. El castillo se relaja y solo el silencio, ominoso y pesado, reina en él. Una música que son las voces de los sacerdotes que les llega de arriba de la capilla les dice que ellos cantan salmos y alabanzas, que no entienden, para tratar así de acceder al Señor que siquiera escucha su dolor.

Los centinelas erguidos otean un horizonte por el que no vendrán más los turcos hasta que decidan tomar la isla de manera definitiva, y que aun yace en el futuro.

El aya baja a la capilla y les pide orar en privado con el maestre que una vez el Señor le concedió salvar a un hermano en trances similar y desea repetir su oración sin estorbo, que d no ser no oirá el todopoderoso. No les dice a sus soldados, que bajo sus ropas lleva alcohol y romero y unas hierbas que le diera una bruja autrigona, que viviera en el norte donde vascones y caristios habitasen en tiempos cuando el mundo era de la Roma que gobernaba el orbe.

Salen ellos complacientes, que a una bruja o a demonio de ser posible le entregarían a su señor si salvarle pudieran con tal. Inés quita los vendajes sucios y lava las dos heridas que supuran pus y amarillean. Ha llegado en el último momento y tras dejar en rojo vivo las rajas que la cimitarra produjo, echa el emplasto de hierbas que mezcla con romero que le escocería como a caballo desbocado de no ser por su inconsciencia. Cubre las heridas con vendas limpias que aprendió su oficio de manos de Esteban que su familia curó del conde las suyas en múltiples escaramuzas. Ella les ayudó y tomó ejemplo de su ser como físicos que más saben y ahora desea servir al que les da cobijo y el alma salva de las frías aguas turcas. Sale tras fingir llorar entre oraciones pronunciadas sin demasiada convicción y los rudos varones penetran en el oratorio completando de nuevo el círculo en torno a su señor.

Pasan las horas y el maestre entreabre los ojos que grita el centinela desde la puerta:¡¡"Milagro del Señor, milagro del Señor...!! ¡¡vive el maestre, vive el maestre, que le ha salvado Juan que es escudero de don Alonso. ¡¡Vive el maestre!! Se corre la voz en cada puerta en cada estancia, y es llevado Juan el escudero a presencia del gran maestre que tiembla ella por no saber si de su agrado es o de bruja le acusarán. Abre temblorosa la puerta y con la espalda tiesa baja la cabeza como aprendiese de su señora en estas artes de ser varón.

-Hijo, -le dice el maestre con voz queda, y lágrimas en los ojos-me dicen mis hombres todos que me has devuelto al mundo de los vivos que oraste al Señor por mí y él te oyó que no a ellos.

-Ay mi señor que tan solo hombre pecador soy, y no debo sino pensar en que Dios mismo os salvó porque le sois de utilidad en esta tierra cruda que llora cada día.

-No seáis modesto que ya en otra vez os oyó El y sanó el indispuesto. Decidme que queréis y os daré aun el tesoro de que guardamos en este vuestro castillo, todo él.

-Solo que veros ya sano me satisface plenamente, y no solicito de vuestra merced, sino vituallas y guías en estas aguas infestadas de muerte e infieles, que hemos de llegar para servir bien a nuestro señor el rey, a Estambul sin demora, que ya nos retrasamos mi señor.

-Hágase como pedís fiel escudero, más arrodillaos que es menester.

Doña Inés desconcertada obedece y la espada del maestre se posa en su hombro tres veces, una en el nombre del Padre, otra en el del Hijo, y la otra en el del rey al que sirven. "Sois caballero de noble desde ahora que ya no escudero y barón que yo os doy por título señor, que merecido es, y os respetarán por esto que hoy os concedo.

No protesta el aya que no sabe qué decir, y las palabras en la garganta se le abrasan sin salir de ella. Calla por su ama, y sonríe llorando al mirar al maestre que su corazón le ha impelido a hacerlo, y no otra razón.

No acuden sus compañeros que conocen su identidad, y solo puede bajar la cabeza y aceptar aquello que se le da, en pago a su servicio, que la vida de dos hombres ha salvado, y son de los que valen su peso en oro. Le traen las ropas dignas de un caballero de la orden de San Juan de Jerusalén y se las entregan como parte de su actual estatus, ha de embutirse en ellas y delante de los presentes hacerlo. Saca de su cuerpo los harapos con que viste, deshechos en jirones que en vendas ha convertido, y se deja solo la saya que cubre sus pechos de mujer. Por excusa dice tener que llevarlo sobre el cuerpo desnudo, que voto hizo de llegar con el a Jerusalén un día y no antes desprenderlo de sí.

Asienten los caballeros que con más razón se merece la túnica y la espada, y lucirá desde ahora las espuelas doradas de caballero siendo su rango igual al de su señora que es el señor don Alonso de Pechuán. La ceremonia ha concluido y le abrazan sus camaradas en fuerte brazo que le oprime el alma y se siente como varón que tiene el mayor de los tesoros entre sus manos sin haberlo previsto ni deseado.

FUEGO EN SEFARAD

En la costa del levante español, cabalga raudo un mensajero del conde don Rodrigo de Pechuán que tiene malas nuevas que darle a su señor. Por los caminos embarrados llegan los soldados del marqués de Aguilas, que tiene que dañar a su suegro si éste no le entrega la mano prometida de su hija, que la esconde y no cumple, con aquello que se le debe a él. El frío viento de la mañana raspa el rostro del soldado que desde la torre de vigilancia del interior ha trotado destripando terrones al paso de su corcel, sin parar que comer no debe, ni beber tampoco hasta poner en mano de su señor el tan preciado mensaje de aquel que es el marqués de Aguilas, que con su gente viene.

Don Rodrigo está en lo alto de la torre del homenaje y ve el mar en su plenitud, extendiéndose como un manto que siempre le pareció bello y ahora se traga para siempre su mayor tesoro, la hija que le quedó de la muerte de su amada esposa. Porque él cree que es el mar el causante de su desgracia, y que ella ha partido tras de él, de aquel muchacho de raza hebrea que ha atrapado su corazón , sin duda con hechizo estrecho, que de no ser así ella obediente hubiera, aceptado de su padre y señor la decisión de su boda con el marqués. Ha enviado mensajeros a Sicilia que los caballeros del rey Fernando gobiernan en esa isla y no la dejarán pasar si saben de su desventura. Y Dos galeras buscan al de Leizo que parece que los turcos lo han vencido, e ignora de su connivencia con Isabel.

La reina de Castilla doña Isabel ha mandado marchar a su tesorero hace algún tiempo, y fue don Rodrigo quien le permitió hacerlo con dos mil ducados que la reina mil le daba y no más. Es hora d solicitar de su misericordia la ayuda si es menester que sepa lo que aquí sucede en la costa del levante donde el fantasma de la guerra amenaza con desencadenar un asalto en toda regla.

Es Isaac Abravanel, hombre culto, que palabra cumple, y juró por su Dios Yavéh, hacer honor a su liberación y a su honra que en entredicho estaba, al ser echado del lado de la reina de Castilla. Sabe don Rodrigo la ruta que ha de seguir el mensaje para a sus manos llegar sin que ojos indiscretos lo intercepten. Por eso manda llamar a esteban el joven que les surte de alimentos y correajes para los caballos así como el contrabando que él cree no conoce su procedencia ni su destino. Hora es de hacerlo saber.

-¡¡Senescal!!,-llama a su hombre de confianza que en él ha puesto en repetidas ocasiones la vida y él se la ha devuelto otras tantas-. Que me traigan pergamino y tinta que he de escribir a mi hermano.

Suenan pasos precipitados y un doncel de quince años hijo de un noble vecino, llega exhausto, que cumplir quiere con el encargo del señor del castillo, y así ganarse su confianza, que quizás con estas cosas le saquen de la cocina, y le den trabajo más honroso.

-¡Ay hija mía si vos supierais el mal trago que vuestro padre ha de beber para protegeros de aquel que vuestro marido es, y no otro, de inmediato tornaríais en vuestro desdén y decisión tomada, que la paz depende!.

Habla consigo mismo el señor conde, que ve en el futuro la negrura de la guerra que hace poco cesó, y no se equivoca en sus apreciaciones, pues llega de cerca el marqués, con su gente dispuesto a todo. Avanza por la playa con dos naves que le dan cobertura, pues es conocedor del poder del de Leizo, que sus logros famosos son. Son dos galeras destartaladas, con pintura nueva que impresionar desean y no el combate, que poco durarían enfrentándose al de Leizo. Son seiscientos varones, de armas todos, que en escuadrones de a cien dan el paso a los tambores.

Desde la torre más alta dan la alarma y salen de sus acuartelamientos los que de ronda están, armados con arcabuces y arcos largos. De cada aspillera de cada tronera sobresale un arma y apuntan al enemigo que trae el alba. El conde como enhiesta señal, se alza en medio de ellos, con apostura de veterano de mil escaramuzas, que de la guerra el salió con la espada en el cinto, y no vencido. Mira en derredor y ve como lo cercan con escalas y ganchos que en las manos del marqués se hallan dispuestos a ser lanzados y así subir por los muros vetustos y cansados de sufrir.

-Conde de Pechuán, que vengo en pos de la mano de vuestra hija que se niega sin o con permiso de su augusto padre a ser mi esposa, y es ahora la hora de cumplir el contrato que conmigo tenéis.-grita el marqués seguro de su ejército que a duras penas a alistado entre sus campesinos y vasallos.

-Tened marqués que no se encuentra mi hija en este castillo, y ha de ser vuestra si sabéis esperar, que no la hallo y parece el mar habérsela tragado. Si no desistís en vuestro empeño he de daros lección que soy de las armas el señor y la espada sangre ostenta de más hombres con mayor rango que el vuestro-le reta para zaherirlo, sin así perder la dignidad de asediado.

Por toda respuesta da la orden el marqués de Aguilas de atacar el castillo, y en tropel y sin concierto se lanzan contra las murallas que altas son. Las escalas se acoplan a ellos y suben hasta que desde las ventanas que como aspilleras son, salen dardos que queman sus vidas, y caen de allí donde aun no llegaron. Retirada toca el marqués antes de dar comienzo el asedio, que no son rival para los soldados del conde que salen a caballo de la puerta bajando con estruendo de cascos lanza en ristre. Corren los campesinos que su destino saben si enfrentan a hombres armados de cota de malla y espada y lanza que han visto su combatir sin detenerse hasta matar.

El conde sale al encuentro del marqués y este cobarde, da orden d disparar a los cañones que montan las galeras. Estas barren la playa pero apenas aciertan ante la tropa que en zigzag eluden los golpes de b ala negra que les envían. El marqués se da cuenta de su error y sale a a la lucha que el honor en juego se halla, y espada en mano desafía a su oponente para que la lucha a su favor cese. Las galeras se resienten de sus cañones y callan en la contienda, por miedo a desarmarse. De ellas desembarcan los que restan de sus soldados, que pocos aun son como para intimidar al conde, y se unen a su señor a ver si el número le hace desistir en su empeño.

Pero el conde penetra en la tropa indisciplinada del marqués y cae sobre éste sin que nada lo frene ya. Se cruzan sus espadas y ve el marqués que su juventud poco importa cuando ante él tiene a un guerrero curtido en mil escaramuzas y batallas enteras que ha ganado. Miedo le inunda el alma y pide paz.

No correrá más sangre que el marqués ha entrado en razón y el conde ordena desarmarlos a todos antes de proseguir en la mesa la conversación a solas y sin más ojos y oídos que los de los dos interesados. Ha roto el compromiso la contienda entiende el conde, y así se lo hace saber al marqués, que cede cabizbajo, sin disentir. Le solicita como pago por el ataque que le ayude en la búsqueda con sus dos naves, que su hija en verdad está en paradero desconocido, y entiende el marqués el terror que el padre siente, que no lo ha engañado, y siente haberse comportado de manera tal.

-Son mis galeras en todo inferiores a las del de Leizo que solo pretendía tomar lo que mío creí tener en la mano.- reconoce el marqués

-No sé nada de las galeras de Felipe de Leizo y de mi hija tampoco sé...es mi deber hallar respuestas y saber de ellos, si es menester armar galeras, y salir al encuentro del corsario berberisco, para sacar de dudas mi alma. Comprende ahora el terror de un padre que siente por su hija el miedo.

-Mis hombres pocos son señor, pero vuestros son si eso de algo ha de servir. Hemos de salir al mar y mis naves aun pudriéndose valdrán más que nada. Orden se ha de dar en breve.-Se anima el marqués que ahora siente la nobleza de su sangre por sus venas fluir.

La pena marca el rostro de don Rodrigo de Pechuan y se pasa el dorso de la mano por la frente, que suda de dolor y no de cansancio. No sabe de su capitán Leizo ni de su hija y no obstante no conecta ambas situaciones que es posible suceda que el de Leizo haya caído en poder de los turcos o los berberiscos en combate ante sus armas.

-Si vos me hacéis tal merced, he de olvidar que me habéis atacado en mis dominios y nada de esto llegará al rey don Fernando. ¿Podrán vuestras galeras realizar una singladura tan larga que alcanzar pudieran a las de Leizo? con ellas sumando armas tendríamos posibilidad de salir airosos de tamaña empresa, que la búsqueda de mi hija es.

-Las tendréis listas dentro de doce horas aparejadas para iniciar la caza del berberisco en el, mare nostrum.- responde presto el agradecido marqués de Aguilas que ve en la colaboración la restauración de su posición ante su suegro, que no escondía de su persona a su amada dama, sino que en verdad ésta se hallaba desaparecida del castillo paterno.

-Que así sea y entre hombres de honor se salde esta vuestra deuda que ha contraído conmigo vuestra merced. Mi hija no obstante habrá de hablar en este asunto del casamiento a su regreso, que he de darle la felicidad que anhela y no matrimonio de conveniencia, que extraño su presencia y no deseo perderla si este es el motivo de su marcha.

Salen los dos nobles el de Aguilas con la cabeza baja pues sabe que doña Isabel no lo aceptará por esposo si ama como él cree entrever, a otro hombre que el desconoce su nombre y envidia su fortuna. El de Pechuan con el corazón contrito, y la pesadumbre en su alama misma, que nace en él la desesperanza, y permitírselo no puede.

Trabajan día y noche en los cascos de las galeras que han de salir al alba al mar en busca de la condesa y el alquitrán deja su olor en el aire de la fría noche como augurio de lo que está por venir. El negro de los dedos de los marineros y los campesinos que ayudan en la tarea, se confunde con el manto oscuro que apenas permite la continuidad del trabajo en las horas de la vigilia nocturna. Embarrancadas en la arena blanca de la playa como ballenas recostadas en hábitat extraño, se dejan hacer sin que nada afecte su figura que se recorta en el horizonte, al verse desde el castillo en el que don Rodrigo observa como avanzan con ellas. Un mar de hormigas, de diminutas siluetas se afanan por alcanzar la perfección en sus tareas de calafateadores en torno a las galeras del marqués de Aguilas.

Las horas transcurren lentas como el goteo de la miel y se hacen eternas en la desesperación que a duras penas mantiene a raya el conde. Piensa en los peligros que debe estar corriendo su frágil hija en manos ¿de quién? Es la incertidumbre el mayor de sus enemigos y el que venciese a don Juan Pacheco marqués de Villena en batalla por su reina doña Isabel de Castilla, sufre como mortal el agudo aguijón del dolor paterno. Aferra el pomo enjoyado de su espada regalo del rey por su buen hacer en la batalla y frunce el ceño deseando medirse con los raptores de su más amada hija que es lo que le queda de su esposa muerta en años anteriores. Más en esto se halla el conde cuando un muchacho de aspecto árabe sube de dos en dos los escalones que le separan de las almenas. Es Esteban que tiene el paso franco por orden del conde y que noticias le trae. Lleva en su mano un pergamino que como el oro guardó entre sus ropas y el jadeo le domina por momentos al saber del placer que aquello causará en su señor el que contrabandear le permite. El conde se halla con sus manos sobre las almenas del torreón mirando al horizonte en el que el sol se niega a salir, cuando se vuelve y su faz se ilumina que Esteban no vendría con tal fatiga de no ser que la noticia lo mereciera.

-¿Qué me traes mi joven doncel? Que si son buenas nuevas una bolsa de oro te daré y vestirte he de noble aunque no lo seas ¡vive Dios!.

-Se arrodilla zalamero el de raza musulmana, y le entrega el documento con nervios de joven que en sus ojos nace la esperanza de ser un varón sin tacha en el reino, y poder hacer a su antojo sin que nadie le desprecie que tiene protector en el conde don Rodrigo de Pechuan.

Es letra de don Isaac Abravanel que tesorero real fuera de doña Isabel de Castilla y saliera de Sefarad con lo poco que se le permitió y menos de no ser por el conde que protegió su persona de la avaricia de los "cristianos viejos" y salvó su cuerpo de la tortura. Lo abre con los dedos sudorosos y lee :

-"Mi señor don Rodrigo, que de vuestra persona soy y pertenezco, y de nombre me pusieron como herencia de mis ancestros, Isaac Abravanel. Es menester que sepa vuestra merced que la hija de vuestro muslo que tenéis amor de padre, se halla en las cercanías de Thogarmá que noticias tengo de su ser, y se encuentra en perfecto estado. Enviad vuestras galeras que han de surcar el mare nostrum por la ruta que os marco en este pergamino. Mis hermanos de religión, que saben de vuestra misericordia para con mi persona, os ayudarán en cuanto sea menester, y así zanjar la deuda que tengo con vos. Enviadme a este muchacho que sabrá hallarme en caso de necesidad. Si oro es lo que precisáis contad con él, que yo daré según se necesite".

Ve que los cielos mismos se abren para él y dos lágrimas caen por las comisuras de su boca. Que al fin ve un poco de luz donde antes solo había oscuridad. Se pregunta cómo llegaría hasta allí su hija, pero ahora es lo que menos le preocupa al señor del castillo. No descansará ni dormirá sin que antes tenga entre sus brazos la frágil figura de doña Isabel, que es cuanto en esta vida le dejó el Señor. Una frenética actividad se produce tras la lectura y esteban ve cumplidos sus sueños que don Rodrigo ha ordenado darle cuanto pida y, más si fuera posible, que le entrega la salvación de su alma en las letras que le trae.

Hijo de mi casa, tendrás ropas nuevas que de la India y China son sus hilos y de seda pura has de ser revestido por esto que noticias buenas son para un padre. -Saca una bolsa de monedas de oro y la pone entre las suyas cerrando sus dedos sucios de uñas negras de tierra- .esto solo es un adelanto, que desde ahora serás hijo para mí y casa habrás de tener para la posteridad en que se recordará que por tus prestos servicios se logró el rescate de doña Isabel de Pechuán.

Esteban con sonrisa bobalicona no comprende la magnitud de su servicio, pero se alegra de dejar de ser un paria que nada tiene y sueña ya con ese techo que promete noches de paz bajo sus vigas. Ve alejarse a don Rodrigo y el sonido de sus arneses entrechocando le recuerdan las estrellas que relucen en las noches clara y que él cree suenan de aquel modo.

Rodrigo de Pechuán entrega la ruta al capitán que comanda las galeras del marqués y le ordena seguir sin alterarla cada detalle, que el judío entregará en su mano la persona de doña Isabel, de poder ser. Las galeras se hacen a la mar y los remos rugen bajo el agua en una larga cacería que adivinan como si vida tuviesen. En la proa de la capitana de las dos pues en ella viajan, tanto don Rodrigo como el marqués de Aguilas, la figura del conde semeja a las de los héroes de la antigüedad que surcaron mares imaginarios en la Grecia que imponía su cultura en los mares del mundo. Los estandartes ondean retando al moro, y el viento les confiere vida propia al hacerlos revolotear resonando como augurios de guerra. Nada sino encontrarla yace en la mente del experimentado soldado curtido en mil batallas.

CABALLERO DE LA ORDEN HOSPITALARIA

Pasan los días en completa calma, y se recuperan los heridos de la refriega naval con los turcos. Felipe de Leizo, y el maestre conversan y es éste el que le comunica lo extraordinario de la situación, y como le ha nombrado caballero a Juan su escudero sin que ésta pudiera rechazar tal honor que solo ellos saben de su condición femenina. Los ojos de Leizo se abren dilatados y comprende lo delicado de la situación, que de decirle que es mujer y no varón podría incurrir en pecado mortal y condenar a su fiel compañera de viaje, que ama tanto como su alma a su dueña. Decide callar y continuar como si estuviese de acuerdo asintiendo sin decir palabra. Corre en cuanto le es posible para consolar al aya que llora en su cuarto que mujer es y no varón. La abraza y ella entre sollozos se disculpa que el miedo atenazaba su lengua y no pudo decir de su condición el ser. Llega en ese instante doña Isabel que don Alonso es, y comprende al escuchar lo acaecido lo embarazoso de aquella entente en la que se puede destruir lo conseguido de saber el maestre el secreto que todos guardan.

-No llores mi fiel aya que eres barón noble y guerrero nombrado por el maestre de la orden y vivir habrás de aprender pues ambas serás desde ahora. —le consuela su ama que la besa tiernamente.

-Más no debe saberse de esta cosa tan penosa que de ser así nos quemarían en una hoguera como herejes que seríamos a sus ojos. Hemos de irnos tan rápido que no se nos pueda hallar.-escupe Leizo con la preocupación pintada en su cara.

La isla estará a salvo hasta que el sultán reinicie la conquista de los territorios aledaños a sus dominios y resulte imposible su defensa. El maestre ve como se preparan sus aliados para la marcha y les solicita que no lo hagan hasta haber celebrado el nombramiento, que es costumbre que los caballeros den una cena como la que dio el Señor ,a sus coiguales. El maestre como primus inter pares, preside la ceremonia en la mesa de madera de roble del gran salón en el patio de armas y una enorme cruz se alza sobre sus cabezas, como símbolo de unión que les da cohesión. Las antorchas crepitan en sus hachones de hierro forjado y crean una atmósfera de misterio que resultará imborrable para quienes esa noche cenan bajo su color nacarado y sienten su calor en los huesos doloridos por la lucha. El gran maestre de la orden de los caballeros hospitalarios de San Juan de Jerusalén don Julián de Mantea se levanta y alza la copa de oro llena de vino para hablar ante sus invitados.

-En este Fausto día hombres valientes nos honran con su presencia entre nosotros. Pero es a don Juan, barón de Famagusta, y caballero de la orden de san Juan de Jerusalén a quien debemos la vida ya quien Dios escucha en nombre nuestro. Alzo mi copa y brindo por su alma que en el cielo ha de morar sin falta por serle de agrado a Dios.

Se levantan con sonido metálico al rozar sus espadas con los arneses y cintos que las sujetan a sus cinturas, don Ramiro de Santoñán, don Marcos de Amaya y don Alonso de Pechuán, así como el homenajeado don Juan de Famagusta. Suenan voces viriles y roncas en el aire frío de la noche con el calor de la camaradería y atruenan en el patio del castillo, como cañones rugiendo ante el enemigo. Doscientos varones de armas valientes que darán su vida en pro del honor y la patria que sienten lejos hoy.

Las horas se siguen sin que nadie abandone la mesa, y las canciones de guerra que les recuerdan a sus tierras tan distantes y amadas, les salen de sus gargantas como lamentos profundos que gritan su dolor por estar separados de quienes aman. Se retiran en silencio los de Leizo y los de Santoñán y los de Amaya como gatos que huyeran del fuego, para deslizarse hasta el puerto donde habrán de aparejar las galeras con las que partirán al alzarse el sol por el horizonte. Los barcos se balancean como cisnes nerviosos en las aguas del egeo y esperan ser de utilidad en el combate de nuevo.

La mañana siguiente el maestre don Julián sale a despedir a sus aliados que se perderán en el mar como una espina que se le clavará en el costado al sultán Bayaceto II y ayudarán en la lucha, ya no por conquistar sino, por mantener lo conquistado. Con él están los más altos dignatarios de la orden hospitalaria y desde las almenas saludan con salvas de cañón y gritos fieros a sus hermanos de armas. Las galeras se escurren en las radas y salen a mara abierto como hambrientas de guerra y de aventura que les llevará hasta la sublime puerta sin que puedan siquiera adivinar lo que allí les espera. En sus bodegas casi bajo sus pies, llevan consigo regalos del maestre y oro para comprar si necesario fuera la libertad de quien se precisara. La inmensidad del mar les acoge como a hijos perdidos que regresan a casa y la calma chicha a la que los somete anuncia su amor por ellos, que no los desea perder de nuevo. Un sol poderoso los mantiene parados y han de remar si quieren avanzar. Las manos callosas de los soldados y las cabezas cubiertas de telas a modo de turbantes les agobian por falta de costumbre y gimen bajo el abrasador sol de medio día. Cuatro galeras dos con velas rojas y dos tres con velas blancas, que se hermanan en una empresa que es marcada por la locura. Nadie sabe que hallarán en las costas del turco y qué les sucederá cuando hallen al doncel, causa de toda esta hermosa locura que invade la mente de una mujer capaz de cruzar el mundo para ver la figura de su amado señor, que expulsado fue por la reina Isabel de Castilla. No ven velas turcas, ni mercantes venecianos como acostumbran, que el mar aparece vacío de vida y se atemorizan como si llegase el fin del mundo. Arrecifes que asoman en la superficie a veces, islotes pelados inhabitables, y gaviotas que les dicen que la tierra está cerca, es todo cuanto pueden observar.

Llegan los judíos en las galeras del sultán y les reciben con tambores y mucho ruido, que son hermanos del libro y respetados por así creer lo que ellos en parte. El gran visir Mustafá ben Selim, se hace cargo de su custodia en los dominios del sultán y en la isla que se ve desde Estambul, se establecen en espera de la próxima persecución, que el Señor los maldijo abandonando su casa, y han de andar errantes por los mundos que a Dios pertenecen. Desembarcan sus bagajes y pertrechos y se acomodan en casas de adobe y ladrillo que se construyeron a toda prisa para darles cobijo. Una multitud de hijos de Sefarad llora la pérdida de su patria de la que tan injustamente han sido echados por la intolerancia de una poderosa reina. Los más viejos se resignan a ser controlados ora por castellanos, ora por turcos, ora por...

Las galeras del turco como un mar de palos se elevan al cielo como señal enhiesta de su poder omnímodo en aquellos lares. Ciento cuarenta y tres de ellas salen de las radas del puerto y abandonan a los judíos a su suerte en aquel apartado lugar lejos de todos los que tienen corazón y les late. Pronto la actividad sucede a la pereza que produce el viaje largo desde Sefarad, y adecentan sus hogares con las filacterias que arrancaron de las jambas de las puertas de sus casas para llevar su fe consigo. Una marea de hombres mujeres y niños se desparraman por la isla como un enjambre de hormigas capaces de transformar el yermo paraje en un oasis de placer capaz de tentar a cualquier ser humano que recordase el paraíso perdido.

Bajo el cielo azul que cubre el imperio otomano, sobrevivirán los expulsados de Sefarad. Entre ellos viajan los Beckhat, y uno de ellos mira atrás como si eso le permitiese poder observar el rostro de la persona que hubo d abandonar en Sefarad con su más preciada pertenencia entre sus manos. David rememora los tiempos en que vivían en paz con los católicos y los musulmanes sin que esto supusiera un impedimento para hacer los mejores negocios con ambas facciones religiosas. Pero las cosas se complicaron con el decreto de los reyes católicos y se hizo irrespirable el mismo aire para quien era de raza judía. Comenzaron a perseguirlos a discriminarlos a convertirlos en seres irreales que eran capaces según sus leyendas de comerse a los niños en ritos salvajes en los que derramaban su sangre para blasfemar contra la cruz.

-Hijo ¿en qué piensas? O debiera decir ¿en quién piensas?-le interpeló su padre que sabía del dolor que le había causado salir de la patria que tanto amaba. Conocía su dedicación a aquella condesita que le había robado la calma y que le mantenía desorientado hasta tal punto que lo que de habitual realizaba sin problemas se había convertido en algo imposible en lo que fallaba de continuo.

-Pienso en ella padre, me resulta muy duro permanecer apartado de su persona...y no sé si podré volver a verla...

-Confía en Yavéh él sabrá que es lo mejor para ti...y hará que ella venga o que tu vayas si es preciso, ya sabes que la vida es un círculo que da vueltas alrededor de una idea y esa idea es el amor que un hombre y una mujer se tienen.

Aquellas palabras calmaron el espíritu de David y le animaron a pensar que la distancia no quebraría su relación surgida de entre los odios de dos religiones incompatibles solo por la terquedad de los hombres. Aspiró el aire de la isla como mezclándose con su alma, y dejó que su padre le guiase hasta la que desde entonces iba a ser su casa. Una docena de árboles daban cobijo contra el viento que barría aquella parte de la isla y mojándose el dedo, comprobó de donde les llegaba el viento a aquellas horas.

Los días transcurrieron como flores que nacen brotan y mueren sin darse cuenta de ello. Las casas se alzaron como ofendas a un Dios mayor y las ocuparon entre risas y cantos que se elevaban en honor de éste. Las filacterias se incrustaron en las jambas y tras rezar dieron comienzo a una nueva vida demasiado lejos de su tierra.

SICILIA DEL REY DON FERNANDO

En medio del mar hostil a don Rodrigo de Pechuán, éste se acerca a la isla de Sicilia que gobierna en nombre del rey don Fernando don Martín de Santoñán. En ella pena el gobernador que por valerse su hijo de caballero ser nombrado se aleja de su mano y estrena sus alas como ave de rapiña que sale de caza. Pena por su alma y su persona que nada del mundo sabe, y que de espada poco ha de hacer si se le encara un turco.

En las radas del puerto le espera un judío que comercia con turcos y cristianos por igual, con la ventaja de tener al propio gobernador de su parte que le salvó la vida pagando rescate por su augusta persona cuando estuvo en poder de Mohammed al Fassín. En sus manos sostiene una bolsa con piedras preciosas traídas de la lejana India que brillan como brasas del averno, y vale el rescate de un rey. Es orden de don Isaac Abravanel, que le proporcione todo cuanto sea menester al conde de Pechuán que a los de su traza protegiera de las garras de los ávidas de sangre, que reclamaban sus vidas como ofrendas aun dios sin nombre, trino y cruel. No olvidan sus acciones en pro de sus haciendas que muchos las conservan tan solo por su intervención y no por otra cosa.

Sus ropajes por el contrario de lo que era permitido en Aragón y castilla son lujosos y revelan una condición adinerada y una posición alta en los estratos sociales de la isla. Le acompañan dos de sus hijos que montan guardia en torno suyo, pues atraen las riquezas a los ladrones que después desaparecen por entre las callejuelas sin que nadie les ayude de suceder tal cosa, por el simple hecho de ser judíos.

Bajo sus capas esconden sendas espadas cortas que les dan la seguridad necesaria para hacer frente a inesperados ladrones a pesar de la prohibición expresa de llevar armas los de raza judía. Sobal el mayor de ellos, ve acercarse las naves en la que llega el conde español, y con el codo le indica a su hermano Benjamín que controla las salidas a las radas portuarias, que se disponga a recibir al benefactor de los suyos con la honra que se merece. Este sonríe que es de afable rostro y tez tan suave que normando parece y no judío.

Las galeras de don Rodrigo de Pechuán prestadas por el marqués de Aguilas con él mismo a bordo penetran en el puerto con la elegancia de dos cisnes que orgullosos se sienten en su hogar, que la guardia ha sido avisada y corre a rendirle homenaje, por ser uno de los favoritos del rey don Fernando el católico. Se alinean en el empedrado suelo que comparte piso con las recias maderas que sobresalen adentrándose en el mar ganándole la batalla al robarle su territorio. Suenan tambores y brillan las alabardas, para recibirle, por lo que los tres judíos se separan de la gente que ya se agolpa y discretamente se quedan en un segundo plano.

La plancha de madera que comunica el navío con el puerto toma contacto con el suelo y desembarca el conde seguido del marqués y doce hombres de armas que no se `permite que vayan más a tierra sin permiso especial del gobernador don Martín de Santoñán. El senescal del tal Santoñán es el encargado de dar la bienvenida a tan alto personaje, que pocas veces llegan a Sicilia por causa de los turcos barcos con gente de tan alto rango y apellido de rancio abolengo.

-Sed bienvenido señor de Pechuán que mi padre el gobernador os espera ya en el castillo reunido con lo más granado de la isla para que os sintáis como en casa en ésta que es la suya. Os daré escolta hasta el castillo que queda a poco de este puerto que controla el mar desde las islas baleares hasta la república serenísima de Venecia.-Presume que es joven el doncel, y tiene la sangre hirviendo, con deseos de agradar y ser tomado en cuenta.

-Gracias os doy señor, que es menester agradecer la ayuda que vuestro padre señor me presta y es mi deseo que se unan nuestras fuerzas contra el turco, en el mar. - Mira el conde entre las cabezas del gentío que le desagrada en verdad tanta multitud, pues esperaba la presencia de un judío y no de un ejército de hombres de armas, que impiden que se lleve a cabo la reunión con ellos de todo modo.

Sobal y Benjamín se deslizan entre los soldados y le ponen en la mano al conde un trozo de pergamino con un dibujo que sabrá descifrar cuando se halle en seguridad en la torre en que le han de hospedar. Un roce le advierte a don Rodrigo del hecho y cierra los dedos en férreo puño, al darse cuenta de lo astuto de aquellos dos jóvenes que ahora se escabullen entre todos los que gritan y alborotan, para perderse en sus quehaceres cotidianos, que son de la usura los señores y de las más preciadas mercancías los comerciantes, que aun se les tolera en la isla, y no quieren ser molestados por la envidia. Han prestado al mismo rey don Fernando, que les debe sumas de considerable monta y por esto les permite ser quienes se adueñen del dinero, que un católico no debe prestar a su semejante por interés y es así que se organizan las usuras de los judíos que les enriquece de todo modo.

El castillo aparece engalanado como si recibiese al mismo rey, los estandartes revolotean alegres en las torres con sus vistosos colores al viento. El gobernador le espera en el portón que tiene las rejas alzadas, y tras él los más acaudalados nobles isleños que se complacen en recibir a quien conocen por su capitán don Felipe de Leizo. Sus ropas brillan nuevas y espléndidas como plumajes de pavo real, que se estrena en la primavera.

-Mi señor don Rodrigo de Pechuán es un grato honor teneros en mis dominios que gobierno en nombre del rey Fernando el católico...-le sonríe zalamero el de Santoñán-que mi casa es la vuestra y mis hombres los vuestros son.

-Os agradezco la bienvenida de que me hacéis partícipe don Martín de Santoñán que a mis oídos también ha llegado de vuestra fama que de gran caballero y armador tenéis en el reino de don Fernando y el de doña Isabel de Castilla.

-Vayamos a vuestros aposentos primero que del viaje estaréis fatigado, y no es en vano, que de lejos venís.

Se alza el puente levadizo y caen las pesadas rejas que se clavan en la piedra ya erosionada por su contacto. El dintel pétreo se traga sus personas y e la semioscuridad interior ascienden cien escalones hasta llegar a la alcoba destinada a don Rodrigo en sus estancia en la isla.

-Esta será vuestra cámara durante el tiempo que os dignéis permanecer en estas tierras del rey-matiza el gobernador, buen diplomático.

Apenas se queda a solas el conde saca de su mano sudorosa esperando que la tinta se de buena calidad y no se haya borrado, el trozo de pergamino en el que se detalla donde acudir. En el se ve un burro bien contorneado, y dos columnas, eso es todo. Sabe el conde que ha de buscar en las calles aledañas de la judería y por tanto desprenderse de la escolta que de seguro le pondrá el gobernador, no sabe si por protección o por saber que se tare entre manos para alejarse de sus dominios. Mira a través de la ventana y desde ella domina al completo la ciudad que se ve como maqueta de pequeñas dimensiones, y no como puerto temido por piratas berberiscos y turcos, que en el atracan naves de guerra suficientes como para dar un susto al sultán.

-He de dar con este sitio sin despertar las sospechas del de Santoñán...pero ¿Cómo bajar y salir de aquí sin ser visto?-piensa a toda prisa el conde que es menester saber salir y callejear por la judería hasta dar con los judíos que esperan su persona ver.

Unos pasos suaves le indican que alguien llega hasta él. Son de mujer por lo que no golpean el suelo de madera y piedra como lo harían las espuelas y arneses de los hombres de armas del castillo. Unos dedos blancos abren la puerta de madera recia de roble y penetran en la estancia. Con ella el perfume de rosas y azahar llena la cámara y sus velos transparentes que dejan ver sus brazos, le anuncian que es la señora del castillo, de ricas que son sus sedas.

-Mi señor don Rodrigo,espero no molestar vuestro descanso y si poder servir de ayuda en vuestra segura reflexión...

-Es placer de caballero que una dama de tanta importancia llegue a preocuparse de tan rudo caballero que en tristeza yace, de no poder hallar a su hija doña Isabel, que se encuentra más cerca del turco que de su padre.

-No os martiricéis señor de Pechuán que quien me envía es de confianza y judío de raza. Es don Isaac Abravanel quien mi vida salvó de los turcos tiempo hija, y a cambio préstole yo mi ayuda que es necesaria creo señor.

-¿Acaso sois portadora de buenas nuevas mi señora? Que es mi corazón lo que en vuestra mano tenéis...

-Calmaos don Rodrigo, ha creído Sobal, él es quien me envía que no daríais con la manera de salir del castillo y me manda razón de ayudaros para que podáis hacerlo, que yo sin escolta no puedo pasos dar siquiera.

-Es pues para que pueda escapar del castillo que se os envía...

-Así es ese es mi cometido don Rodrigo...¿venís conmigo por favor que es justo que yo sepa algunas cosas-le toma del brazo como madre que no como mujer.

Salen de la torre que prisión le parece al conde, y en el patio la escolta le rodea a doña Marcia que ese es su nombre, para que pueda salir a los puestos del mercado que joyas necesita y solo los judíos las tienen. Dejan el castillo a caballo y se pasean por la judería como si siempre lo natural fuese.

A caballo y conformando una comitiva casi real, descienden por el camino que conduce al pueblo que se arracima en torno al puerto donde llegan mercaderes piratas y emisarios reales. El mar se divisa a lo lejos en calma y azul turquesa, como una gema preciosa que da cuanto se necesita para vivir de él. Las lanzas de los soldados brollan al sol y el sonido de los arneses y armas rozándose son el único fondo de la conversación que mantiene los dos señores que preceden a la escolta, la señora del castillo y don Rodrigo de Pechuán.

-Es en contadas ocasiones mi señor que se tiene oportunidad de charlar con quienes llegan de allende los mares. De Castilla o de Aragón incluso antes de la reconquista de Granada...aquí escasean las distracciones y por ello debemos interrogar a quienes como tiene la gracia vuestra merced, nos visita. —Sonríe encantando a don Rodrigo que ve en ella el ideal de dama que todo buen caballero busca en su vida para ofrecerle su espada y llevar a cabo hazañas en su nombre. -Eran años de temeraria juventud se dice a sí mismo.

-¿En qué pensáis don? Veo que estáis muy lejos de mí...-le mira volviendo la cabeza y permitiendo que su velo azul revolotee alrededor de su esbelta figura.

-¡Oh! Disculpadme señora es que por un momento con vuestro comentario me habéis trasladado a una época en la que era un alocado joven...

-¿Una dama quizás en particular? Perdonad mi atrevimiento es que no estoy acostumbrada a conversar con los invitados de mi esposo, demasiado rudos a menudo.

-No tiene importancia doña Marcia sí, hubo una dama que coinvertí en mi esposa, murió hace años y aun la extraño...

-Perdonad que os haya recordado tan triste suceso. ¿podréis perdonar mi intrusión en vuestra intimidad?.

-No os alarméis estoy bien, es solo que vuestra compañía es como un bálsamo para un guerrero acostumbrado más a la guerra que a la paz.

Los caballos pararon frente a una posada como si supieran de antemano que era el lugar indicado para hacerlo, y tras descabalgar, penetraron en el lugar.

El ambiente que se respiraba era fresco y oscuro a penas alumbrado por media docena de antorchas que daban cierto aire acogedor al sitio. Una gran mesa de roble reinaba en el centro del espacio a cuyo fondo se hallaba una barra de madera tras la que el posadero de aspecto fondón y afable servía a quienes llegaban.

-Aquí estaremos bien es de mi total confianza y sabremos a donde ir por el trozo de pergamino que tenéis en vuestro poder...

-Vaya parece que todo el mundo sabe lo del trozo de pergamino...en fin aquí está-lo sacó de la faltriquera de sus ropas.

-No os preocupéis solo lo sÉ yo porque fue idea mía Sobal me trae las sedas que compro a su padre y solicitó mi ayuda. Así que si es correcto en el dirá donde reunirse con él y su inseparable hermano.

Don Rodrigo miró con atención cada detalle y después sin entender nada se lo dio a doña Marcia.

-A ver...a ver...sí esto es el castillo viejo solo le quedan dos columnas y entonces...¡ah claro! Vamos que ya sé donde es.

-Creo que no deberíais venir, es un tanto comprometido para vos que sois la señora de Satoñán...

-Sí es cierto, entonces dejad que os acompañe mi fiel Roldán me sirve desde niño y me protege hasta de mí misma -rió con ganas.

Tras aceptar la oferta de doña Marcia los dos se perdieron por entre las empinadas calles anchas y bien iluminadas que confluían en el castillo que se alzaba como titán protector. El castillo viejo era en realidad una casona que se caía en ruina por abandono. Pero conservaba de un tiempo en que fue casa de noble el escudo y dos columnas de estilo dórico que le daban cierta importancia. El dintel sostenido por varias vigas de madera en buen estado invitaban a penetrar en sus secretos ya hollados por los extraños. Dentro de la destartalada casona un asno rebuzna creando una situación que les conduce a la risa al ser sorprendidos por tan innoble animal.

-Lo siento don Rodrigo es que de pronto este animal me pareció algo grotesco y ...

-No os disculpéis doña Marcia a mi me ocurrió otro tanto, no esperaba algo así...

-conociendo a Sobal yo sí debería haberme esperado una cosa por el estilo...es...es...no sabría como describirlo la verdad...

-¿Histriónico?,-le ayudó a definirlo con sus ojos admirando su clase de señora que en su modestia era la viva representación de una diosa pagana de otros tiempos...-

-Creo que sería la descripción más acertada sí, histriónico.-corroboró con los ojos encendidos por la emoción y la risa que le coloreaba las mejillas.

-En el mapa dibujados aparecían dos columnas y un burro...este es el burro y está donde debía, y ¿ahora qué?.

-A ver...-se acercó al animal que permanecía quieto como si hubiese sido entrenado para permanecer impasible ante cualquier expresión humana-tiene que haber alguna indicación en su cuerpo…en su…

-No busquéis más señora no encontraréis nada…-sonó una voz masculina y agradable detrás de ellos que le hizo a don Rodrigo echar la mano al pomo de su espada-

-No os alarméis don Rodrigo que solo es Sobal…debí figurarme que nos seguiría para estar seguro de que no éramos espiados por nadie…¿Cómo es que os andáis con tantas zarandajas amigo mío? Siempre os dejáis ver en público conmigo…

-Es cuando compráis mercaderías de las que mis gentes traen de oriente y no por otra cosa que de importante se debe tener cautela y no dejarse ver por ojos indiscretos.

-Aplaudo vuestra prudencia todo y más que es para con mi amigo don Rodrigo de Pechuán que a su hija busca con desespero y sin de ella saber sino que anda en galera con la intención de llegar hasta Torgamá…

-No temáis don Rodrigo de Sefarad, que la vuestra no es hembra cualquiera y entre los caballeros de la orden de San Juan de Jerusalén estaba hasta hace poco y surca los mares con la seguridad de cuatro galeras que comandan el de Leizo y el de Satoñán y el de Amaya, que saben de hacer en lucha lo que muchos turcos quisieran. Han entrado en combate al ser atacados los caballeros y han echado de la isla para siempre a los turcos que hundido les han muchas galeras y muertos llevan entre sus cimitarras a los que compañeros eran de ellos.

-Mi pobre hija...-se lamenta el conde-que nunca salió de Castilla ni de la casa en que se crió...¿Qué puedo hacer por ella para que regrese a casa?. Es menester que se resuelva el entuerto en que metidos estamos que conmigo viene el marqués y al menos excusas merece por el abandono en que lo ha sumido sin razón aparente mi adorada hija.

-No podréis en estos momentos hacer nada que la pena valga mi señor que está en buenas manos como sabéis de bien que es el capitán don Felipe de Leizo. Arribarán a puerto si bien sale su singladura y Yavéh lo quiere, dentro de un mes al menos...que son dominios del sultán y allí los nuestros cuidarán sin que ellos lo sepan de sus personas que vos lo hicisteis por los que sufrían por ser hijos de Israel.

-Nada que me pidáis os he de negar si a mi hija le prestáis vuestro apoyo que somos hijos del mismo Dios y no es sino cruel que se persiga a quienes escribieron las escrituras antes de la venida de nuestro Señor.

-Que se haga como vos mandéis mi señor —le entrega un pergamino cuidadosamente enrollado en dos rulos de madera y le toma de las manos en saludo que solo se dan los hijos de Israel en confianza de que así se cumplirán los hechos y los dichos que se han jurado en el nombre de su Dios Yavéh. Son los cinco primeros libros de las escrituras que se salvaron de la quema de la biblioteca de Alejandría ahora vuestros son cuidad de ellos que Dios habrá de proteger a quien de cuidado a sus palabras. Dentro hallaréis la manera de alcanzar a vuestra hija —se inclina respetuoso y se retira por donde llegó.

Admirado de la sabiduría que ha desplegado el judío al que de ahora en adelante llamará por su nombre y no judío, que despectivo le parece para tan sabio hijo del Señor. Sobal será el encargado de crear en la mente que se agranda por momentos del conde de Sefarad como lo ha llamado, una idea que permanecerá para toda su vida en él. Que no es sino cruel echar de su casa a quienes como él desean tan solo lo mejor para Castilla y Aragón y que los turcos saben apreciar, que han enviado sus naves con riesgo de ser atacadas por los cristianos, sin que suponga obstáculo a la hora de recoger a los que "El Libro" escribieron en primer lugar. Que sus hijos fueron llamados el pueblo de Dios y no otros.

Abandonan la casona con el burro atado tras su caballo para disimular su estancia en lugar tan insólito, y justificar de esta manera que se apartasen de la escolta que les estaba asignada. Recorren el camino inverso y retornan al castillo tras hacer algunas compras que la señor doña Marcia precisa para sus doncellas, que gusta de hacerles regalos por sus servicios y vestirlas de manera apropiada para su rango y señorío. El día luce soleado, y el azul celeste abruma con su esplendor a quienes pasean por las calles que pocas veces son las que se puede hacer sin el peligro de los corsarios de Berbería que se acercan para realizar razias en las que buscan esclavos.

Las telas más hermosas y delicadas venidas de la lejana Persia y de la India, van envueltas en tela de lino fino sujetas a los caballos que les llevan de regreso al castillo. En el espera el de Santoñán que ha recibido de su hijo noticias de la batalla librada a favor de los caballeros de la orden hospitalaria, y se conmueve su alma misma al ver que pudo perder a su vástago en lucha contra el turco. Vislumbra en la lejanía ascendiendo por el camino estrecho que lleva al portón enrejado a su esposa y a su invitado que charlan animadamente, y su envidia sale a flor de piel, que no es el de palabra abundante y doña Marcia criada en palacio de la Europa que en el lujo vive, y a escribir y leer aprendió en la niñez, le agrada saber y conversar, tanto como comprar. El conde ríe sus gracias y ella coqueta pero prudente se deja halagar con la caballerosidad de quien sabe estar con dama de tan alta alcurnia. Penetran en el recinto que es el patio de armas, y allí a pie firme el de Santoñán espera paciente y recio la llegada de su amada , que no es solo por su porte que la admira y y tiene por tesoro mayor de su castillo.

-Mi señora, es alegría lo que siento al veros , que larga se me hace la espera en vuestra ausencia, y miedo siento, que el turco de vos se prende y envíe por vos...

-Nada temáis dueño mío que el conde don Rodrigo amigo y caballero, rinde su espada a damas que lo precisan con riesgo de su vida, como no lo haríais sino vos, que sois mi señor. Hemos disfrutado de un día soleado y de una pequeña aventura en el pueblo, que él os contará mejor que yo, pues es de verbo fácil, y lengua halagüeña.-Sonríe con el rostro iluminado por la renovación de su ocio que duerme de habitual. Marcha divertida como niña traviesa que trampa hizo, para subir elegante y distinguida los escalones de la torre que en ella ha de permanecer a solas con sus damas que le han de inquirir de sus idas y venidas con el señor llegado de España. Ellas gritan y ríen arracimadas en las ventanas que dan al patio de armas y comentan con pícaros comentarios de lo que su señora habrá o no hecho con el apuesto conde de Castilla que en pos de su hija llega.

Queda el conde con el de Santoñán que admira la figura elegante y distinguida de su esposa hasta que ésta desaparece de la vista tragada por la sombría escalera, que no permite escapar a la luz de su interior.

-Es en verdad una luz que ilumina cuanto hay en este castillo, que la retiene como a luciérnaga en jaula presa...-piensa en alta voz el gobernador.

-Más bien creo que es ella quien apresa con su encanto a quien se le acerca, gobernando sus mentes como por embrujo.-responde el conde cuidando las palabras y haciendo gala de caballerosidad extrema.

-Os agradezco señor los cuidados que le prodigáis a mi esposa, que necesitada se halla de conversar con varón culto y saber del exterior, que en esta isla nos hallamos perdidos para el mundo.

-Permitid que me retire a mis aposentos pues no es otra cosa que descanso lo que me pide la carne que acusa el cansancio del largo viaje desde España.

-Sea como vos deseáis señor de Pechuán y que el Dios que protege las almas de los cristianos guarde el descanso de vuestra merced. Le contesta con un movimiento de cabeza asintiendo sonriente.

En la alcoba el conde abre el libro que le entregase el judío Sobal y ve entre sus páginas cosidas un delgado trozo de papiro con letras en latín que sus ojos devoran con ansiedad. En ellas se relata...:

-"Señor conde es menester que sepa vuestra merced, que la hija que vos anheláis tener en vuestros brazos viaja ataviada de varón en compañía de su aya que por azares del destino ha sido nombrada caballero de la orden de San Juan de Jerusalén confundida como fue con varón al salvar en la contienda al gran maestre que aun cree sea masculino su sexo y no hembra que no sería de su agrado saberlo. Don Felipe de Leizo la protege de corsarios y de sí misma, que sin él tiempo ha que estaría muerta sin remedio. No temed que los nuestros velan por la integridad de su persona".

Los ojos del conde se agrandan sobremanera, al leer una y otra vez las letras bien escritas del judío Sobal que le comunica de su hija el destino, sin decir de donde proceden tales informaciones. Se pierde por un tiempo el rastro de ellos y ya no hay más escrito, que solo dice como llegar hasta el encargado de una galera en la que le entregará el capitán bolsa con medios para proseguir rumbo, y noticias si las hubiere.

DOÑA MARCIA ,SEÑORA DEL CASTILLO

No ve don Rodrigo el momento de reanudar la búsqueda que el corazón le dice que en avispero se mete la hija de su muslo, y no puede perder a la que ama como amó a su madre que solo ella le queda de la que fue esposa nada un día. Y como si sus pensamientos leyese de lejos, aparece en la puerta que dejase cerrada doña Marcia sujetando con sus dedos largos y blancos el marco de ésta.

-¿Dais vuestro permiso don Rodrigo?-le sonríe con la luz en los ojos y los velos que cubren sus cabellos revoloteando en torno suyo.

-Pasad señora, que venís caída del cielo mismo, en momento que mi corazón y mi mente cavilan como nunca lo hiciesen antes.

-¿Qué es eso que os perturba tanto amigo mío? ¿no es acaso la suerte de vuestra hija, que lejos de vos anhela retornar a la calma del hogar?

-Eso mismo es lo que le ocurre a mi alma, que no sabe de estas cosas, que en la guerra soy de espada firme, y en estas lides se me derrota como a niño recién destetado.

-Calmaos mi señor, os lo ruego, que si mi persona puede, en vuestro socorro ha de ir, sin pensar en riesgos, que sois caballero que ayuda merece. Decidme de vuestro sufrir, cual es la razón concreta y hablad, hablad, que mi alma escucha.

Le enseña don Rodrigo el papiro en que se detalla la ruta y las peripecias de doña Isabel, y ella sonríe para sí, pues se hace querer don Rodrigo al ser primero padre que guerrero, en tiempos turbulentos que solo soldados rudos hay.

-No preocuparos que en el puerto os espera de seguro Abraham el mercader pues su navío es respetado dese estas aguas hasta la misma costa turca, sin que pirata ni corsario se atreva a tacarle so pena de ser erradicado de los mares. Id, que yo no puedo repetir la salida que hice hoy, pues extraño le sería a quienes me conocen que hiciese tal.

-Tal como me decís he de hacer, y en mi rostro se reflejará el resultado mi señora doña Marcia —le besa la mano respetuoso y le entrega admiración.

Sale de la estancia doña Marcia con el aire propio de una reina y deja en él un rastro de caro perfume traído de Persia por el mercader a que hizo alusión anteriormente. El conde queda prendado de su figura de su cuerpo y de su alma que son un todo perfecto ideal del caballero a quien rendir pleitesía y hazañas realizar en su nombre si otros tiempos corrieran. Se asoma a la ventana que desde ella se ve el mar con su manto azul turquesa cubriendo la entera superficie, sin que nada parezca alterar su calma en día como aquel.

En el patio de armas ve al segundo hijo del gobernador que entrena en el arte de la guerra blandiendo hacha de combate con el cuerpo envuelto en sudor, y su contrincante que a duras penas puede contenerlo, se defiende de sus golpes con escudo y espada de madera, así como le es posible. Recuerda la bienvenida que el muchacho le diera en el puerto y le ve como a corcel brioso que sus nervios apenas le permiten estarse quieto, y es necesario que le dé rienda suelta a su brazo con espada, hacha o arco, que de contrario su sangre le arde. Es preciso encauzar su lance, que de contrario en la primera escaramuza perderá la vida, y decide el conde bajara con la excusa perfecta que le dará ocasión de salir del castillo sin tener que dar excesivas explicaciones.

Las chispas saltan de la espada y del hacha de los soldados que hacen corro alrededor de los principales contendientes, y el conde ataviado con cota de malla se hace hueco espada en mano, para situarse de frente al vástago del gobernador.

-¿Me haréis la gracia de cruzar vuestro acero con el mío Santoñán?-le reta altivo el curtido señor de cien batallas.

-Sois caballero que se halla invitado por mi señor padre, y no es de recibo humillara quien se merece honra…-le responde arrogante y con una sonrisa en los labios que invita a la lucha.

-sacad espadas que dos hombres han de combatir por ..¿porqué Santoñán?

-Enrique de Santoñán –hace gala de su nombre que del padre se distancia en la lucha-os reta don Rodrigo en justa de espadas y que se vea como quedan los hombres de la Castilla de doña Isabel.

Los soldados dejan sus armas y rodean a los que van dando vueltas en derredor estudiándose como panteras dispuestas a saltar una sobre la otra. Se hacen amagos con el arma brillando al sol, y comienzan los mandobles del joven que alocado golpea sin ritmo y con todo el vigor que su juventud le concede.

Para el conde todos sus golpes y le da con el plano de la espada en un brazo dejándolo sin fuerza en él. Esto le enfurece y redobla esfuerzos el de Santoñán que se lanza con todo su escaso peso contra el adversario que se ríe de sus golpes.

Recibe el segundo golpe de espada en el otro brazo y ve como su arma escapa de su mano, volando con alas propias. La espada del conde le apunta al cuello y el joven alza las manos en símbolo de rendición, que sonríe jadeando satisfecho pero decepcionado, que anhelaba vencer.

-No os aflijáis don Enrique que vuestra espada es joven y si la calibráis, bien podréis realizar cuanto deseéis...

-Decidme don Rodrigo, ¿me enseñaréis vos a hacer lo que me sugerís? Pues mi brazo como veis está presto, y no dispongo en el castillo de quien me haga diestro en el arte de la guerra.

-Mientras vuestro augusto padre me de hospitalidad en su castillo, pagaré de este modo su generosidad, que me place tan arrogante caballero, saber de vuestro deseo de convertiros en soldado de los reyes.

-¿Os halláis dispuesto, que es derecho de todo escudero atender a su señor en cuanto éste necesite'

-¿Me estáis pidiendo que os lleve conmigo más allá de los límites que marcan los dominios de vuestro padre? Es su consentimiento, que no el mío el que precisáis Enrique de Santoñán...

Se ilumina la faz del joven que ve sus pretensiones cumplidas sin que nada, o casi, se le pueda oponer en su carrera hacia el éxito en las artes guerreras. Los jadeos se relajan y piensa en cómo plantear a su padre que no desea perder a todos sus hijos por la espada, cómo convencerlo y así salir de la isla que ya la conoce demasiado bien, y no se siente sino pájaro en jaula de oro. Empapado en sudor le hace un gesto a un sirviente que se acerca con una jofaina de agua fresca que derrama sobre la cabeza de Enrique de Santoñán. Este agita la testa y su pelo de un rubio brillante suelta el agua en un goteo que salpica a los que le rodean. Sale con paso ligero atravesando el arco de piedra que sujeta los muros de las dos torres que se yerguen sobre el patio de armas, y el conde sonríe al recordar su momento, cuando el Marqués de Santillana don Iñigo López de Mendoza, le tomó a su cargo, educándole junto a su hijo Diego que llegaría a ser el primer duque del infantado por la defensa a ultranza de la reina Isabel. Su primer día en el feudo de los Mendoza fue memorable y logró que saliese de su cuerpo el deseo de ser hombre de armas, que desde entonces no conocería derrota en el campo de batalla. Ahora el tomaba a su cargo si le era concedido el beneplácito de Martín de Santoñán a su hijo que buscaría en la carrera de armas la fortuna negada a los segundones.

-Es hora de cumplir con quien sabe de mi carne su destino, y he de saber qué precisa la hija de mi alma que en el mar combate con la sangre de los Pechuán.-Piensa el conde en voz susurrante que casi es perceptible por quien de no estar enzarzado en lucha ruidosa, bien pudiera haber escuchado sus pensamientos.

Desciende don Rodrigo por el camino polvoriento y empedrado que la falta de lluvia ha resecado, y con paso lento, que no desea levantar sospechas que alarmen a los que el castillo guardan, deja que su corazón se altere, y su sangre hierva en deseos de saber de la suerte corrida por doña Isabel de Pechuán.

ABRAHAM BRESANEL, EL HEBREO

Está cerca el pueblo, y ve de lejos las naves que surtas en el puerto, se aparejan como hermanándose en una fiesta por haber llegado salvas al destino prefijado. Se pregunta si una de esas naves es la que le interesa...corre sin pensar que ya se halla en las proximidades de las radas portuarias, y ve enfrente de una de ellas a un grupo de ricos señores que por sus ropajes se adivina son ricos comerciantes que su lujo exhiben ante el populacho.

Con la sangre acelerada se aproxima y una cara de larga nariz y rasgos típicamente hebreos le mira reconociendo en el noble rostro de Rodrigo al apesadumbrado conde padre antes que hombre de la que se halla perdida en el mar de los turcos que gobiernan en la sección oriental del Mediterráneo.

-¿Señor...? ¿sois vos quien espera al conde don Rodrigo...?

-Somos mi hijo Samuel y yo mismo Abraham Bresanel, pariente de Isaac Abravanel que tan bien cuidasteis de su alma en Sefarad que ahora os devuelve el favor por su vida que perdura en el señor nuestro Dios.

-Gracias al cielo que doy con vos, mi alma está en vilo por conocer la suerte de mi hija que...

-Sabemos de vuestro afán don Rodrigo y a daros fe de sus andanzas venimos, que son muchas y afortunadas las que ha vivido vuestra hija en el mar del turco. En el egeo se cuenta de cuatro galeras cristianas, que navegan con rumbo fijo, proa a Estambul, en las que viajan el hijo de un noble español, que desconocen el sexo de vuestra hija, y sus compañeros, que con el van, los hijos de nobles que lo son, el de Santoñán y el vuestro que no lo es, pues hija y no varón es él, y el de Amaya, que con ellos viaja.

-No me caben dudas señor Abraham que va en busca de uno de los vuestros que partió con los expulsados por nuestros reyes de España recogidos por las galeras del gran turco. David Bejhat es su nombre y si sabéis donde se afinca sabremos su destino final amigos míos...

-Eso puede simplificar la búsqueda mi señor...conozco a la familia de los Bejhat, que de tiempos ha, son mercaderes que de India y Persia importan mercaderías exquisitas y en este preciso instante carecen de medios para proseguir con su actividad que los reyes no les permitieron sacar de Sefarad más de mil ducados de plata.

-No será preciso acudir a su indulgencia que de seguro se hallarán molestos por el trato recibido...

-Somos un pueblo maldito entre los demás por causa de que ostentamos el nombre de nuestro Dios, y sabemos perdonar los sufrimientos causados por quienes intolerantes se muestran crueles con nosotros. Los Behjat no se dejarán llevar por el odio que sabrán apostar por la felicidad de su hija si es que ésta es posible al lado de un cristiano...

-Sea como vos decís haré cuanto se me pida por el bien de...

-Don Alonso de Pechuán -sonríe al decirlo Abraham el hebreo.

Llora el conde que no tuvo hijo varón y ve en su hija el poder varonil de los Pechuán como si hembra no fuese.

-Tomad este oro que don Isaac Abravanel, os lo entrega en bien de vuestra amistad, y desea que halléis con bien a vuestra hija, que del dolor que él conoce, el mayor es ignorar el paradero de su alma, y qué le puede suceder a un hijo, es el terror que atenaza al hombre que padre es. No admitirá una negativa de vuestra merced, y da por satisfecho su anhelo de ver reforzados los lazos con vos y con Sefarad que saber quiere de sus parientes que allí quedaron en confianza de que los reyes respetasen sus haciendas y sus vidas y pos ruega por sus personas, que de ellas cuidéis de poder ser.

-Tomo en consideración vuestra oferta que de don Isaac Abravanel lo es también, y prometo por mi apellido cuidar de quienes me sea posible sin ofender a mis reyes que lo son por la gracia de Dios. —Llora el conde por el destino de quienes comienza a comprender y a admirar por el tesón que demuestran y el amor a su tierra que es tan de ellos como suya por herencia de quienes nacieron, crecieron sufriendo y amando en las campiñas del norte en los olivares del sur, o las tierras ricas de la frontera con Francia, par haber de abandonarla con dolor en el alma.

-No lloréis por el pueblo del Dios hebreo, que adivino en vos un sentimiento de dolor, por causa de nuestro afán, y no es menester que lo sintáis vos, pues por designios de Adonay es que estamos en diáspora permanente, y no por hombres que marchamos del lugar que amamos y llamamos Sefarad. Si os dignáis venir con nosotros, os llevaremos en seguridad por el infestado mar interior que los romanos llamaron Mare Nostrum, hasta que estéis pisando tierra turca...

-He de despedirme de don Martín de Santoñán y en poco es que estaré con vos y vuestro hijo, que es mi deseo conocer más de los míos que lo sois, pues de Sefarad soy yo, como vos lo sois.-Que logra que don Abraham derrame lágrimas por las mejillas de su cara nudosa y arrugada como madera de árbol seco, y ve un brillo de esperanza en su mente que en luz se convierte al ver a hombres justos en Sefarad, que de así ser, un día llegará en que los hebreos volverán a ella a esa tierra amada que hoy pierden.

Se pierde el conde don Rodrigo por los vericuetos de las callejas empedradas en las que resuenan sus pasos como golpes de pecho dados en dolor constante, y se aleja sin que nadie sepa de lo que en su mente se está formando, que es para otros como él , que sabrán comprender, y no para guerreros rudos que de espadas saben y no de tintas en papel. El castillo le parece ahora un titán terrible que aprisiona en su vientre a quienes osan acercarse y cierra en su vejiga a aquellos que luchan contra él en justa lid.

Se alza como señor sobre las almas de los que en él confían, y don Rodrigo, como despertando de un sueño convertido en pesadilla, ve la realidad dolorosa y horrible que se cierne sobre las testas de los judíos que habrán de ver correr tiempos peores aun...Espera sin embargo dentro de él un alma pura que doña Marcia es, y de no ser porque resulta casada estar, le llevaría joyas y rondaría su persona que desde la muerte de su querida esposa, no ha conocido mujer, y no ha distinguido entre ellas y varones a la hora de hablar de cualquier tema sin ver en ellas otra cosa que seres frágiles y hermosos que no deseaba tener entre sus brazos.

Ahora algo despierta en su cuerpo que reclama el don que la hembra da, y anhela su perfume que le entrega ella generosa al acercarse. Es tiempo de abandonar el castillo y proseguir con su búsqueda para dar con la hija que ahora varón es, y abrazar su carne en ella.

Se halla en un dilema difícil de solución que no la ve, pues ha de llevarse consigo al hijo de don Martín en nave hebrea y no sabe de la mente del muchacho si consentirá en ello, o por el contrario se resentirá al verse allí rodeado de los que según la iglesia mataron a Cristo.

Alma joven e inexperta que habrá de atender a las consideraciones de quienes saben de las cosas profundas de Dios y no de hombres que condenan a quienes mejor les sirven. Huele a sudor de hombre que lucha en el patio como león hambriento y que nada le parecen las cosas que en los libros se exponen. Suenan las espadas entrechocando como locas por herir carnes de soldados que las vidas salvarán de ser expertos en tales lides. Al entrar le ve Enrique de Santoñán que anhela salir de la jaula paterna y le sonríe que esta es su mejor arma, agitando la mano enguantada de acero que la recubre, y no le queda al conde sino hablarla de su próxima partida sin que el ruido que los rodea permita oírle sino ver el rostro que se oscurece al saber de las condiciones que acepta con tal de hacer según su voluntad. Habrá de pedir el permiso de su "pater" que de no serle concedido habría de quedarse en tierra, y así partir de inmediato en la nave de don Abraham y Samuel su vástago que la gobierna.

Negras nubes se acercan y como bendición se tienen, que raro es ver el cielo cubierto y sus aguas derramarse sobre las gentes resecas de la isla, creen que el Dios del cielo les premia cuando atraca la galera de Abraham y lo ven como perdonado por el error de su pueblo, que permiten que comercie con sus gentes de bien, y no perturban su quehacer.es por esto que la suerte ronda la judío en Sicilia y allí se ve a resguardo de persecuciones que de la península les lleguen como ordenes de los reyes.

Doña Marcia, triste ve la partida que su señor esposo concede al hijo que le queda, por con el conde ir, permiso de armas para acompañarle en su búsqueda y así compartir el dolor por la pérdida de su hijo. En lo alto de las almenas ve como las velas se hichan llenándose del aire fresco del mar que curte las pieles de los que reman y de los que gobiernan. Sus velos se agitan como dama que ve a un ser amado irse de su vera. A su lado don Martí cree que llora por el hijo que la alegría de ella era, y sus tardes aciagas compensaba con la sonrisa en sus labios, que solo él sabía conseguir de doña Marcia que la luz inundase su cara blanca y bella.

Es un mar ladrón que se lleva sin embargo en él su corazón que el conde robase en sus charlas sin profundo sentido, y que echará de menos pues extraña su persona sin razón aparente. El la abraza por detrás y la empuja con cuidado para apartarle de la vista de ojos indiscretos y de las lenguas que derriban. Bajan por los escalones que descienden al interior del castillo que le parce a doña Marcia más sombrío que nunca antes.

En el mar la galera de don Abraham surca las aguas arrogante y segura de no tener rival pues de maderas nobles está terminada, y sus tablas ni crujen al balancearse en ellas. Persigue a unas galeras fantasmas que en las noches se cuenta que atraviesan las bordas de los que no dejan guardias en cubierta, y que buscan a un hombre de porte altivo y distinguido linaje que de rancio abolengo viene y familia poderosa y no noble es...David le llaman ya los turcos y le buscan para que las galeras se lleven los djins sin tener que luchar con ellas, que siempre triunfan allí donde ellas se hallan.

So leyendas marinas que seguridad le dan a los cristianos que anhelan llegar a Torgamá...que sus galeras están cerca de Thera que al cráter de un volcán se abre y en lo alto encaramadas al acantilado se cuelgan las casa de los que la habitan prestas a caer en el mar si el fuego devorase sus hogares. N el puerto hecho de piedra volcánica negra como tizón de herrero, atracadas están tres galeras turcas y dos panzudas naves que llenas de tesoros traídos de oriente llevan sus lujos a occidente. Las galeras del de Santoñán del de Amaya y del de Alonso de Pechuán se aparejan de babor a las que allí se balancean al son de las mareas, y de ellas salen que anhelan pisar tierra y conocer de su singladura que se comenta en las tabernas. Los lugareños ven en ellos la posibilidad de hacer negocios y corren en su busca, para darles bienvenida y mostrarles los sitios donde perder sus dineros, que así suele acaecer en las ocasiones en que a puerto desembarcan los marinos de la armada del gran turco.

Más estos son desconfiados cristianos que son mirados al verlos los musulmanes con indiferencia, que no desean las armas tomar y tener que defenderse, sino intercambiar sus dineros y sus telas que ellos se quedan de lo que hasta allí llega de India, de China y de Persia que fabrican los mejores tejidos y el oro labran en buen trabajo, que de firma son los que realizan. Pronto ven los recién llegados que no son lo que se espera de ellos los turcos, sino amables y alborotadores, que les interesa el alterne más que la guerra. Piden vino y les miran mal, que el profeta no permite beber de tal maldito fermento, y cerveza de cebada les dan, que no le echan alcohol, al menos eso les dicen, y sino, ellos lo ignoran...

Las espadas tintinean en las fundas y las manos engarfian sus pomos en previsión de una algarada que no llegará a producirse, pues turcos o no, ellos solo buscan ganancia fácil y vida tranquila, que no hay imanes extremistas en Thera, isla vieja y de larga historia que las armadas de naciones poderosas vio pasar ante sí, sin sacarle ganancia ni ventaja alguna, que solo desdicha acarrearon a quienes se alistaron en ellas, y la muerte hallaron, en las profundidades acuosas que el egeo no perdona a quien lucha en él.

Voces roncas se escuchan alrededor de las mesas, y se elevan al cielo enmaderado del local las jarras que ya acusan el efecto del alcohol que yace agazapado como tigre en el fondo de cada recipiente. Felipe de Leizo se sienta entre el de Amaya y el de Santoñán y frente a ellos El de Alonso clava los codos en la tabla que cruje sobre sus patas mal cortadas. Doña Inés que ahora es caballero de la orden del hospital, se siente en mundo extraño, que no sabe si con varones cenar, o en mesa aparte...que saben todos de sus andanzas por la fortaleza y no distinguen su nobleza de nombramiento de la nobleza que lleva dentro...

El manto oscuro de la noche surcado por hilos de plata, que delgados caudales de agua son, resbalan tímidos cayendo por los riscos como líneas que separan las casas del mar que amenaza tragarse Thera algún día no muy lejano. Los escasos árboles nudosos y arrugados que sobreviven a las armas y los cañones de los hombres, envejecen en silencio en torno a las tierras resecas que se diseminan por llanuras pedregosas. El gobernador turco enviado por el sultán se marchó hace dos meses, que no halló donde edificar palacio digno de su alto rango, y dejó escasa guarnición que galeras cristianas nunca se atrevieron a surcar las aguas dominadas por Bayaceto II. Son las cuatro primeras y las gentes se preguntan si tras ellas vendrán más que bienvenidas serán, si lo hacen para el comercio abundar y no guerrear que nada se saca de tal.

-Mi señora estos turcos no se parecen en Nda a lo que de ellos nos decían en España que demonios les pintaban, y hombres son, en todo lo que la vista alcanza a ver...

-No desfallezcas aya fiel, que sois caballero hospitalario, y debéis abundar en valor para defenderme, que turcos a pesar de lo que decís son, y no cristianos...

-¡Ay, hija mía que no tenéis sino vos que defender a esta mujer que la vida ve por vez primera, y no sabe si es hembra, que no varón...y a pesar de esto sigue con vos, que no conoce mío alma vida sino es la vuestra.

Sonríe don Alonso, que no saben eso sí que es cierto los marinos que son dos y no una las hembras que llevan a bordo. Si los turcos supiesen de tal suceder, no tendrían contención, que desearían poseer a quienes profanan sus tierras y espada no manejan de seguro. Los jirones de niebla marina s entremezclan con la brisa que barre los acantilados obligándoles a sus habitantes a encerrarse hasta que el alba inicie el ascenso al cielo con el sol como protagonista. Las luces brillan como luciérnagas en la oscuridad y son meros puntos en un horizonte lejano y definido.

-¡¡Tabernero!! Tráeme dos jarras más de esto, que no está mal...y carne que el hambre nos domina...ja ja ja ja... que no se diga que en esta tierra falta la comida...

-Ya va, ya va...que estos cristianos no saben contenerse así no me extraña que siempre estén en guerra...-murmura el enorme turco de panza voluminosa y cabeza rapada que asoma su calva por debajo del ladeado turbante que le concede a pesar de su aspecto de mastodonte un rostro de bonachón feliz.

El calor de los cuerpos llena el pequeño local de Abdulá el jalel, que ve llenarse su caja de caudales y la sonrisa le aflora como flor en primavera, tras un largo invierno. No permitirá él que nadie altere el ritmo de la noche, que el dinero cambia de manos por voluntad de aquellos que beben sin freno. Ve el de Leizo el peligro de que borrachos estén y no vean que pueden caer en manos de potros turcos las galeras y ordena, que todos embarquen de madrugada que guardia están haciendo, los centinelas combatiendo el frío de la noche con capas, que no hay vino a bordo.

Ruge una maldición Abdulá el jalel, y tuerce el gesto, que le estropea el capitán el negocio, y ve escapar sus monedas en las faltriqueras de los clientes cristianos. Descienden por el camino empedrado que les trajo hasta la cantina turca y embarcan con dolores de cabeza y los músculos doloridos que no ceden al sentirse sin descanso, y se duermen en cubierta y en la sentina de las galeras que baja de techos es, y carece de abrigo al tener abiertos los costados por donde los remos asoman. Leizo entrega su capa a don Alonso y el de Amaya le mira con extrañeza que con dama se hace y no con varón tal gentileza. Hombre de armas es el de Leizo, y orgulloso se yergue en la proa, mirando con el catalejo el horizonte para otear y ver que no hay naves en vista.

Las jarcias pesadas parecen pedir descanso, y las reparaciones comenzarán al alba, para poder salir sin ser detectados por la escuadra del sultán, y así no tener que luchar en desventaja. Cuarenta hombres hacen guardia en las cuatro galeras, y sus lanzas brillan en la noche como armas disuasorias. Desde lo alto se les ve erguidos y como columnas de otros tiempos protegen a sus compañeros.

Las velas están rasgadas y tienen agujeros de queso grande, por lo que es menester entregarlas a los pescadores que de estas lides conocen, y ver de repararlas en lo posible, comprando otras para reponer las demasiado dañadas. Un ir y venir continuo convierte la tranquilidad de la isla en una fiesta que concluirá al amanecer del cuarto día, y así ver aumentados los dineros de los isleños, agradecidos por la visita, que nunca esperaron ver cristianos, y menos que les sirviesen para medrar.

Lamentan los turcos la partida de las galeras, y les ven como a parientes que les dejan al irse, perdiéndose entre la línea que marca el horizonte, y el mar que azulado amenaza tormenta. Las olas rompen contra los riscos y crean la sensación de que lloran por su partida, que no se mecerán en ellas las galeras de Leizo. Aparejadas las naves cristianas, dejan una estela tras de sí, y los remos suavemente, acarician las aguas amando su olor. Van armadas y ponen rumbo a Estambul, que han de toparse con galeras turcas de aseguro, y han de estar prestos al combate. Han penetrado en un mundo de gritos y de voces que llaman a la oración cinco veces al día, con el almuecín en lo alto del minarete clamado por la venida de los fieles. Desconocen su manera de hacer, y los ritos que les son extraños. Pero reconocen dentro de su ser, que son humanos y que sienten y piensan como los cristianos, que decir no se puede en castilla ni tampoco en Aragón...

Cuan lejos quedan los sonidos de las campanas en las iglesias de los feudos en que los nobles imperan con mano dura en guante de seda. Los campos dorados de castilla donde el trigo crece curvado por el peso del grano, y las huertas relucen al sol de mediodía, con colores que atraen a las abejas y las aves. Vuelan azores y rapaces de todo género, todas, en cielo azul, que lo recuerdan sin que de sus mentes se borren los tales recuerdos. Mientras reman con brazos de fibras templadas y venas marcadas en ellos, sus cerebros rememoran otros lares, otras caras y la los seres amados que atrás dejaron. Es éste un mundo nuevo, en el que son extraños y los colores que sus pupilas graban en sus mentes son agresivos y les duele el verlos sin el negro de rigor que rige en Castilla, y los velones encendidos en las iglesias y plazas para venerar las imágenes de la cristiandad. Hay en su lugar voces humanas, que le profeta Mahoma solo consideraba digna la voz del hombre para llamar a los fieles.

Los estandartes verdes del islam, los navíos pintados de colores chillones y los turbantes enrollados a las cabezas, distinguen de occidente a una parte del mundo que reina entre el este y el oeste, en el lujo refinado de los tiempos que dominó el rey de reyes. Como gaviotas con las blancas alas extendidas las galeras surcan el egeo en busca de su singladura inicial, con destino a Estambul. Felipe de Leizo, que lo más que conocía hasta la fecha era el modo de combatir de los turcos, ve con los ojos de la fría lejanía como desfilan ente él, turcos otomanos, árabes de emiratos desconocidos, judíos y venecianos además de genoveses, que negocian haciendo crecer sus arcas con las rentables mercaderías de India y China, llenando sus naves de ricas piedras preciosas sedas y brocados armas de damasco y esclavos que de saberse en sus tierras escandalizarían a sus coetáneos.

El tráfico es fluido y los navíos navegan en seguridad, que la da el salvoconducto del sultán que les es concedido a quienes se conoce como clientes de éste.

-Ved como sin miedo navegan los navíos de los que no conviven en Castilla ni en Aragón en tierras de infieles, que aprender debemos de sus costumbres tolerantes y distintas, que los distinguen de las bestias.-aduce doña Isabel, que don Alonso es.

La miran sorprendidos los marineros y le respetan que nobles es, y es por razón ésta que no dan crédito a sus palabras, tan duras y sospechosas, de traición si no fuera porque le han visto luchar contra los turcos a espada partida con el de Leizo que sabe rodearse de hombres duros y leales capaces de dar la vida por él. Alonso mira sin prestarles atención, que sabe de su porte y de su ascendencia sobre los tales. El mar parece agradecer la tregua entre enemigos y se pueden ver a más d dos metros por lo transparente de ellas a los tiburones que merodean sin que el miedo les atenace, que no atacan a quienes por aquellos lares merodean. Desde una galera destartalada les echan desperdicios que los pobres de Castilla quisieran para ellos, y se ceban hasta saciarse de carnes de pescados sobrantes y carnes que los cocineros de los navíos más grandes desechan por viejos y que el olor les avis a de su estado, que a los escualos no importa.

El agua golpea suavemente las bordas de las galeras y lame sus maderas como calmando a sus tripulantes anunciando tiempos mejores en tierra extraña. Doña Inés que ahora caballero es, no se separa del lado de su protegida y vestida de hospitalario se ciñe ya la espada como varón, y no como mujer, que aprendió el aya a ser un hombre de armas y lucir como ellos lo que no posee.

-Decidme señora...-le susurra que no se acostumbra a llamarle Alonso a su niña-¿Qué haremos al desembarcar en esta la ciudad más grande del mundo? ¿acaso iremos en busca del doncel, causa de toda esta aventura, o por otro sendero habremos de caminar?

-Ay aya mía que no sé cómo haremos si de saber, supiera el qué os lo diría que madre más que aya sois para mí Inés amada. David estará en...no sé ni dónde puede estar...y hemos de hallarlo aya mía.-la mira con ternura y se retiene de acariciar su cara como de costumbre tiene, que les miran los que no parecen hacerlo.

Se acerca don Felipe de Leizo con la espada aferrada, que desconfía de los que le rodean por turcos ser, y solo en sus hombres deposita confianza. El sol reluce como joya dorada en el cénit y anima las almas de los que en la galera viajan sin necesidad de remar, que el viento suave empuja la nave.

-¿Cómo os encontráis señoras?-les habla bajo sin mitrarlas-estamos ya cerca de la ciudad principal de Torgamá. En estas latitudes somos extraños y pasaremos por comerciantes Dios mediante, que de no ser así seremos apresados por espías de la liga cristiana que creen se está formando en el este donde habitan los nuestros.

-¿Creéis don Felipe que hemos de temer tal cosa?-le inquiere doña Isabel que no pensó en la tal, sino en solo hallar a David-es menester que nos camuflemos de ser como decís cubriendo nuestras espadas y cambiándolas por ropajes paganos lujosos y acorde nuestro rango de mercaderes...

-Veo señora que vais comprendiendo las razones que me apoyan, y que sabréis comportaros acorde la tierra y costumbre, que de descubrir vuestra condición femenina, estaríamos en serias dificultades. No temáis que yo me encargaré de todo. Me escama no obstante que no nos hayan detenido para asegurarse de nuestra identidad...temo...

-¿Qué teméis don Felipe? Decidlo que me arde el alma.-le apremia Isabel, que ve como algo s ele oculta.

-No será nada pero en estos lares los turcos tienen establecido un sistema de seguridad impenetrable que hemos pasado cuatro galeras sin estorbo…no es lo habitual. Quizás la suerte en la que yo no creo nos haya ayudado en esta ocasión.

-De querer capturarnos ya lo habría hecho, pues he visto a una flotilla de galeras, conformada por al menos siete de ellas…bien pertrechadas las he visto, y artilladas que miedo daban….-añade doña Inés

-Cierto señora, veo que vuestra aya –le dice a Isabel-es como el ojo del águila que lo ve todo desde lejos…

Ríen los tres a don Felipe de Leizo que descargar necesitan su tensión y los marineros envidian a quienes ríen de este modo. Se terminan de preparar los cabos que se amarran con vigor viril a las bordas y se echan las anclas en alta mar, que para salir de la galera, se ha de hacer con cautela y no a la suerte. Diez hombres bajan a las chalupas y despliegan la vela latina que se hincha lentamente. A lo lejos se divisa la ciudad de Estambul con sus minaretes asomándose al Bósforo y en el estrecho que domina se ven embarcaciones diversas de países distantes que no conocen. El olor inolvidable de las especias les llega a las fosas nasales, y se embriagan con él. Una aureola de colores ocres y verdes ilumina Estambul que les llama desde su privilegiada posición para regodearse con su vista impresionante y poderosa de la que reina en oriente. Santa Sofía se yergue en medio de las demás mezquitas algunas a medio construir a pesar de pertenecer al islam. Es templo de los cristianos que en él oran sin estrobo a pesar de mezquita ser desde los tiempos de Mehmet II.

El palacio del sultán se alarga en la línea que recorre el Bósforo y sus pequeñas cúpulas se elevan tímidas sobre la techumbre del enrome edificio. Los estandartes de un color verde con la media luna blanca colorean el cielo y las voces de los almohecines llamando a la oración se pueden escuchar de vez en cuando llegando traídas por el viento. El comercio es fluido y constante en el puerto y nadie parece preocuparse por la llegada de una galera que no porta vadera del islam. Ellos que han anclado en la lejanía por temor a ser descubiertos y apresados, ven como constantemente salen y entran barcos cargados hasta las bordas de productos sin que sean molestados como lo serían en puerto cristiano. Venecianos y genoveses trafican con mercaderías preciosas llegadas de oriente y dejan su moneda en manos de los turcos que aprecian su aporte a las arcas del sultán. Está éste construyendo una armada capaz de sacudir el poder de los reinos de occidente y reinar la media luna en el mar Mediterráneo.

Que los reyes de castilla y Aragón poseen una armada que les impide ir más allá de lo que la bota les marca. En Malta y Sicilia, ya hay galeras de tales reyes y se distinguen la línea divisoria para el posible comercio con los tales. El norte de Africa tiembla pensando en que en poco tiempo podrían ser anexionados al los reinos cristianos con las armas. Hostigan a los barcos que llegan de lejos hasta el levante español, y hacen razias que les dan pingües beneficios al vender a los esclavos en los zocos de Marruecos. Ignoran que los reyes planean un ataque que deje libre el estrecho de barcos que perjudiquen las costas de España y le den seguridad a quienes moran trabajan y viven en los pueblos que son atacados por sus galeras. De todas las posesiones de los dos reyes se van congregando naves que se llenan de pertrechos y soldados hambrientos de sangre y monedas.

Las galeras cristianas ancladas a una distancia de seguridad, se balancean en las aguas tranquilas del Egeo, como ave de presa agazapada en espera de poder caer sobre su víctima y llevársela a su madriguera. Camuflan sus estandartes de guerra, y los cambian por los que en la sentina tienen de Génova que famosos comerciantes son, y se les tiene respeto. Los cañones se cubren de telas de vivos colores, como es el gusto de los turcos que reconocen por ellos a quienes llegan de occidente. La actividad en los navíos marcas el ritmo de desembarco.

En sendas chalupas Leizo, Alonso de Pechuán, su aya y el de Soto, acompañados de cinco hombres de armas, y en la segunda diez soldados que vestidos de marinos al servicio de un rico mercader, siguen dócilmente a la de Leizo. Reman con temor a ser descubiertos demasiado pronto, y apenas rozan el agua con las palas de éstos. Un bosque de palos se yergue en el puerto más importante del Mediterráneo oriental, a la entrada de Turquía, ante la Sublime Puerta. Barcos enormes, como nunca vieran antes de ahora los de Leizo, atracados junto a galeras de guerra del sultán, y naos del norte de Europa que llegan a duras penas arrostrando los peligros de que son objeto en el mar interior plagado de corsarios y piratas que caen sobre los indefensos navíos que carecen de armamento suficiente como para que se les pueda hacer frente.

Las aguas multicolores que bañan las orillas del Bósforo acarician las bajas bordas de las embarcaciones que por vez primera se acercan al imperio otomano, sin saber que sus vidas habrán de cambiar drásticamente al arribar a sus costas. En ellas les esperan los misterios de los que oyeron hablar en su tierra natal, sin que nadie se los pudiese explicar...ahora están en el corazón de Torgamá, y los cuentos se convierten en realidades vivas, que les pueden causar muerte y vida sin que nada lo impida.

Se desvían a una cala que se abre al mar entre rocas grises y riscos de difícil acceso, con la prudencia que da el conocer las tierras en las que sus moradores pueden resultar ser tanto afables, como agresivos. Varan las chalupas en la playa de arena y piedras, y recogen la vela de cada una de ellas, echando sobre ellas telas verdiazules que disimulan en lo posible su existencia en aquel lugar. A los costados se alzan farallones de piedra altos como de cien metros, y escarpados, cortados a pico que parecen. Se adentran en tierra, y contra la pared este de uno de los acantilados un agujero les devuelve la esperanza de salir indemnes de aquel "teatro" pétreo en que se han introducido. La arena cubre la mayor parte de la oquedad que se ve oscura y profunda, y cavan como conejos, frenéticamente sin detenerse a pensar en otra cosa que no sea salir al exterior en un lugar en el que puedan componer su caravana de opereta, simulando ser comerciantes occidentales, llegados de Génova.

-Tiene que haber una entrada y una salida, la necesitamos…-pensaba en voz alta Felipe de Leizo, que deseaba no tener que dar vuelta y encararse a la posible detención por la guardia del puerto en el que indefectiblemente deberían penetrar para desembarcar de no hacerlo en aquella cala perdida en uno de los costados de Estambul. Pero poco a poco van viendo que la entrada es un colosal agujero, que el tiempo y las arenas han ido tapando escondiendo la gruta de los ojos de quienes sin duda dejaron de usarla hace años.

-Ya casi podemos entrar de pie un poco más y estaremos dentro...

-¿Y después que haremos? Si no hay salida al exterior estaremos igual que ahora.-Se lamentó Uno de sus hombres.

-No temas, más bien creo que se tratará de una cueva usada hace tiempo para el contrabando con el fin de evitar los elevados impuestos del sultán. Conozco varias de este tipo en el norte de Africa.

Un montículo de arena ocultó la entrada que ahora quedaba solo a la vista de los recién llegados. Las paredes olían a moho y humedad y un frío microclima parecía reinar dentro. Penetraron con cierto temor en fila de a dos, y prendieron unas antorchas envolviendo trapos en palos y encendiéndolos con yesca y pedernal que Leizo y uno de sus hombres llevaban consigo siempre en sus faltriqueras. Las llamas relumbraron contra las desangeladas paredes rocosas, y les devolvieron una imagen hermosa de estalactitas amarillentas y rojizas que casi tocaban el suelo en algunas partes de la cueva de más de diez metros de altura y que se alargaba, perdiéndose en el interior sin que se pudiese adivinar su final.

-Es un lugar que puede parecer tanto siniestro como hermoso...-reflexionó en alta voz Alonso-. Posee esa belleza que oculta a veces el peligro de la muerte.

-Esperemos que en esta ocasión solo la belleza sea lo que podamos recordar en un futuro lejano, de no ser así perderse en este laberinto de túneles y corredores oscuros y sombríos no sería nada agradable.-le respondió Leizo a Alonso que adivinaba trataba de que se hablase para disipar el miedo a no hallar la salida que anhelaban y que ignoraban incluso si existía.

Los hombres murmuraban viejas y olvidadas supersticiones y se miraban con el espanto reflejado en sus caras de curtidos marinos capaces de cortarle la cabeza a un hombre de un solo tajo, y sin embargo temblar como niños asustados ante la posibilidad de que una bruja o un demonio surgiese de las profundas tinieblas que poblaban sus mentes.

Serpentearon durante una media hora que se les antojó un siglo, y dieron con un túnel que les ofreció como regalo de bienvenida un diminuta luz al fondo de su largo y recto trayecto.

-¡¡Allí!!, ¡¡allí!! Hay salida- gritó Leizo animando a sus ya inquietos marineros-. Hay salida vamos, el aire devolverá los fantasmas de la oscuridad a su averno.

La fila acrecentó su ritmo, y se atropellaron unos a otros en su desesperada carreara hacia la salida que se les mostraba como la solución a su miedo interno. Una abertura a dos metros del suelo, les mostró una llanura verde en la que crecían pequeños grupos de árboles salpicándola. Una cabaña semidestruida con el techo caído sobre el interior, se veía abandonada entre una docena de árboles que amenazaban con devorarla con sus ramas menores de no ser remediado pronto.

-Iremos hacia aquella casucha que se ve cerca, y allí decidiremos qué hacer para llegar sin peligro a Estambul y entrar en ella confundiéndonos con sus gentes.

Un murmullo de aprobación resonó dentro de la gruta que les parecía más prisión que escondrijo. El aya de Isabel, se apretujaba cuanto podía para no separarse de su niña bienamada y sin embargo lo hacía con bien ganado disimulo, que era varón y no hembra a los ojos de los que con Leizo viajaban. El olor a hierba fresca y el oxígeno que les llenaba los pulmones, les tranquilizaba y con las caras iluminadas por la alegría de salir a la luz, después de aquella experiencia desagradable por la que habían pasado.

La casucha deshecha apenas distaba media milla del acantilado rocoso que se alzaba como una frontera inexpugnable ante quienes quisieran traspasarla, de no ser cruzando el submundo que ellos conocían ahora. Daba la apariencia de no haber sido habitada en muchos meses, pero esto solía ser un truco d quienes no deseaban ser descubiertos si se daba el caso de que los agentes del sultán dieran con la ubicación de la base de operaciones d los contrabandistas.

Leizo prudente dio con silenciosos gestos instrucciones a sus hombres que rodearon la edificación de madera y piedra, acercándose con cautela para intentar distinguir en el interior si alguien se hallaba al tanto de su llegada. El mismo se arrastró hasta la ventana que daba a su posición y miró dentro para ver si estaba vacía o no. Una imagen desoladora le restauró la calma y anuncio con gestos de sus manos, no obstante, que se podían acercar a la casa.

La puerta de la entrada cayó con estruendo inevitable al intentar quitarla de en medio, y una polvareda se levantó haciéndolos toser. Dentro, Alonso se hubo de tapar la boca con las manos y a punto estuvo de vomitar al penetrar en sus fosas nasales el olor acre de aquel abandonado lugar, lleno de pestilencia. Ropas andrajosa, tiradas por el suelo, y rastros de sangre reseca con ratas corriendo por doquier, componían el cuadro que se les presentaba como una nada prometedora casa refugio.

-Más bien creo que el sultán dio con el paradero de una banda bien organizada hace ya tiempo, y les exterminó. —Dedujo Javier de Soto que se levantaba los faldones de su sotana para no mancharse con la suciedad que cubría la totalidad del suelo.

-Eso nos puede dar un espacio de tiempo suficiente como para organizarnos y al volver poder usarla como última fase de nuestra estancia en Turquía.

-Primero habremos de limpiar todo esto, -sugirió Alonso.

-Nada de eso, nuestro mejor camuflaje consiste en que nada sea tocado. De venir a rastrear la casa los soldados turcos no deben ver alterado ni un ápice de lo que vemos, por desagradable que nos parezca. No pasaremos demasiado tiempo en esta casa como para acostumbrarnos a su olor nauseabundo, ni tan poco como para que merezca la pena el esfuerzo de adecentarla.

Para poder resistir el ambiente sucio y maloliente, Felipe de Leizo ordenó limpiar la parte trasera rodeándola de una alta empalizada de delgados troncos fáciles de retirar en caso de necesidad, si por un si acaso vislumbraban a lo lejos a los soldados del sultán. Aun y con todo el olor persistía y debieron acostumbrarse a él como un elemento más de su temporal cobijo. En el suelo cavaron huecos para semienterrar los alimentos y que éstos no se contaminasen ni fueran tocados por las abundantes ratas que pululaban por la casucha.

-Vosotros dos, González y Gómez haréis la primera guardia en aquellos árboles que coronan la colina-señaló una débil protuberancia que apenas se elevaba un par de metros del suelo, y en cuya "cumbre" crecían robustos y provistos de un espeso follaje tres acacias.

-¿Qué haremos el resto?-le interpeló Javier de Soto.

-Nos pondremos s preparar la manera de entrar sin llamar la atención en Estambul, pasando por mercaderes o mercenarios...que siempre son bienvenidos donde existen planes de conquista.

Alonso de Pechuán y su aya ahora caballero hospitalario, por deseo expreso del azar, acondicionaron lo mejor que supieron y pudieron, un rinconcito en el extremo de la empalizada que se alargaba veinte metros, y que tuvo cortando árboles jóvenes toda la tarde, hasta que el sol se puso cubriendo de nacarados colores el cielo, a los hombres que llevaba Leizo, de tal manera que semejaba un hermoso incendio. Los pertrechos se fueron diseminando, cumpliendo con su temporal función de almohadas y mantas, para protegerse del frío de la noche.

Los ruidos nocturnos que provenían de los numerosos animales que vivían en las proximidades, le mantuvieron alerta a los hombres que efectuaban la guardia correspondiente sin que les dejase echar siquiera una cabezada. La orden tajante de no hacer fuego por la noche, contribuyó a que el frío les mantuviese despiertos y acurrucados, o paseando para combatirlo.

El alba se levantó como una madre que llena de amor acaricia a sus hijos con sus manos, retirando sus cabellos de la frente, a la vez que les sonríe. Esto fue lo que sintieron tras superar aquella fría y ruidosa noche en la Turquía del sultán Bayaceto II. Las llanuras se doraron con los rayos del sol, y los árboles parecieron despertar a un nuevo día abriendo sus hojas como manos que imploran, el alimento que les corresponde. Se fueron desperezando, y la voz firme de Leizo les acabó de devolver a la realidad gritando órdenes a diestro y siniestro. Alonso y su aya que habían madrugado, aprovechaban las primeras horas de luz para orar a solas juntas las dos, y asearse lejos de los hombres que roncaban como osos, sin que se diesen cuenta de su falta.

-Ay mi señora, que miedo siento en el cuerpo, de saber que en la madriguera del enemigo estamos y a su merced nos hallamos.-exteriorizaba sus sentimientos doña Inés.

-No temáis mi amada amiga, que mi espada lista se halla, y presta la mano que la sostiene, si menester fuera defenderos de enemigos que no se dará el caso-le tranquilizó acariciando su regordeta cara que emanaba bondad.

Una sonrisa le fue devuelta con la dulzura de quien ama sin trabas y su alma entrega a quien adora.

El ruido de armas al ceñirse los soldados de Leizo las espadas a los cintos, les alertó y se dispusieron a volver al improvisado campamento, antes de que les echasen a faltar. Con aire masculino y la arrogancia de quien se sabe noble y superior al resto, don Alonso de Pechuán que hijo de conde y caballero curtido en batalla era, se unió a los que se concentraban para recibir órdenes de su capitán don Felipe de Leizo.

-Debemos pensar en cómo camuflarnos y así entrar en la ciudad sin despertar sospechas. Tras mucho darle vueltas he creído conveniente que seamos mercenarios sin trabajo, que llegan a Estambul en busca de un amo para nuestras espadas...¿Cuál es vuestro parecer?

-Yo creo que por mercaderes la verdad no creo que pasásemos...ja ja ja –rió con ganas Fernández el más viejo de los que acompañaban a Leizo.

-Exacto, es por eso que dado que lo que realmente sabemos hacer es luchar y nuestros rostros y cicatrices así lo anuncian, es mejor no fingir lo que no somos, al menos en parte.-respondió Leizo.

-Personalmente apruebo la decisión de nuestro capitán, no sospecharán nada si aparecemos sobre nuestros caballos, con aire cansado y las espadas envainadas, sin que parezca que somos enemigos del islam.

-Ese es un punto relevante, tenemos que adquirir caballos sin que los campesinos crean que somos enemigos que vienen a guerrear con su sultán...tres de nosotros nos disfrazaremos de mujeres y compraremos caballos.

-¿Y quiénes serán los elegidos? Todos somos barbudos y nervudos, no pasaríamos por mujeres ni aunque san marcial nos transformase.-se quejó Gómez que medía un metro de hombro a hombro.

-No, todos no, afortunadamente en este caso. Don Alonso, doña Inés y yo mismo iremos y rezad porque regresemos, que de no ser así estaréis perdidos.

Un murmullo escéptico ascendió como el humo de un pebetero en plena noche. A ver que se conseguía con aquel travestismo que le fe condenaba y hombre alguno aceptaría, de no ser que la circunstancia fuese crítica, como de hecho lo era.

Don Alonso y doña Inés aparecieron junto a Leizo vestidas de hembras que dejaron sin aliento a los que les acompañaban. Solo Leizo semejaba un esperpento irreconocible.

-Bueno ¿Qué opináis de esto?

-Capitán parecéis un espantajo a medio consumir por el fuego...ja ja ja....

-Más vos señoras...-se inclinaron dos de ellos fingiendo cortesía falsa que lo era-, sí que pasáis por ser damas de buen ver, que no diría nadie que no lo sois ,y así engañar a quienes no ostentan la fe de Cristo.

Poco sospechaban los presentes que eran aquellas y no otras las ropas a las que estaban acostumbradas ellas, y que por vez primera desde su embarque, se encontraban en sus cuerpos de mujeres y no en el de extraños seres, que ni hombres ni hembras se sentían a bordo, empuñando las espadas.

-Decidido iréis las dos-matizó con sorna fingida el "las" Leizo-y desde lejos aunque no demasiado, vigilaremos a vuestras mercedes las espaldas por si resultaseis agredidas.

Se adentraron en la llanura dorada y seca, dejando sus huellas en la tierra quebrada por falta de lluvia, hasta que cuando comenzaban a desesperar, avistaron una granja en el horizonte. Cobraron ánimos y las dos mujeres se distanciaron del resto marcando con sus caderas el ritmo propio de las hembras.

Un enorme campesino, de manos rudas y arrugas tan profundas como surcos, cavaba en la tierra con el vigor de quien desea hallar tesoros en ella.

-Alá sea contigo hermano-le saludó Isabel-en este día aciago que nuestras cabalgaduras han fallecido precisamos de la generosidad de quien nos quiera vender a buen precio dos caballos, en buenas condiciones, que nos permitan al menos llegar hasta Estambul, donde nos esperan nuestros parientes, que en matrimonio me entrega mi padre y he de cumplir con su mandato.

-¿Y solas os deja en mano del destino vuestro padre buenas mujeres? ¿Que no sabe vuestro señor que estas tierras son peligrosas para quienes como vosotras muestran su belleza?

Inmediatamente las dos comprendieron el error de no llevar el velo preceptivo, y se echaron el manto sobre sus rostros con el miedo pintado en sus caras.

-No temáis bellas huríes, aquí estáis a salvo de malhadados varones que no saben contenerse, pasad y comed algo que hablaremos de esos caballos, que yeguas son, pues no tengo otra cosa.

El turco les sembró la mesa de áspera madera apenas lijada, de alimentos que sorprendieron por sus texturas a las cristianas. Tomates rellenos de arroz con especias que llenaron de sabor y aromas exóticos sus paladares y berenjenas asadas con queso derretido por encima hecho al fuego con mano firme, y pan caliente regado con un vino blanco rasposo y que entraba bien con aquellas viandas. Higos rellenos de nueces y frutos secos, acabaron de agradar a las invitadas del turco que sonreía al ver como disfrutaban aquellas extrañas venidas de demasiado lejos como para conocer sus costumbre y usos.

En un ambiente de cordialidad, Isabel fue inventándose una historia que ni de lejos se creyó el turco, que para entonces sospechaba que eran esclavas huidas de algún harén de un potentado protegido del sultán. Desde luego no sería él quien las delatase, le gustaba su compañía y se hallaba tan solo, que un poco de griterío femenino no le haría sino alegrar la vida.

Isabel que veía que no cuajaba su historia por la expresión de su anfitrión, y doña Inés que se impacientaba por los demás que les esperaban cerca, no veían la manera de comprar las dos yeguas y marcharse de allí.

-Tenemos necesidad buen hombre de comprar esas yeguas y llegar a Estambul...¿Cuánto nos cobraréis por ellas? Mirad que somos pobres y Alá recompensa a quienes dan en limosna a los pobres necesitados...

-No serán caras que han trabajado mucho con cargas impropias para su constitución y aun y con todo galopan como gacelas...serán vuestras por dos maravedíes de oro o tres de plata...

-Mucho pides amigo, pero confiamos en que sabrán resistir el viaje que Alá es generoso con quien no engaña a mujeres indefensas.

El coloso turco les llevó hasta la parte trasera de la casa donde dos yeguas de buena estampa pastaban tranquilas sin conciencia de que cambiaban de amo.

-Parecen buenos ejemplares desde luego...-se acercó a ellas Isabel que las acarició tiernamente, lo que hizo que la yegua alzase la cabeza orgullosa y le mirase para ver si era de su agrado.

-Le gustáis señora, es orgullosa y solo se deja acariciar por quien ella elige.

-Las compramos buen hombre aquí tienes las dos monedas de oro que pides, que bien las merecen estas yeguas fuertes y de buena estampa...

-Si de cosa alguna es menester que se os ayude señoras contad con estos brazos fuertes, que os han de dar lo que de ellos preciséis, les habló con la nobleza propia de un hombre de sentimientos profundos.

-Gracias amigo y que Alá te premie por tu generosa hospitalidad...

Las dos mujeres a horcajadas sobre las yeguas se alejaron de la casa y se reunieron con sus correligionarios en las cercanías con gran alivio para ellos.

EL MARE NOSTRUM

En el mar el conde don Rodrigo de Pechuán viajaba en el navío de Abraham Bresanel, que en su camarote se dispone a comerciar ventajosamente con los turcos que proveen la casa del sultán de especias, sedas y armas ricamente enjoyadas. Samuel, su hijo se acomoda en la borda de babor y charla con el conde, que impensable fuera tal cosa en tierras de doña Isabel de Castilla.

-Es difícil la primera vez adaptarse a las costumbres de los turcos, pero cuando se trata con ellos uno se hace a la idea y no son a fin de cuentas tan malos como se les pinta en Sefarad.

-Sí, supongo que la expulsión a creado un ambiente de agresividad contra todo aquel que no sea cristiano y eso incluye a los de tu raza.

-¿Sabéis señor de Pechuán que los judíos sefarditas no solo somos de Sefarad? Los hay de Inglaterra, de Francia que llegaron expulsados a su vez del país de los francos de peor manera, y de muchas otras naciones, que más que de raza, somos de religión hermanos.

-Si fuésemos hermanos todos, pocas guerras se librarían Samuel-lo llama por el nombre que le recuerda sus lecturas bíblicas en la lengua madre, cuando el fraile encargado de su aprendizaje le obligaba a leerlas, sin darse cuenta que disfrutaba con ellas-.Que son que de nada sirven, y sangre derraman sin razón firme a mi buen ver.

-Creo que vos y yo nos llevaremos bien señor de Pechuán-le extiende la mano Samuel-de ahora en adelante os consideraré un amigo, que no por cristiano sois peor.-sonríe el hebreo iluminando su faz.

-Que así sea amigo mío, y que Dios el único Dios, nos de la paz y el sosiego que precisamos todos. Que de hallar a mi hija, no ha de ser que yo evite su felicidad, sino que es mi deber de padre velar por ella, que solo me queda su alma misma con la que pasar los días últimos de mi vida.

La brisa acariciaba los rostros amables de ambos varones que apoyados en la baranda del barco veían pasar galeras de corsarios berberiscos, turcas o genovesas, sin que nadie alterase su ritmo a bordo, que no atacaban la nave quienes conocían el pabellón del hebreo bajo la personal protección del sultán Bayaceto II. Lejos se recortaba la isla de Thera y el mar semejaba estar en calma como si intuyese que allí las olas mismas no golpearían la quilla de la galera del judío.

Le dijeron al conde en la isla de Sicilia, que del rey don Fernando es, que los turcos no tocarían la nave ni de lejos, y que la singladura segura había de ser. Rememora en su mente la figura agraciada de doña Marcia cuando Samuel se va dejándole a solas con sus pensamientos. Era como un rocío fresco que renueva las fuerzas en el desierto de la vida, como ni tan siquiera el agua lo haría. Pero pertenece al señor don Martín de Santoñán que gobierna en nombre del rey la isla y su hijo viaja con él en la galera de Bresanel, que es escudero suyo y no de otro y a su ca4rgo se halla el tal hijo del gobernador. Debería abandonar tales pensamientos impuros para hombre de religión firme como es él. Pero regresa con mayor fuerza a su cerebro, que es amor lo que siente y nuca ha de decirle tal cosa, que cree en su corazón ella le correspondería.

Enrique de Santoñán se entrena sin descanso, y los hebreos le miran de reojo, que le conocen el genio, y aun no saben si son de su agrado, o por el contrario, les desprecia como el resto de los cristianos. Su espada reluce del sudor que sale del acero al ser usado tanto en el día como en la noche, que hartos están los marinos, el cocinero y hasta el mismo Abraham Bresanel, que solo por deferencia para con su invitado de honor el señor de Pechuán se contiene de detener tales maneras para con los que con el viajan.

Está oscureciéndose el cielo, y anuncia tormenta, que los marinos se aprestan a subir a la cofa y las jarcias a fin de recoger las velas y amarran cabos en las bordas metiendo los remos, que será de no hacerlo volteada la galera. Bajan a la cubierta inferior, baja de techumbre y estrecha, que no está hecha para pasar allí tiempo, si no es de necesidad, como ahora es el caso.

Ruge la tormenta y llegan las primeras gotas, que se van convirtiendo en lluvia que azota servida por ráfagas de viento fuerte que zarandea la nave amenazando partirla en dos. Solo quedan en cubierta diez marinos, expertos en tales lides, que aferran con manos de acero cabos, y los amarran, que ellos mismos han sujetado al timonel a la rueda de éste para que no acabe en el mar, si el viento arrecia. Las olas cobran crestas de espuma, que locas aparecen y se van. Llevándose la suciedad de la cubierta sin dejar de lamerla con su salada presencia. El palo mayor cruje, y temen que se parta en dos si dura mucho la tormenta, que debieran haberlo cambiado hace meses, y se queja de estar donde no debiera.

Sube y baja la galera, mareando a don Enrique de Santoñán que se ve abrazado, por el azar caprichoso al pecho de Samuel el hebreo que como columna de bronce permanece en pie con una mano agarrando un cabo que cuelga del techo y con su brazo izquierdo sosteniendo al condesito que de miedo se derrite.

La espada de Enrique yace en su vaina y no le permite el mareo fingirse varón de guerra, que desearlo lo desea, más no le es `posible demostrar lo que aun no es.

Las nubes ceden en el cielo, y los judíos oran a Yaveh, para agradecerle su paciencia para con ellos, y la protección prestada, a pesar de llevar consigo a gentiles que no son de raza ni religión hebreos hijos de Él.

Los daños son escasos y ha sido mayor el causado al honor de Enrique de Santoñán que los que sufriese la galera. Ríe el de Pechuán al ver el desastrado aspecto de quien presume de ser superior al resto de los mortales, que el mismo sabe de que solo es presunción, y no verdad tal pensamiento.

-No os ofendáis señor de Santoñán , pero es menester que os recompongáis si es deseo de vuestra merced, presentar noble aspecto, y no de desheredado. Salid a cubierta y lavaos que os vendrá bien el agua fresca. Os llevará la espada y podréis proseguir el entrenamiento tras limpiar la mía, -le sonríe a Samuel el hebreo.

No se ven en el horizonte naves de nacionalidad alguna, y se siente solo el hijo del gobernador de Sicilia, que sus amigos no le reirán las gracias, y no tiene público que le aplauda. Más sabe el judío Bresanel, que cerca se andan de la costa que es Thera y allí han de recalar y reaprovisionarse de agua potable y verduras frescas así que el escorbuto no plague la nave.

Negocios rentables y sin dificultades hizo en el pasado el hebreo en Thera y regresa cuando en su galera tiene lo que les gusta a los lugareños. Vino nuevo, Cerveza del norte y carnes desecadas, así como telas de textura resistente se amontonan en la cala de la galera apartadas para ellos desde su adquisición. Da orden de descargarlo todo en el muelle, que allí vendrán al ver el pabellón del judío, sabiendo que conoce sus gustos. En fardos colocan las mercancías y atadas con un lado al descubierto, que son desconfiados a pesar de todo, si de judíos se trata.

Llegan los primeros curiosos y las mujeres se arraciman en torno a las telas solicitando otras mejores, que saben de los colores que gustan en Estambul, y vestidos de ricos colores desean, que las telas rudas, para los hombres son.

Un enviado del gobernador de la isla que desde tiempo ha, se halla en poder del sultán llega con un exiguo séquito, destinado a impresionar por el lujo de su librea, más que dar escolta a quien se siente seguro en medio del mar que su señor domina en la zona oriental. Es necesario ser el primero en adquirir las mercaderías de Bresanel, que de no ser de esta manera, corre el riesgo de que sus vestiduras dejen de ser las más costosas y exóticas del imperio otomano. Los presentes, conocedores de su obsesión por el lujo, le abren paso y murmuran entre dientes, pues han estado a punto de comprar lo que sus ojos anhelaban, sin que nada impida ahora que se lo quede Mosthar el Kadell.

Sus acólitos se quedan tras de su persona, que por si sucediera un atentado, sus cuerpos acolcharían a su señor. Mosthar aborda la galera de Bresanel y con un gesto le indica que será dentro de la nave en su camarote donde hagan pingües negocios, y no a la vista de los curiosos que no deben conocer sus adquisiciones hasta vérselas puestas. Telas de Isfahán, de la lejana India donde gobierna la decadente Horda de oro, y de la isla que produce los más grandes rubíes, la pequeña y rica Ceilán, piedras para sus turbantes, que compiten en esplendor con los del sultán de no ser por el tamaño, que se ha de respetar, si se quiere conse4rvar la cabeza sobre los hombros.

-Estas telas son de una textura exquisita, espero que no por ello, Abraham, Bresanel me apliques una tarifa especial, como hiciste con las armas de damasco que te adquirí...necesito tres túnicas ribeteadas en oro y dos en plata para recibir al comendador de los creyentes, que en su nave almirante vendrá a pasar revista a la flota que se concentra en Esmirna y tras las calas de mi isla. Dime que precio habré de pagarte que mi contable te abonará el monto.

El turco con sus ojos rasgados, que desciende del gran Gengis khan, cosa que oculta sabiamente, que no es deseo suyo provocar a quienes les odian con toda su alma de buenos musulmanes. Palpa las telas y sonríe al ver que el hebreo duda y es quien primero habla quien pierde en una venta.

-Mi señor tu sabes los riesgos de traer estas telas, que sangre han costado a mis gentes, y desde la lejana isla de Ceilán y la India misma vienen a través de desiertos y llanuras inmensas...numerosos son mis gastos, y muchas las bocas que debo alimentar, por lo que aun perdiendo dinero y por ser para ti por mil dinares tendrás estas telas que te distinguirán como el más grande de los Beys del sultán.

-¿Ha enloquecido tu señor padre?-le mira a Samuel su hijo que callado permanece en segundo plano, sabedor de que a su padre le molesta sobremanera que se medie en sus negocios, aun siendo su hijo mismo-

El joven Samuel queda inexpresivo, y el Mosthar se vuelve como Bresanel tiene previsto hacia él, murmurandio y regurgitando maldiciones fingidas, que sabe que el judío es usurero, pero nadie puede comerciar con sedas de tan buena factura, ni traer piedras, que se sabe en cada puerto, que solo él accede al sultán de Ceilán para que le venda, casi regaladas las rojas piedras.

-Bien está así te daré los mil dinares, con una condición, que no le vendas estas mismas telas a nadie en el imperio que mi señor domina, salvo a él si fuere su deseo, naturalmente...

El hebreo se inclina con la sonrisa pintada en su faz, y se sabe vencedor de aquel grueso bey, que tan solo piensa en convertirse en la envidia de sus coetáneos.

-Se hará como es tu deseo, mi señor El Mosthar, nadie sino tu ostentará la gloria de la India y Ceilán. Más dime cuantos rubíes querrás para adornar tu turbante, el más rico de esta parte del mundo...

-Doce habrán de ser, que son las que conforman el número mágico que me protege del mal de ojo. Si me encareces el precio demasiado corres el riesgo de perder un cliente, hebreo.

La advertencia dada es considerada como una amenaza por el judío que sabe de lo mezquino y cruel que puede resultarle El Mosthar. Rebaja sus pretensiones y le pone un precio que no puede pagar, para írselo rebajando hasta que el turco cree haber vencido esta vez, que es importante que así sea.

Cuando sale afuera El Mosthar sonríe ganador de la contienda, que si bien ha pagado una fortuna por las telas, las joyas regaladas le salen según sus cálculos. Deja que las sobras se las queden los que le miran, cree él con envidia insana. Ignora que Bresanel posee la capacidad de la perspicacia bien entrenada, y guarda en la sentina de la nave, telas de colores maravillosos, y zafiros de un azul que estremece al verlos. Ellos serán vendidos a quienes ahora creen que nada le queda al judío. Los intrigados lugareños que adquieren sus productos en el muelle, por demasiados para abordar el navío, ven cono tras asegurarse de que ha desaparecido El Mosthar, saca telas exquisitas, y joyas relucientes, armas de damasco, y de Toledo, y oro y plata en ovillos de hilo, que con ellos se ribetean las túnicas de los acomodados turcos de Thera.

Las mercancías desaparecen de la vista en menos de media hora de regateos y cambian de manos, como las monedas de oro y plata que solo éstas acepta el hebreo, para dejar vacías las calas del barco y el camarote del judío, que ve cumplidos sus anhelos de acumular oro y plata y perlas y rubíes y los mejores zafiros azules y amarillos, que adornarán el vestido de su hijo el día d su boda. Con esto será uno de los más ricos del área comercial que se extiende desde Estambul hasta Isfahán y Peris, atravesando la frontera de India y Hasta llegar a la misma Ceilán que es territorio exclusivo de su familia. Ahora habrá de llegarse a Estambul, por deseo expreso de Isaac Abravanel que en la corte del sultán cumple con el deber que tuvo para con la reina doña Isabel de Castilla. Espera el hebreo recibir a su benefactor el conde de Pechuán que le permitió sacar de Sefarad diez mil ducados de plata y dos mil de oro escondidos en la galera que lo transportaba hasta la seguridad de la isla d los judíos bajo la sombra del sultán Bayaceto II. Que hora es, de devolver el favor, que no es de bien nacido ser desagradecido, así lo dice el Talmud, y la Torá aconseja ser, de modo que los gentiles no tengan queja honrada de sus tratos.

La galera de Bresanel sale del puerto como cisne que se desliza sobre las aguas, dejando atrás la felicidad de quienes se la pueden permitir. Apenas en un par de horas sus arcas han pasado de estar vacías a llenarse del todo del metal dorado que tanto él ama.

Don Rodrigo de Pechuán que ha permanecido ajeno a los negocios del hebreo, ha escuchado como le vendía sus productos al judío, que no deseaba que se supiese que daba cobijo en su galera, exenta de impuestos y de abordamientos incómodos, sale a la cubierta y ve el rostro iluminado del judío, que en realidad ha triunfado sin que se notase.

-Se os ve contento señor Bresanel,¿ quizás el don de la riqueza, es el causante?, o más bien ¿debiera decir el saberse vencedor, de tan grandes fanfarrones?. He visto a esos pavos reales desplegar sus plumas, como solo ellos son capaces de hacerlo. Y vos mi buen amigo, les habéis dominado con el arte del halago, como solo un maestro sabe y demuestra...

Le mira Abraham Bresanel, y la carcajada sale de su boca como por arte de magia, en confabulación con su invitado, que de ahora en adelante compartirá con él los secretos de la venta y de la mente de los hombres, que desean ser adulados, y para ellos es menester que entreguen sus dineros al judío.

El siguiente puerto es Estambul, "La Ciudad" que así decidió Mehmet II llamarla, y no por nombre turco. Que es nombre Bizantino, que tal quiere decir. Allí desembarcarán, y conocerán a los visires de "la Sublime Puerta" donde reside el poder máximo del imperio otomano.

-Tenéis señor de Pechuán que saber, que desde el preciso instante en que desembarquemos, seréis vos por vuestros propios medios quien deba hacerse cargo de los detalles de vuestro deambular por la ciudad capital del imperio. He de deciros que será mejor que ocultéis vuestra condición de católicos, que en estas tierras no son bien recibidos, no por ostentar tal fe, sino, por beligerar contra el sultán y contra los buenos musulmanes. Nosotros los judíos somos considerados amigos del Islam, por haber sido expulsados de Sefarad, por los reyes católicos. Beyacit II se jacta de ser el protector de los que respetamos las páginas del "Libro".

-¿Acaso no respetamos los católicos Las Santas Escrituras?-pregunta asombrado el conde.

-No, lo cierto es que no. Adoráis imágenes de hombres, y adoráis a un dios trino, como los antiguos paganos, os inclináis ante ellas y les rendís pleitesía. Ni judíos ni musulmanes hacemos tales cosas, que por ser el segundo mandamiento de la ley de Moisés, ambas religiones damos crédito a la palabra de Dios.

-No comprendo muy bien vuestro reproche Bresanel amigo, pero si sé que vos conocéis la ley del "Libro" mejor que yo mismo, que solo lo que los clérigos enseñaron a mi persona cuando niño, eso es lo que solo sé.

-Conoceréis un mundo nuevo entre las gentes de Estambul, y comprenderéis las razones por las que los odios se traducen en guerras sangrientas, que solo sirven para quedar en sus casas a viudas y huérfanos que multiplicarán ese odio y seguirán con las guerras de sus padres.

La galera avanza cortando el agua con su afilado espolón y creando espumas blancas en torno suyo. A bordo se reparten los beneficios entre quienes aportaron una inversión en oro,, que es el comienzo de una compleja compañía, donde se inspirarán los posteriores economistas del mundo que inicia su comercio ,masivo en distintas partes del mundo. Sabe Abraham Bresanel que solo ellos, los judíos a pesar de todo, podrán dominar con efectividad el comercio mundial, y también que eso será su perdición y la causa de su sufrimiento mayor.

La galera surca el Mediterráneo como una serpiente que se deslice segura en su hábitat para retornar a su madriguera. Pasarán días para que se avisten las costas de Estambul, y su bullicioso puerto, en el que se despedirán de los hebreos, para dejarlos en tierra a su destino. Enrique de Santoñán se acerca a su señor, que ahora marca su destino, y decide su educación como hijo de noble, que habrá de aprender las artes de la espada y de su manejo, para ser nombrado caballero y así volver a su casa con la honra en su corazón y su cabeza erguida a fin de conseguir para sí un lugar en el mundo en que viven los soldados de carrera y ocupar el sitio que le corresponde como segundón en la listas de los tales.

-Señor...veo que meditáis más ¿en qué si es mester que lo sepa vuestro escudero?-

-Es en mi hija, que se halla en medio de un ambiente desconocido y hostil para los que hacemos gala de nuestra fe. Que de solo pensar en una mujer entre estos infieles que se hacen llamar musulmanes, el vello de mis brazos se eriza. Pues

Es de todos conocido, que deben ocultar su rostro de las miradas de los hombres y así pasar por delante de ellos sin mirarlos de frente y con la compañía de un varón de la familia, que de no ser de esta manera, corren riesgos.

-Pesad que vuestra hija sabedora de tales consecuencias habrá tomado las medidas pertinentes, y sabrá arreglárselas sola, que no va del todo tal...

Rodrigo pasa su brazo sobre los hombros del joven Enrique y siente que su nobleza aflora en sus palabras.

-Sois noble en verdad hijo de Santoñán, es por esa razón que os llevo conmigo, en esta peligrosa misión, que os aportará experiencia y sabiduría. Sabe hijo mío-le dice el conde paternalmente hablándole- que estos hombres que nos combaten, y estos que echamos con injusticia de Sefarad, son quienes nos darán el saber, y la experiencia tales.

-Os agradezco señor de Pechuán, vuestra confianza, y sabré hacerme acreedor de vuestra tal confidencia, que de no ser así Dios me lo reclamará. Os seguiré allá donde vayáis y mi espada estará a vuestro servicio, que la descendencia que os fue arrebatada os será devuelta.

Se recogen las velas en las jarcias, y la actividad se detiene en espera de que el navío se clave en medio del mar. Ignora don Rodrigo la razón y se sorprende Enrique su escudero. Bresanel se acerca al comprender su extrañeza, y le comunica que han de realizar sus oraciones y ritos religiosos que es costumbre entre ellos obrar así cuando retornan a Estambul, de uno de sus viajes, de manera que el Señor Yaveh, sepa de su acción de gracias y los bendiga en los siguientes. Un rabino con su manto blanco y sendas franjas azules una cayendo en cada hombro, sale de la cabina de popa, con la prescrita túnica d lino blanco y fino bajo éste. El idioma en que se desarrolla el rito es el hebreo y no el sefardí, que es en honor de Dios que se hace.

Como privilegiados espectadores, el conde y Enrique observan sus ritos, que les dijeran en España que comían niños muertos, y sacrificaban a mujeres en ellos. Más sin embargo, ven con sus ojos algo que nunca podrán olvidar, y es el fervor de sus oraciones y el cumplimiento de sus rituales religiosos, con sus cabezas bajas, y las respuestas de sus bocas sin que nada terrible suceda, como proclamaban los inquisidores, en Castilla y Aragón. Ven hombres normales, hijos de un mismo Dios, que rinden homenaje a quien los creó.

Samuel, hijo de Bresanel, actúa como anfitrión y se sitúa a su lado para arroparlos y que extraños no se sientan. El cielo devuelve a sus rezos la respuesta con un viento favorable que les llevará presto a puerto, sin inconvenientes dignos de mención.

LA SUBLIME PUERTA

Con las dos mujeres a caballo y cambiando lo menos posible, que sabe Leizo de lo exhaustas que se hallan ambas, dan comienzo a la caminata que les llevará a las inmediaciones de Estambul. Allí conocerán su destino, que han de ser contratados si todo anda bien, como hijos de la espada, y así introducirse en el ejército del sultán. Han de conocer que son musulmanes de lejos venidos, y de armas expertos, para de esta manera no tener problemas. El camino tortuoso y el sol abrasador les terminó de agotar, y se dejaron caer a la sombra de un escuálido árbol a las afueras de la ciudad amurallada de Estambul .

Ante ellos las torres reconstruidas de los bizantinos cuadradas y altas sujetas por muros dobles de ladrillo rojo, se lazaban orgullosas de sus nuevos amos. Los otomanos le habían devuelto el esplendor a la decadente ciudad bizantina y la había encumbrado a capital del imperio, dignificándola.

Erguidos y haciendo acopio de sus últimas fuerzas entraron por la puerta de la venganza que se abría como una boca negra y gris que se tragase a quienes pasaban bajo su dintel. Numerosos soldados llegaban con los uniformes ajados, de guerras lejanas y los estandartes caídos sobre mulos y caballos. Otros salían impecables relucientes sus armas a caballo con las insignias del sultán. Ellos se unieron al gentío que se agolpaba en torno a las cabezas que en picas se veían en lo alto de un palacete. Era costumbre hacer así con sus enemigos cuando estos perdían el favor del sultán.

Descubrieron una populosa ciudad en la que senderos terrosos y calzadas romanas se entremezclaban con calles recubiertas de mármol rayado par que no resbalase al resultar mojado por el agua de lluvia, obra de bizantinos y restos del esplendor de civilizaciones desconocidas para los que apenas se movían de sus lugares de residencia como era su caso hasta ahora. Los turbantes enormes de los beys, visires, y ulemas contrastaban con los que se semejaban a mazorcas de maíz, saliendo de ellos. Mujeres cubiertas con el preceptivo velo, caminaban pegadas a las paredes de los edificios en un intento de pasar desapercibidas, entre la mezcolanza de razas y gentes que se daban cita en Estambul. Las torres crecían en el exterior como cubos redondos y en la lejanía la torre gálata se alzaba por encima de las demás con su gran chapitel pinchando el cielo de oriente.

Un letreo en árabe, con un dibujo tosco de una bailarina les advirtió de que allí encontrarían diversión y quizás cama en la que descansar sus agotados huesos.

Entraron y una obesa turca les recibió con las manos grasientas limpiándoselas en un delantal que se asemejaba a un mal cuadro.

-Alá sea con vosotros hermanos ¿de dónde venís que parece que os han resucitado sacándoos del edén?- rio con una carcajada ronca.

-Venimos de una guerra en la que alquilamos nuestra espada a quien resultó perderla...Alá se trague sus cuerpos en el infierno mismo.-rugió convincente Leizo.

-No maldigas aquí, que Alá lo ye todo...pero entrad, entrad, que he de daros comida si buenos dinares traéis de esa guerra, que bien os habrán pagado si muertos no han sido...

La matrona turca les llevó hasta un rincón apacible al lado de un jardín interior y les acomodó limpiando las migas del mantel y colocando sobre él una jarra de vino y un montón de panes redondos aplastados al enfriarse. Un grueso varón repantingado entre cojines se fumaba una narguile en medio de una humareda que parecía llenar el aire con su aroma a especias exóticas.

-Es mi marido, es un vago que solo se interesa en fumar esa droga que llega de oriente y que le deja desmadejado...¡ay si n o fuese por mi...! Decidme que os traigo. Tengo berenjenas asadas, tomates rellenos de especias picantes, cordero asado con hierbas aromáticas y Kus-kus . también pollos en salsa de almendras...

Los paladares de los hambrientos hombres de Leizo les hicieron girar las cabezas hacia su capitán en espera de ser atendidos por su bolsa.

-Tráelo todo buena hija de Alá que daremos cuenta de ello y te recomendaremos a otros de nuestros compañeros que están ya cerca de Estambul. Buenos dinares te daremos si nos gustan tus viandas.

La mesa no tardó en llenarse de frutas vino, cordero asado que humeaba y una abundante variedad de hortalizas cocinadas y frutos secos. Los hombres de Leizo incluida Isabel y su aya dieron buena cuenta del banquete que aquello suponía y sus estómagos agradecidos eructaron, resonando como los de las vacas. Tirados en el suelo tras comer dejando regado de restos su entorno más cercano, Leizo le preguntó donde adquirir ropas nuevas y le entregó un abolsa que la obesa turca pesó en su mano satisfecha. Salieron en tromba para dirigirse a una calleja en la que las paredes de las casa casi se unían entre sí por medio de balconadas que se besaban. Bajaron unos escalones que les condujeron hasta una puerta de roble que con un chirrido de hieros oxidados les recibió siniestramente. Unos turcos se afanaban en cortar telas de un color azulado con estampados geométricos que colocaban en una especie de maniquí hecho a tal efecto.

Se volvieron y uno de ellos se les acercó inclinándose reverente ante lo que evidentemente era un grupo de clientes necesitados de ropas nuevas.

-Bienvenidos a nuestra casa señores, ¿en qué puedo serles de utilidad?

-Es menester que cambiemos estos harapos-se palpó sus ropas raídas y sucias-por otras dignas de los que somos, hijo de Alá.

-Pasad señores que aquí hallaréis lo que andáis buscando. ¡Alí! Ven pronto y muestra a estos señores nuestras telas que han de vestir como quienes deben ser y no como llegan que desmerecen al verlos.

El tal Alí un jovenzuelo de unos quince años despierto y vivaz les llevó casi de la mano hasta una alacena de la que sacó telas de suave tacto y cintos de cuero curtido que brillaban relucientes con gumías colgando de ellos.

-Estos son los cintos que acaban de llegar de Esmirna y las telas que los judíos traen de La India y China. Con ellas se viste el propio sultán y sus visires también...ved señores que suave resultan al tacto-les dio para que la tocasen la que él mismo había sacado en primer lugar.

Leizo que jamás había sentido el tacto de la seda sobre su cuerpo de soldado rudo y marino experimentado, se dio cuenta de que había cosas que eran tan solo para aquellos que se las podían permitir, y que solo ellos alcanzaban a saber de telas como aquellas que acariciaban el cuerpo como la brisa de la mañana.

La tienda que olía a sándalo tenía varios tragaluces desde los que la luz diurna les llegaba a los que cortaban las telas con el cuidado de quien tiene entre sus manos algo tan delicado como el aire mismo. Se colocó la tela sobre sus vestidos raídos y se transformó en un hacendado turco de pesada bolsa. Poco a poco les fueron tomando medidas y cortando telas que pasaron a mesas aledañas. Ellos esperaron en una sala aparte donde tres mujeres con velos de colores les sirvieron té a la menta y cafés negros tan cargados que algunos no pudieron tomarlos.

Las dos horas y media que tardaron en cortar las telas y coserlas resultaron tediosas para marinos abruptos y cansados de almas inquietas y espadas herrumbrosas. Les pidieron que tuviesen paciencia pues el arte de la costura en el que los otomanos eran maestros, resultaba una tarea especialmente ardua si se les apresuraba y no era menester que saliesen del taller peor de lo que entraron.

No se acordaron más de sus ropajes, que las hembras de buen ver arrumacos les hacían y sus sonrisas el alma les llenaban. La música sonaba extraña a sus corazones de guerreros que solo conocen el arte de la muerte y la espada su instrumentos, que de él sacan los sonidos que familiares les son. Los cortinajes se impregnaban de aquel fragante perfume que desprendían las varas de incienso, y de los aromas de dulces y cordero, que se entremezclaban en hogareña atmósfera.

En el patio una fuente cantarina de chorrillo delgado y gorgojeante, les transmitía su natural sosiego y a su alrededor crecían macetas con plantas llenas de flores que les recordaron los patios andaluces de tabernas regentadas por moriscos, resto de gentes que poblaron antaño España.

Isabel, que don Alonso ahora es, y su aya que luce como dos personas y en este preciso instante doña Inés es, conversan, y beben con prudencia, que no desean ser descubiertas, ni que de su temor se sepa nada. Acomodadas sobre cómodos cojines de seda negra ribeteada en oro, se abandonan a sus pensamientos más sentidos, y a su mente acuden raudos, los seres amados que dejaron, para rescatar a quien se ama, que cerca se hallan de él, y su corazón se encoge en sentimientos encontrados. Han de visitar la corte del sultán y en palacio penetrar, si quieren ver a quien gobierna el mundo en esta parte del mar.

-Ay mi señora, miedo me atribuyo, que de no ser varón a veces me arrepiento, y siendo como soy mujer, acobardada estoy, por tanto guerrero fornido que no defiende nuestra fe. Decidme que pronto nos hallaremos en casa mi adorada chiquilla, que deseo poneros en manos de vuestro augusto padre, y así concluir esta terrible experiencia en el mundo de infieles poblado.

-Tened, mi fiel ayita, que sois caballero de la orden hospitalaria de san Juan de Jerusalén, y varón seréis si así es vuestro deseo, que yo os concedo el tal deseo, y no temáis que mi brazo de varón de cuerpo de hembra sale en defensa vuestra.-Sonríe con su manos sobre la de ella.

Leizo mira de reojo a Isabel, que ve en él a su defensor en ciernes, de saberse en peligro ante infieles ojos, que malignos le recorrerían sus miembros con los ojos de saberse en presencia de tan hermosa mujer, de casto comportamiento, y por ventura hombre fingido. Late en su mente el anhelo de que no halle a su amado David la que bajo su espada hallase protección, que de así ser sería suya que le mira con aprobación cuando oportunidad tiene ella, para estar a su lado y desprende ese perfume que lo enamora cuando abre la boca de hombre aun vestida.

Javier de Soto, que la barriga ha rebajado, a fuerza de no comer el pan que la molicie da, vigila al de Leizo con ojos de soldado, que protege tesoro tan seguro como virgen en altar de iglesia. No deja que se le acerque nunca demasiado, que de no ser para asuntos del viaje, él se halla presente ante ambos, como padre que ella dejara en España y en sustitución del tal. Bebe menos de lo que el quisiera, que se debe a ella la hija de su señor, y ha de hacerle favor de conservar para el hombre en cuya busca va, la flor de la inocencia.

Sabe de su tierna mirada la hija del conde Rodrigo, y Alonso se eleva como varón que espera en jarras su plante, que en nada recuerda su condición de mujer, y eructa como aprendiera hacer ante quienes varón lo consideran. Llegan dos sirvientes con ropas dobladas en sus manos y se ponen en pie todos que han de cambiarse y otras personas ser. En medio de todos ella retira sus ropas viejas y raídas y con sayo de saco se queda que a la pregunta de porque responde que penitencia tiene impuesta por el sacerdote que a mujer miró con ojos lujuriosos y debe penar por tal. Encima del saco cae la túnica de seda negra con ribetes plateados y se ciñe cinto ancho de la misma tela añadiéndose un turbante que cubre la cabeza con su blanco impoluto. Los hombres murmuran que convertirse al islam solo les queda tras vestirse de infieles, que de no solicitárselo Leizo de manera alguna lo hicieran. Los sirvientes de corta edad retiran los harapos y cogidos con dos dedos los echan al fuego que arde en el horno de leña que alimentarán al menos las llamas para que cuezan el pan del día.

Una comitiva de rica apariencia sale del establecimiento en busca de La Sublime Puerta que en el palacio de Topkapi preside la entrada a l mundo privado del sultán. Solos están o eso creen, ante el poder omnímodo de tan gran Turco, que fama tiene de ser generoso con quienes le agradan y mortal de crueldad necesaria con quienes le ofenden, y ellos no quisieran. Frente a la casa de las telas tras abonar una cuantiosa cantidad que Leizo saca de la faltriquera de la vieja casaca de marino cristiano, ven caballos de buen ver, que su estampa no engaña y le miran los dientes, a los potros que se remueven inquietos pateando el suelo y resollando por los ollares. Montan y hombre s se sienten de nuevo, que el poder de los equinos a ellos les parece que seguridad les da. Y así avanzan en dirección a su destino, que en palacio les espera.

Atraviesan calles llenas d desperdicios y de palacios frente a casas de mampostería trabajadas con prisas, que vivir en Estambul, es el sueño de quienes desean prosperar para ser considerados alguien. Allí recalan los beys y bajás de ejércitos que persiguen la paz de un palacio bien servido con huríes acariciando sus cuerpos de cicatrices repletos. Olores que flotan en el aire como jirones de espuma blanca que hacen que el ambiente se corte con cuchillo y se respire mal. Dejan la calle que conduce al antiguo hipódromo, y se distancian del centro de la ciudad para llegar acalle abajo a la explanada que amurallada se abre al Bósforo como regalo de los dioses que abandonaron hace siglos aquellas tierras para morar en cielos desconocidos. Dos torres puntiagudas como agujas de catedral se alzan flanqueando la puerta de roble con refuerzos de bronce dorado al fuego. Se Encuentran ante el corazón del poder turco que se extiende por tres continentes solo frenado por las galeras de Venecia y Génova que al papa se unen en su contención contra ellos.

Los mercenarios son siempre deseados y le vienen bien en sus ejércitos a quien manda hombres de armas contra Khanes y emperadores, príncipes y reyes cristianos. Sus armas limpias y relucientes brillan al sol como plata bruñida. La guardia del sultán les para y exige de ellos su salvoconducto, que de no tenerlo allí se han de quedar como así es.

Dan media vuelta y salen del recinto protegido que la guardia vigila para acomodarse en una posada de nombre árabe que ellos de conocer sonreirían, pues el ciervo es el nombre que ostenta. En las cuadras traseras dejan las cabalgaduras y piden del mesonero cama y habitación para tres noches que son optimistas y creen que allí todo va como en occidente. Se abandonan al descanso, que bien ganado lo tienen piensan ellos, y cuelgan sus armas en las paredes con sus ropas sobre ellas por si fuera menester usarlas en ocasión alguna, que de tenerlas a mano dependen sus vidas.

EL MEDICO DEL SULTAN

Por la puerta del palacio entra una exigua comitiva guiada por un enorme eunuco negro que les franquea el paso sin que nadie se atreva a detenerle. Selim, era el jefe de los eunucos del sultán desde hacía diez años, y sus deseos eran órdenes para todos los que moraban en palacio. Tras él iba David Behjat, acompañado de su padre Solomon Behjat que era el médico oficial del sultán desde su llegada a Turquía en una de las galeras de Bayaceto II.

El sultán se hallaba indispuesto a causa de los excesos sufridos la noche anterior y necesitaba de sus servicios. Solomon conocedor de los apetitos insaciables del sultán llevaba consigo algunos purgantes y unas hierbas que le calmarían el dolor de estómago. Los corredores del medieval palacio de Topkapi, le infundían una sensación de frialdad y le desconcertaba el hecho de que lo hubiesen construido con tantos recovecos y pasillos que carecían de sentido. Selim se volvió en aquel preciso instante, como si hubiera leído la mente del judío y le respondió aparentemente a lo que él estaba pensando.

-Este palacio está lleno de vericuetos sin cuento, y corredores y salas que no conducen a parte alguna, aquí un extraño se perdería sin darse cuenta en pocos minutos. —Así que esa es la explicación concluyó Solomon, está hecho para despistar a posibles intrusos, aunque ¿Quién desearía entrar en este fríos y desangelado palacio?.

Solomon ignoraba que la parte externa del palacio era tan solo una apariencia de sobriedad tan falsa como la enfermedad del sultán aquel día. Según fue entrando en los salones a los que nadie sino el propio monarca tenía acceso, y a los que jamás había podido acceder tampoco él, pudo ur viendo la metamorfosis que sufría el ambiente, que cambiaba a un palacio acogedor y lujoso, con colores en los azulejos que alicataban las paredes y las lámparas d aceite que brillaban hechas de oro puro.

Los soldados que hacían guardia en las puertas de cada estancia eran por supuesto eunucos que se cuadraban ante el poderoso Selim que repartía sus gracias entre los eunucos según su apetencia y daba a cada cual su premio, tal y como le agradaba. Vistosos uniformes y lanzas con picas de oro, espadas con empuñaduras dignas de reyes más que de soldados del sultán evidenciaban el alto poder de cada uno de los que moraban en aquel mundo donde el único hombre era el propio señor del palacio Bayaceto II.

David que penetraba en aquel mundo apartado del de los mortales por vez primera, miraba con discreción a todas partes fascinado por el extremado lujo, y la belleza de cada rincón. Iba a serle presentado al sultán que daría su aprobación a su ayudante, teniendo en cuenta que solo los judíos podían tocar el cuerpo real del sultán, dado que potros quizás deseasen su muerte aun siendo buenos musulmanes, y de los llamados cristianos se fiaba menos aun. Solo los hebreos le profesaban algún cariño, por los servicios prestados a su raza y religión y en verdad cuidaban de su persona. Si Bayaceto le asignaba el puesto de ayudante de su padre éste cobraría una generosa paga por sus servicios y debería ir siempre acompañado de Selim a las habitaciones donde el sultán se hacía rodear de sus concubinas odaliscas y favorita siempre a la vista de su madre la sultana, que gobernaba con mano de hierro el harén de su hijo. Más de cuatrocientas mujeres vivían en el harén real, en espera de tener relaciones sexuales con el monarca y quedarse embarazadas de éste a fin de procrear un hijo varón que las encumbrase a la calidad de esposas. De ser así en la siguiente fase todas las que hubiesen tenido hijos varones habrían de cuidar muy bien de sus vástagos a fin de que no les asesinasen el resto de las esposas del monarca turco. Era costumbre entre las mujeres dele sultán matar a los hijos de las otras y así asegurarse el que el suyo resultase elegido por el sultán sucesor de su estirpe.

En este ambiente David, que ignoraba todo lo que acontecía dentro de aquellas paredes, tan solo pensaba en ser elegido y señalado como sucesor de su padre por el sultán.

-Estamos llegando al salón principal del harén, cuando entréis en él deberéis inclinaros ante el sultán y recitar sus títulos como señor de los creyentes, ya conocéis cuales son, tu hijo de Solomon limítate a repetir lo que tu padre ya conoce de sobra.-Le mira con gesto adusto sin mover un solo músculo de su cara el enorme negro. El jefe de los eunucos abre con lenta y estudiada precaución el pesado cortinaje que pende de barras de oro y mete la cabeza antes de echar las aun lado definitivamente.

-Podéis pasar el sultán os espera.-Les anuncia inclinándose ante el gran turco.

-Señor —se dirige al sultán a la vez que entra Solomon-os saludo humildemente y solicitamos ser recibidos por el rey príncipe de los creyentes, descendiente de Mohammed y protector de los fieles, señor de la tierra...

-Sí, si deja los títulos Solomon, y acércate a mi real persona que este dolor me mata y, me impide dar atención a asuntos más gratos que los que el estado me obliga. Mira a estas bellezas tristes por la falta de alegría en el rostro de su dueño...-miró fingiendo preocuparse por ellas. Las dos que lo acariciaban como telas de lino que se pegasen a su piel, sonrieron con cierta alegría al ser atendidas por el monarca.

David con suma atención grabó en su mente los procedimientos que usaba su padre en la cura de aquel poderoso señor de oriente y no dejó de notar las mitradas furtivas de las mujeres, que en pocas ocasiones eran visitadas por hombres que no fuesen los eunucos del harén. El aire olía a fragante perfume, en exceso para su sensible olfato, y estaba atestado de nubes de incienso y especias que ardían en pebeteros de forja negra y dorada, como llamas ofrendadas al monarca.

Bayaceto se mantuvo sin mover un solo músculo de la cara, y cuando el físico terminó de curarle le sonrió y con un gesto de la mano enjoyada que lucía el sello real, le indicó que se retirase. Las odaliscas reanudaron sus carantoñas y risas olvidándose del joven David, y ambos sin dar la espalda al sultán salieron en compañía del enorme eunuco Selim, que descorrió el camino andado anteriormente y los dejó en la puerta principal, pues eran pocos los que tenían aquel privilegio de no ser de total confianza del sultán.

El carruaje con la escolta que le proporcionaba el sultán le condujo hasta el bario judío donde los hebreos habían creado un micromundo donde se hallaban en seguridad por la protección ofrecida por Bayaceto II. Edificios de estilo español andalusí, se elevaban con sus encaladas fachadas blancas, iluminando las calles que aparecían limpias y adornadas con relieves de *menoráhs* y estrellas de David y filacterias en las jambas de las puertas. Rabinos con sus mantos níveos con sendas rayas azules en los costados salían y entraban libremente de sus casas, mientras otros de sus correligionarios lucían costosas ropas y joyas en los dedos. Nada les impedía ser como el resto de los mortales y por unas décadas serían respetados y considerados incluso por encima de muchos otros, que no mostraban su sabiduría práctica.

Cerca del barrio en que vivían los judíos se alzaban las orgullosas murallas bizantinas que defendieron durante siglos la ciudad que fuese capital del imperio romano de oriente y más tarde del bizantino, que murió defendiendo Constantino XI en las mismas murallas donde ahora jugaban los niños hebreos con sus juguetes de madera y metal. Torres cuadrangulares de ladrillo cocido con pasos de ronda de más de tres metros de espesor con la balconada imperial aun en pie tras el asedio turco, y que quedaba como vestigio de otro tiempo encajada en la muralla actual reconstruida por el invasor otomano. Un cerco impenetrable que rodeaba la Estambul de hoy en un intento de protegerla de lo inevitable, el avance de las potencias externas a ella. Los minaretes como agujas pinchaban el cielo, y las cúpulas de las mezquitas en construcción se abrían a los ojos de los curiosos como melones maduros que dejan ver sus carnes.

David se metió bajando la cabeza en una casa de espléndido aspecto decorada profusamente, y de la que salió una vocecilla de un niño que se le abrazó.

-¿Me has traído algo?-fue la pregunta del chico de siete años que le hizo sonreír, quizás porque se fuese de la raza que se fuese, o de la religión que se fuese, la pregunta de un niño al ver alguien querido llegar siempre indefectiblemente era la misma. "¿Qué me has traído?".

-Te he traído un juguete nuevo que me ha regalado el sultán para ti. Es un muñeco que mueve los brazos...¡míralo a ver si es de tu agrado!.

El niño abrió el envoltorio con nerviosismo y rasgando el papel rojo que lo encerraba sacó un muñeco con un turbante rojo y amarillo que tenía un enorme bigote negro y cuando se le apretaba en el estómago movía los brazos y la boca. La ilusión iluminó la faz de Saúl que se alejó con el nuevo juguete favorito en sus manos olvidándose de su amigo David, que subió los escalones que le separaban del piso superior para saludar a Miriam, que le esperaba sentada junto a la ventana.

-Este chico, seguro que no te ha dado ni las gracias...no se qué voy a hacer con él.

-No pasa nada, es normal, todos cuando éramos niños hacíamos así. No le riñas, es tan feliz...

Miriam descendía según se creía de la tribu de Judá, y tenía el cabello negro como ala de cuervo, largo y suave brillando al sol del atardecer. Sus ojos denotaban felicidad al ver a David y esperaba que éste se decidiera a dar el paso de pedirla en matrimonio a su padre, Isaac Abravanel que se lo concedería sin dudarlo, solo con saber que ella anhelaba ser la esposa del médico de la corte más joven que había servido en palacio.

LOS MERCENARIOS CRISTIANOS

El sultán Bayaceto II era informado en aquel preciso instante de la existencia de una tropa de mercenarios desempleados en las cercanías de la ciudad, afortunadamente para él que comenzaba a necesitar efectivos para combatir al Khan de Astrakán que dependiente de la decadente Horda de oro, atacaba las fronteras del imperio otomano, poniendo en peligro la estabilidad de sus límites exteriores. En el salón del trono, entre cojines de seda y oro, situado en medio del trono de oro adornado de numerosas turquesas, fumaba una narguile, mientras los ulemas y el gran visir del imperio le relataban las atrocidades cometidas por las hordas de tártaros que asolaban los campos de sus súbditos y secuestraban a sus hombres, para esclavizarlos en sus heladas tierras del norte.

-Es necesario detener esta sangría de hombres y alimentos que son desviados a los ejércitos de este Khan tártaro que dirige el más numeroso de los ejércitos que se hayan visto en muchas décadas acercándose a las fronteras del este del imperio.-le miró de soslayo Alí Ben Kaled, gran visir del sultán.

-Se precisarán tropas de refresco, y un Bajá capaz para tal empresa. ¿Disponemos de ambas cosas?-quiso saber Bayaceto-¿de cuantos miles de soldados disponemos, y a cuantos nos enfrentamos?

-Tenemos dos divisiones de jenízaros y tres regimientos al mando del Bajá Mustafá Ben Jousef. El Khan cuenta con unos trescientos mil hombres de armas.

El rostro del sultán palideció como si de pronto le hubiesen comunicado sus sabios el día mismo de su muerte. Atravesó con la mirada más fría que jamás le vio a su monarca al gran visir, y sus rasgos se endurecieron como si se petrificasen.

-¿Quieres decir mi buen Alí, que en todo este tiempo no se me ha informado de los movimientos y número de hombres de que dispone mi enemigo, correctamente?

Alí creyó llegada la hora de disfrutar de las huríes del edén y entregó su alma a Alá en vías de ser castigado con suma severidad, tal y como era costumbre en aquel sultán de estados de ánimo extremos. Con manos temblorosas depositó en el suelo inclinando la cabeza, un documento escrito que detallaba cada movimiento, cada división, y cada general enemigo, que le era imprescindible conocer, psi deseaba tener alguna posibilidad de victoria a la hora de enfrentar al mayor ejército que había amenazado el imperio desde tiempos de Bayaceto I cuando el gran Tamerlán invadió Turquía y derrotó al sultán haciéndolo prisionero y torturándolo hasta morir.

-Traedme a esos hombres que acaban de llegar de lejos, y que acampan en las inmediaciones de las murallas del oeste. No es bueno para un hombre de armas estar desocupado, y menos en una ciudad rica, que ofrece entretenimientos a los que no se hallan acostumbrados. Si preguntan por las razones de este reclamo tan precipitado decidles tan solo que el sultán les recibe para interrogarlos. Nadie debe saber de qué se trata es un asunto de suma importancia, y se debe mantener en absoluto secreto.

-Se hará como ordenas príncipe de los creyentes.- fue la respuesta sumisa del visir.

Alí salió sin darle la espalda al sultán y cuando ya casi estaba a la altura de las doradas puertas del salón del trono la voz del monarca resonó con potencia llamándolo por su nombre.

-¡¡Alí!!

-Sí, mi señor ordena y se te obedecerá.

-Debes hacer tal y como se te ordena, he sido misericordioso con tu error, pero no toleraré uno más de ningún modo...

Alí se arrodilló y besó el suelo, como toda respuesta y salió con el rostro demudado y en completo silencio. Las palabras se le quebraban antes de poder salir de su garganta. Se alzó y recuperó su altivez propia de un funcionario de alto rango, y llamó a sí a la guardia imperial. Era preciso que diese las órdenes oportunas para que se cumpliesen los deseos del sultán.

Pronto los correos de palacio salieron raudos en pos del oficial que debería encargarse de llevar a cabo los deseos del gran turco.

Los caballos golpeaban el suelo empedrado con potentes chasquidos que amenazaban romper sus milenarios adoquines, creando una sensación de poder y confusión a su paso sobre el imperio otomano, con urgencia inusual. . Un centenar de jinetes se dirigieron a las murallas del este por donde se les había informado que pernoctaban los mercenarios que llegados de alguna lejana escaramuza, llevaban varios días en la ciudad, sin que nadie les contratase. En aquel crítico instante por el que pasaba el sultán, todo hombre era necesario para conjurar el peligro que se cernía sobre el imperio otomano con urgencia inusual.

Leizo y los suyos que intentaban pasar desapercibidos veían como don Alonso y su inseparable aya y el fraile de Soto, salían y entraban de la casa alquilada para buscar al joven David sin de momento obtener resultados positivos. Leizo se quedaba controlando la difícil situación que empeoraba por momentos, dada la inactividad de aquellos rudos marineros de galera, que se veían en un elemento que no dominaban, y sin nada que hacer, mano sobre mano.

El ruido estruendoso de los cien caballos pateando el suelo de la calle les llegó como un aviso de que algo iba mal. Isabel, y su aya estaban fuera con Javier de Soto y dos de sus hombres que les daban la imprescindible escolta en territorio enemigo. El oficial turco descabalgó y se dirigió a Leizo al que se veía con mayor ascendiente sobre la tropa.

-Alá sea contigo y con los tuyos- le saludó tocándose el turbante a la altura de la frente e inclinándose levemente-¿Eres tu el que manda a estos hombres?

-Que también sea contigo hijo de Alá, sí, estos hombres obedecen mi voz de mando, ¿en qué puedo servirte si se me permite preguntarlo?

-El sultán desea conocer vuestros interese, y saber de vuestras hazañas en tierras de cristianos. Tenéis que acompañarnos a palacio y allí se os dirá qué se requiere de vosotros si es que algo pudieseis ofrecerle al príncipe de los creyentes señor de la tierra y enviado de Alá para gobernarla.

-No era necesaria tan grande escolta mi señor, pues será un honor seguirte y ser recibidos por el más grande de los que Alá ha enviado para defender a los creyentes…

-Entonces si es tu deseo y el de tus hombres, montad y seguidnos. ¿Son estos todos los que te obedecen?

Leizo no supo si decirles que sí, ocultando la presencia de Isabel y los suyos o si eso le podría causar problemas, pero en última instancia decidió engañar al oficial y le aseguró:

-"Estos hombres solo me obedecen a mí, y van donde yo decido"

El capitán de la guardia del sultán, complacido por la respuesta del supuesto mercenario dio media vuelta y montó en su cabalgadura.

Como una tropa bien organizada, los hombres de Leizo y los soldados del oficial de palacio, cabalgaron juntos, sin que nadie pudiese notar diferencia alguna entre unos y otros, que no fuese por el uniforme distintivo. Cabalgaron por las calles de la capital del imperio otomano, como lo harían por las de cualquier ciudad occidental, con la seguridad y aplomo que dan el saberse fuertes. El oficial de palacio tiró de las riendas de su caballo y éste frenó ante la "Sublime Puerta" la puerta que conducía hasta el más poderoso señor de aquella región de la tierra. Tres docenas de servidores acudieron en ayuda del oficial y se llevaron los caballos a le vez que una pequeña comitiva salía de palacio para penetrar en el patio en el que los caballeros cristianos, y los marineros de las galeras miraban en torno suyo, admirados por la exquisitez del trabajo realizado en cada columna, en cada azulejo de vivo color que como un lienzo pintado por manos maestras decoraba cada centímetro de pared. El grupo estaba encabezado por un fata real que salía a recibir a su superior para recibir de él sus órdenes.

-Selim, da alojamiento a estos hombres que desde ahora sirven al sultán nuestro señor y deberán presentarse ante su persona en cuanto hayan descansado y comido algo. Hablaré con el príncipe de los creyentes para ver cuando le parece bien recibirlos.

Leizo, siempre flanqueado en situaciones tales como aquella por sus más curtidos hombres, que sin que se notase conformaban un círculo, dispuesto de tal manera que de ser atacados, pudiesen defenderse con eficiencia, adelantaba pegado a don Alonso y su aya que ataviada de caballero de la orden de san Juan de Jerusalén, Siguieron al oficial que caminaba sin hacer ruido con sus babuchas encorvadas hacia arriba al modo persa, y su cimitarra agarrada fuertemente por la empuñadura enjoyada con rosas de Francia. Marcos de Amaya y Ramiro de Santoñán miraban a todos lados con el miedo pintado en sus rostros y las espadas prestas, que ellos todo saben, se arregla bien con acero de Toledo. A cada lado una docena de alabarderos les daban escolta, y las columnas que se alzaban sujetando la techumbre se les antojaron titanes míticos de otros tiempos. Llegaron ante las dos hojas de bronce dorado que separaban el salón del trono del corredor palatino, y los guardias negros de poderosa envergadura que la guardaban dejaron el paso franco al ver al oficial de palacio acercarse. Al separarse ambas, un enorme salón del trono quedó a la vista con un trono de oro recubierto de turquesas en medio del que el sultán impartía justicia en su reino. A su lado Leizo contó quince funcionarios de enormes turbantes que como ministros de alto rango debían de aconsejar al dueño de medio mundo que era el sultán Bayaceto II.

El oficial de palacio acompañado siempre por el fata real Selim, se inclinó hasta casi tocar el suelo con el rostro y recitó los títulos del sultán como una retahíla aprendida de memoria.

-Mi señor príncipe de los creyentes, dueño de las lamas de quienes Alá protege, señor de oriente y occidente,...

Alí el gran visir del sultán se acercó y le ayudó a levantarse por orden del monarca.

-Alzate del suelo mi buen Marad, y dile a nuestro señor el protector de los creyentes quienes son los que te acompañan y qué han decidido.

-Estos son los mercenarios que han llegado a la ciudad y que se hospedan en la calle de los herreros. Han tomado la decisión de servir en tus ejércitos mi señor y es por esto que desean hablarte y recibir tu aprobación para tal menester.

Bayaceto se removió casi imperceptiblemente y miró de soslayo a su más cercano consejero. Era necesario conocer la opinión del consejo de los ulemas que se encargaban de la pureza de la religión de Alá.

Don Alonso echó una discreta mirada a su alrededor y notó que solo tres de los presentes en aquella audiencia no llevaban los consabidos turbantes, que rozaban la desproporción. Se situaban en uno de los costados de la escalinata de cinco escalones que conducía al trono de oro, y vestían como...¡como judíos!. Efectivamente eran el médico personal del sultán y el tesorero real ambos de edad avanzada y otro el tercero, más joven, demasiado para tener algún cargo de importancia en la corte del monarca turco. Isabel enmascarada bajo la personalidad de don Alonso de Pechuán pudo distinguir el rostro del muchacho que le resultó familiar. Sus rasgos viriles y duros contrastaban con una expresión de tierno aspecto. El sultán se puso en pie en ese preciso instante y descendió los cinco escalones con majestuosidad. Hizo un gesto con la mano anillada y el judío más viejo se llegó hasta él inclinándose con reverencia.

-Dime mi buen Isaac Abravanel, ¿conoces a estos hombres de armas que llegan hasta mi reino con intención de servirme?

-Mi señor ¿Cómo podría yo tu humilde siervo conocer a tales señores, que de tan lejos vienen?

-¿Pues no me dicen que han combatido a los crueles cristianos que expulsan a tus correligionarios de su tierra, y se complacen torturándolos? Así, quizás te plazcan sus reputaciones que de seguro se hablará de sus personas con rabia entre los infieles.

-Bien dices mi señor Bayaceto, más no son de mi incumbencia las lides de las armas, que son las economías de tu reino mi mayor preocupación.

-Retiraos todos...menos tu mi buen Alí.

A la por orden del gran turco, en completo silencio, salieron todos los presentes en la audiencia real. Solo los eunucos negros y Alí quedaron en el inmenso salón del trono. Bayaceto paseó por el embaldosado como intentando disimular sus nervios. Las noticias que le llegaban del kanato de Astrakán eran desalentadoras y sus tropas retrocedían continuamente sin que nada pareciese frenar su loco avance.

-Mis tropas están en franca retirada y mis fronteras comienzan a retraerse comprimiendo mi imperio sin remedio. Necesito más tropas de refresco que enviar a ese frente que tiende día a día a desaparecer. Pero aun más necesito un Bajá que comande esas tropas y cree nuevas estrategias para detener a los bárbaros. De llegar hasta Estambul, el pánico se encargaría de ayudarles a penetrar en la ciudad para saquearla.

Se volvió hacia ellos y le preguntó a Leizo que se hallaba más cercano a su persona.

-¿Qué me propones general...?

-Leizo por toda respuesta y temiendo una trampa del astuto monarca se inclinó y recitó los títulos que oyera de boca del oficial de palacio, que el sultán con un gesto evidente de su mano, cortó.

-Dejemos los protocolos para otro momento más conveniente, decidme bajá...-le otorgó el título de nuevo.

-Yo mi señor cerraría el paso a las tropas que llegan del kanato y las embolsaría. —Pensó como lo haría con un número superior de naves en el mar, que era el medio en que mejor se desenvolvía.

-Sigue bajá, sigue...

-Después con artillería y almajaneques les bombardearía manteniendo a mis tropas a salvo de ser diezmadas, para mermar la moral del ejército enemigo.

-¿Querrías ser tú quien llevase a cabo tales estrategias?

Leizo temió ser enviado tan lejos que Isabel quedase sin protección y buscó la respuesta que le permitiese quedar en Estambul.

-Mi señor muchos días tardaría yo en llegar hasta tus siervos que no soy halcón que vuele atravesando montañas y valles sin estorbo.

-¿Ves mi buen Alí lo que significa ser un servidor sin ambiciones? Esto es lo que no abunda en mi reino, que todos persiguen fortuna sino riquezas sin igual. Manda las instrucciones que el bajá te dé y que las palomas den las órdenes por él. Dadle lo que requiera y que no s ele prive de nada que desee. Es mi deseo. Ahora dejadme he de visitar mi harén, dejo en tus manos mi reino bajá.

Sin darle la espalda al turco, salieron dejando a Bayaceto II en compañía de su fata Selim que gobernaba el reino junto a él siendo temido incluso por el propio visir. El oficial que les había llevado a presencia del sultán les acompañó esta vez más relajado hasta los acuartelamientos de los soldados que acampaban en las afueras de la ciudad. Isaac Abravanel , quedó al lado de don Alonso Leizo y los suyos que como jefes y consejeros del bajá y a petición de éste le acompañarían en su comisión de recomponer las fronteras del imperio.

-¿Qué hacen aquí en Turquía unos cristianos como vosotros? Podrían descubriros y decapitaros si se descubriese el engaño...-les dijo sin ambages, el hebreo.

Leizo e Isabel temblaron temiendo un chantaje de parte del judío y se miraron sin saber que responder. Tras ellos avanzaban a prudente distancia Maros de Amaya y Ramiro de Santoñán, que nerviosos agarraban sus mantos como queriendo desgarrarlos para así sentirse calmados en tal delicada situación.

-No tengáis miedo no deseo vuestra perdición, de ser así os hubiese descubierto enseguida ante el sultán. Soy su tesorero como antes lo fui de la reina de castilla doña Isabel. Mi influencia es grande aquí en la corte, pero eso cambia de la noche a la mañana. Las traiciones abundan y las conspiraciones están a la orden el día. Mi raza ha aprendido a callar a lo largo de la historia desde que perdimos nuestra tierra a manos de la antigua Roma. Desde entonces hemos vagado por el mundo en juna diáspora interminable que no concluirá hasta que llegue el Mesías.

-Creí que os sentiríais ofendido por la expulsión y os vengaríais de quien ahora está en una situación de debilidad manifiesta...perdonad mi atrevimiento.

-Es posible que se me haya pasado por la mente tal cosa, no lo niego, pero no soy hombre vengativo, ni rencor guardo de quien de mi amada Sefarad viene en busca de un hijo de Jerusalén…

Felipe de Leizo mira a don Alonso creyendo que ha sido descubierto por la temible perspicacia del judío, y don Ramiro de Santoñán y don Marcos de Amaya echan la mano a la espada aferrando el pomo, y éste les sonríe posando su mano sobre el hombro fornido del capitán de galera.

–No es necesario el disimulo con mi persona, que he reconocido el rostro afable y tierno de la condesita de Pechuán que bajo esa capa de mugre no puede ocultar su faz, ni su alcurnia. Fue cuando estuve en el castillo de vuestro padre don Rodrigo de Pechuán para rogar por la vida de dos de mis ayudantes, un escribano y un juez, que debían haber salido en la `primera fase de la expulsión y eran perseguidos por la inquisición castellana, que vi en el estrado junto a vuestro padre a vuestra merced. El les proporcionó una galera en la que salir una noche en que la luna aliada de los proscritos escondió su luz de plata para colaborar con Yavéh en dar protección a ambos huidos. Es por esto que he de daros bajo mi techo y mi capa protección que yo he de hablar con el sultán para convencerle de que quedéis en Estambul, que habéis de ser de mayor utilidad den esta ciudad que en las lejanas fronteras en que se podrían perder vuestras estrategias de guerra.

-Os estaremos eternamente agradecidos mi señor don Isaac Abravanel.-le dice Leizo que s inclina con respeto.

-No os he dicho mi nombre señor...

-Más es de sobra conocido que el tesorero de la reina de castilla no era otro que don Isaac Abravanel, que es de añadir que fui el encargado de dar escolta a vuestra galera en la que llevabais dos mil ducados de plata y mil de oro, a pesar de que la reina solo os permitió sacar de Castilla mil ducados de plata.

-Mucho sabéis y estáis al tanto de detalles que ya no son sin embargo peligrosos para mi persona...más es justo decir de vos que supisteis callar en aquel delicado instante en que mi corazón era arrancado de mi amada Sefarad, que por más que le imploré a la reina no me fue posible quedarme, y es digno de mi parte añadir que tal hizo por mí en espera de que no fuese perseguido en sus tierras, que no hubiese podido librarme del tormento y la muerte a manos de los inquisidores.

-Así pues vuestra merced no tiene rencor por quien le salvó con la expulsión la vida que de otro modo le hubiesen arrebatado sin remedio en Sefarad,-empleó por vez primera aquel nombre para referirse a Castila.

-Abandonad todo temor mi señor...

-Felipe. Felipe de Leizo, y él es don Alonso de Pechuán, a quien acompaña su aya doña Inés y don Javier de Soto que es fraile y mentor del tal.

-Veo que habéis decidido conservar el apellido de vuestra casa familiar, hacéis bien, pues muchos son los de mi raza que le deben la vida al conde que por nosotros rogaba cuando en manos del destino, caímos en desgracia. Más he de preguntaros la razón de que este riesgo tan grande corráis que de seguro hay tras él un varón que vuestro corazón persigue...

Don Alonso se yergue como vara en la orilla de un río tras la tormenta, y envarado cual varón enfrenta el rostro del hebreo.

-Busco a David Bejhat, que su familia salió de Cartagena con destino incierto y en Estambul he de halarlo según me dijeron lenguas que hablan de lo que ven.

-Hacéis bien dama de Pechuán , que David vive en Estambul, más no podréis acercaros a su persona fácilmente, que está guardado por los eunucos del fata Selim, al que habéis visto en palacio. Es su padre el médico personal del gran turco, y el hijo ha de sucederle pronto que su padre muere de viejo y enfermo.

-¿Qué aconsejáis entonces vos, que conocéis el camino para llegar hasta el sultán?-inquiere Isabel, que le tiemblan las piernas pensando en haber hecho en balde el tan largo viaje desde castilla corriendo peligros sin cuento para tener que rendirse a las puertas de hallarlo.

-Dejad que os ayude, yo hablaré primero por vos señor de Leizo, que no es bueno para vuestra protegida que sola la dejéis partiendo a tierras tan lejanas, que ni tan siquiera es posible saber de vuestra vuelta. Ya decidiremos cómo hacer para que el sultán crea haber decidido dar órdenes que faciliten vuestro objetivo. Entretanto dad a vuestros soldados oportunidad de conocer las artes militares del sultán que de entretenimiento han de servirles.

CONTANTINOPLA LA OLVIDADA

En la popa de la galera Bresanel y su hijo Samuel, conversaban con discreción sobre los contactos que el hebreo poseía en Estambul, y que iba a necesitar el conde español. La lujosa casa de Isaac Abravanel era el lugar más seguro para que los dos hombres se refugiasen y desde allí poder empezar la búsqueda de su hija que ahora se hacía llamar don Alonso de Pechuán. El judío le mitraba y se preguntaba si realmente todos los gentiles eran como se advertía en la Torá, o por el contrario como en la comunidad hebrea existían todo tipo de personas. Aquel conde con quien había tenido la ocasión de hablar y que le había abierto la puerta de sus sentimientos, se le antojaba diferente a todos los que hasta el momento había conocido. Don Rodrigo alargó la diestra para estrechar la del judío y éste le miró como si jamás hubiesen tendido su mano hacia él con sincero aprecio, como así era. Los dedos del judío se engarfiaron con vigor en los del conde español y dos sonrisas se entrecruzaron.

-No seáis imprudente, y no os ofendáis demasiado pronto, amigo mío aquí en Estambul, las palabras no tienen el significado que se le concede en Sefarad.

-Descuidad, Abravanel, tendré en cuenta vuestro consejo, que en ello está la vida o la muerte de mi única hija, y he de saber obrar por beneficio de ella.-Le respondió enfatizando a la vez que bajando la voz, con su mano aun estrechando la del hebreo-.Y vos Samuel, sabed que a partir de este día os considero como un hijo, que habéis cuidado de mí como solo un hijo lo haría en tales circunstancias.-Le dijo abrazándole en contra de todo protocolo cortés.

-¿Y vos don Enrique de Santoñán? ,¿no tenéis nada que decirnos?-se dirigió Abravanel al escudero de noble estirpe que viajaba con el conde.

-Mi señor, en este viaje he aprendido mi primera lección, que no se debe juzgar por qué o en quién se cree, sino que según sea quien enfrente se tiene, así se ha de obrar. Perdonad mis afrentas de hombre demasiado joven e inexperto, y tenedme desde ahora como amigo.

-Sois varón sensato, hijo de Santoñán, que vuestro padre honrado queda con palabras como estas, y considerad os ruego, que tenéis dos padres que no uno solo, a partir de tal día como hoy. -le mira paternal, levantando le la barbilla en gesto de perdón. Que lo merece el joven.

Una chalupa con su vela henchida por un viento suave de popa, corta el agua en silencio, con seis hombres remando para agrandar el puerto a medida que se acercan al cobijo que les ofrece. Seis turbantes muestran que son en apariencia musulmanes que obedecen la ley de Alá. Más en ella viajan don Rodrigo conde de Pechuán y su escudero de noble estirpe don Enrique de Santoñán . Reman hombro con hombro, cuatro de los turcos que con el hebreo Bresanel viajan como delegados del sultán, y nada dicen, que en los negocios del judío no se mezclan, ni de sus bocas ha de salir palabra que les delate, sin orden previa de Bresanel.

En el puerto se arraciman barcos de Persia, de Francia y de Castilla, de Aragón y Génova, de Venecia y de Túnez, que aparejados muy juntos uno de los otros, parece no podrían tener sino negocios entre ellos. Pero es solo apariencia, que al salir de Estambul, les suelen entrar ganas de asaltar la nave que cargada de especias, de oro, y de perlas, de marfil y maderas nobles sale de bajo la protección del sultán. Los minaretes de santa Sofía se alzan como agujas que hienden el cielo mismo, y la cúpula del templo se eleva como sostenida por cadenas de manos de los ángeles. Roja la fachada se ve desde lejos, y una sensación de fervor penetra en el cuerpo y la mente de don Rodrigo que desea fervientemente orar en ella para remediar en lo posible la blasfemia que los turcos en ella cometen adorando a un dios pagano. Amarran la chalupa en el puerto los cuatro turcos y se despiden entregándole una bolsa de oro regalo de Bresanel desapareciendo en los callejones estrechos y oscuros que las casa permiten.

-Aquí estamos hijo, en la capital que los paganos llaman Estambul, y los cristianos perdimos a sus manos en tiempos aciagos cuando el último emperador de Bizancio recibió la escasa ayuda de nuestro Papa. No se comprendió la necesidad entonces de reforzar esta magna ciudad creada por el primer emperador cristiano de la Roma de oriente.

-Es una ciudad tan grande como nunca vi otra...- exclama Enrique de Santoñán que se ve sumergido en una oleada de colores, olores y gentes tan distintas a las que pueblan su tierra.

-Sí, por eso los turcos usaron una palabra bizantina para llamarla al elegir su nuevo nombre. "La ciudad", que eso es lo que significa Estambul en bizantino. No es cualquier ciudad, de hecho ha sobrevivido a las conquistas, los saqueos, y la peste, como ninguna otra lo ha hecho nunca. Ella contiene en sí misma las obras de asirios, hititas, romanos, mongoles, persas, bizantinos, cruzados y turcos. La mano del hombre se ve aquí como en ningún otro lugar de la tierra. Caminemos para adentrarnos en ella si no queramos llamar demasiado la atención y que nos detengan.

Los dos hombres caminan por las calles, admirados por las mujeres cubiertas por negros sadores, que les desconciertan por la poca libertad de que disfrutan ellas, y por el colorido vistoso y alegre que adorna la totalidad d la ciudad. Los minaretes se yerguen como señales de un dominio completo del islam y los carros avanzan tan penosamente como en castilla pero sin espacio en el que moverse en campos dorados pro el trigo en verano. El olor a especias traídas de la India y China , impregnan el aire y llenan las fosas nasales de los dos varones, poco acostumbrados a ellas. De sus cintos, cuelgan aferradas con fuerza por sus dedos que se engarfian en ellas, las espadas en sus fundas enjoyadas.

-Cúbrete con la capa que no deben detectar rastros de que seamos de tierras enemigas, si queramos vivir para hallar a mi amada hijita.

El empedrado de las calles les agota la subir por las empinadas cuestas, y han d apartarse de carromatos y bueyes, de burros y mulas de carga que se cruzan y a veces chocan entre sí con sus amos aullando maldiciones que se entrecruzan como un ritual cotidiano, que carece de significado. Soldados del sultán pasan de largo sin prestar demasiada atención a los vociferantes habitantes del barrio sobre el que se abren las balconadas de las casa turcas, con hermosas y delicadas celosías tras las que las mujeres observan las calles y a sus gentes. Hasta llegar a las inmediaciones de la ahora mezquita que bajo las capas de estuco ordenadas dar por el sultán conquistador Mehmet II guarda el tesoro que aplicó en sus paredes el emperador Justiniano. Miles de pequeños mosaicos hechos de sendas capas de vidrio, con una de plata en medio de ambas, simulando ser de oro, recubriendo la totalidad del inmenso templo, edificado en honor de la sabiduría divina , que eso significa Sofía. Se descalzan a la entrada como exige la tradición musulmana, y penetran en ella con el corazón acelerado por causa de la emoción. Más la sorpresa que les aguarda no la esperan en modo alguno, pues en una de sus alas se permite a los prisioneros cristianos orar a su dios encadenados como están. Miran atónitos la escena que se desarrolla ante sus ojos, y ven a los eunucos encargados de su custodia apartados charlar mientras ellos se arrodillan ante una cruz que aparece en un paño de pared en la que se ha liberado de su prisión de estuco la imagen del emperador romano acompañado de su emperatriz Teodora y en medio una bella cruz de oro con joyas azules que les sirve de medio de veneración.

Se acercan a ellos con discreción y se juntan con los turcos, que sospechoso les resultaría que con los cristianos lo hiciesen.

-¿Es el caso que nuestro señor el sultán permite que recen a su dios estos infieles?-pregunta en tono airado don Rodrigo.

-Así es amigo, el sultán nuestro señor es condescendiente con estos perros cristianos, que nada saben de Alá y les permite rezar en este lugar fuera de la gran sala principal, para no ofender a los creyentes. Así evita nuestro sabio señor las revueltas de esclavos en Estambul.

En silencio don Rodrigo reza a su dios y Enrique hace otro tanto, con el fervor que el secreto añade. Se hallan ante el que fuese el templo mayor de la cristiandad y su lujo atrajo la tragedia de parte de los cruzados que destruyeron la ciudad y tras lo que costó restaurar el resplandor dorado de Sofia. Como una peregrinación deseada y al fin acaecida, sienten que se renuevan sus votos de servir a Cristo como hijos obedientes que le son.

Salen los prisioneros, que esclavos son hoy día, y ellos reconocen entre los que caminan encadenados, al conde de siete pinos, que en naves de la corona se llegó hasta las costas turcas, en persecución dedos galeras corsarias que saquearon el puerto de Cartagena, y debió de terminar capturado por los turcos. Harapos le cubren meramente, y sucio se halla su rostro, que otrora fuese la faz más deseada de las damas de la corte del rey Fernando. Hace voto de rescatarlo el conde don Rodrigo, que no puede abandonar a su suerte a tan noble caballero, que en batallas le salvase de morir a manos de sus enemigos. De la suerte de don Jaime de siete pinos, dependerá salir del imperio con vida, o no salir jamás ninguno, que ha de intentar su rescate por la fuerza de la astucia, ya que con dinero no cuenta.

ATAQUE A SICILIA

Dieciocho galeras turcas aparecen en el horizonte con sus velas triangulares henchidas al viento que les sopla de popa, llevándoles la muerte y la desolación a los habitantes de la isla que gobierna, don Martín de Santoñán. Tocan alarma en las almenas del castillo, y se aprestan a la lucha los hombres de armas, que han de repeler el ataque con todos los medios a su alcance. El bajá Ahmed ben Jaled, ha salido de Estambul, haciendo escala en Túnez para realizar una razzia en las tierras de los infieles, con el fin de conseguir esclavos que vender en el zoco de Estambul, y poder así costearse las galeras que aumentarán su poder naval en el mar Mediterráneo. Las dos torres de la entrada del puerto, abren sus troneras y alzan la cadena que lo cierra. Esperan tensos con las armas preparadas para combatir al infiel, y las galeras se dividen en dos grupos sorteando las torres para desembarcar en dos puntos diferentes. La sorpresa deja a los defensores sin aliento. ¡Conocen los puntos de desembarco carentes de defensas!, ¿Cómo puede ser?.

En el puente de mando un turco d piel demasiado blanca señala al Bajá Ahmed por donde deben derivar las naves si desean no ser alcanzadas por los cañones de la fortaleza del de Santoñán. No existen muchas victorias como aquella, más es menester decir, que la traición acompaña al Bajá, y esta se encarna en el segundo del conde don Jaime de siete pinos, que decidió cambiar de religión a cambio de su vida y su libertad. El conoce los vericuetos de las playas de Sicilia, que se recorta en acantilados imposibles de acceder, y escasas playas en las que solo unos pocos hombres podrían desembarcar. Más al este la playa de San Vicente, se abre como una gran madreperla en forma de concha, y esta es la que puede absorber las tropas del bajá. Don Martín mira a sus oficiales encargados de hacer sentir sus órdenes, y tiembla ante la posibilidad de tener que soportar un asedio desde el interior por donde los turcos pueden cortarles los suministros y hacerles sufrir hambre y sed, que el agua les llega desde el pueblo.

-Quiero dos escuadrones de jenízaros en formación en una hora, y otros dos de arqueros montados a caballo en el mismo tiempo. El resto se encargará de montar el campamento y cercarlo de estacas afiladas, no deseo ninguna sorpresa de estos infieles capaces de tomar una decisión a la desesperada.-Ordena el bajá tajante, con la cabeza alta y la cimitarra en su mano derecha como símbolo de su poder.

Comienza el desembarco de las hordas turcas en perfecto orden y el de Santoñán, arma una tropa a caballo para salir y combatir en campo abierto donde ellos no tienen igual en combate.

-Enviad un escuadrón a caballo al pueblo y traed los suministros que sean capaces de entregaros para aguantar el asedio. Nosotros cabalgaremos hasta la playa

de san Vicente y les echaremos al mar, de sernos posible.-
Dos servidores le ciñen la armadura y le sujetan la espada
al cinto, que el de Santoñán es todo menos cobarde, y
Marcia teme lo peor, que sabe de la fama que precede al
bajá Ahmed y su pabellón luce en las vergas y palos de las
galeras turcas.

        -Tened cuidado esposo mío, que ese infiel es cruel y
no perdona a quien se le enfrenta. ¡Teneos por vuestros
hijos, teneos!

        -No temáis my buena esposa que el dios de toda
buena providencia sabrá guardar a su siervo de los infieles
como antes lo hiciese.-La estrecha entre sus poderosos
brazos como lo haría un oso y ella se le abraza sollozando,
que teme por la vida de él.

        Por el pontón sale la tropa aguerrida y armada, que
ha de hacerle frente a los turcos y el tintineo de los
arneses y las lanzas entrechocando entre sí, le suenan a la
señora del castillo a anuncio de muerte. Los estandartes
del escuadrón de cuarenta caballeros, galopa tierra
dentro, rodeando los riscos a fin de coger entre las rocas y
el mar a los invasores.

        Las tiendas de los turcos siembran la playa y los
estandartes verdes del islam se elevan sobre ellas como
símbolos de una conquista que ya sufrieron tiempos atrás
cuando estuvieron en la isla por largo tiempo. Ahmed en

persona se halla ya en él, y sus oficiales han dispuesto los dos escuadrones tal y como le ordenase el bajá. Ochenta hombres a caballo jenízaros que desde niños saben lo que es vivir sobre él y morir también a lomos de ellos. Se lanzan a una orden del bajá que los conduce al galope para sembrar el terror entre los campesinos y así desmoralizarles y obligarles a rendirse, que no conoce el tesón de don Martín de Santoñán.

El suelo tiembla bajo el cabalgar de los caballos que resoplan por sus ollares y relinchan tomados por una sensación d poder que los embarga al galopar en campo abierto, que saben lo que ello significa. Lanza en alto los hombres de don Martín con él al frente, divisan a los turcos, y temen que sean demasiados, más no hay vuelta atrás. Grita al cielo," ¡Por Dios y por Santiago!", y baja la lanza siendo imitado por sus caballeros, que lanza en ristre, se lanzan contra el invasor que en número les dobla, pero en valor les son superiores. El choque que se produce hace retemblar el cielo y la tierra que se clavan en el vientre de los turcos las lanzas de los caballeros y las flechas otomanas resbalan en las armaduras de los que van con Santoñán. Las cimitarras salen de sus fundas, y los fanáticos musulmanes, atacan con fiereza a los caballeros, que avanzan causando estragos. La sangre corre generosa por la campiña siciliana, y los caballos que se ven libres de sus jinetes corren aterrados por el campo de batalla sin rumbo, a veces con el jinete colgando muerto de sus estribos. Mueren hombres y bestias en un combate cuerpo a cuerpo, en el que solo se ve caer a los jenízaros que luchan sin protección de armadura alguna.

El bajá ordena la retirada y el de Santoñán prudente queda parado con un arco en la mano disparando para diezmar sin arriesgarse a perder a los hombres que tanto necesitará más tarde cuando llegue el asedio, que ha de darle tiempo a los mensajeros a traer refuerzos de Nápoles, donde la flota del rey don Fernando de más de treinta galeras recala a menudo, y con la providencia cuentan para que allí se hallen las naves en momentos tan críticos. Sus caballeros hacen potro tanto mirándole por si decide perseguirles, que ganas no les faltan.

De los dos escuadrones de jenízaros que contaban con ochenta hombres solo treinta regresan, desmoralizados por lo que creyeron una refriega y no más. Ahmed sabe ahora a quien se enfrenta y espera a que todos sus soldados desembarquen para avanzar sobre el castillo, que si le salen a campo abierto, sabrá darles lo que se merecen. Ochocientos hombres forman en escuadrones de a cuarenta, veinte en total, y con el estandarte del islam ondeando al viento salen a caballo, que esperan refuerzos el gran turco.

Don Martín de Santoñán en las almenas de su castillo ve acercarse al turco, y hace un gesto con la mano, en la barbacana externa listo para repelerles. Uno de sus mensajero cabalga entre la floresta del bosquecillo cercano, cuando una patrulla turca le ve y tras el cabalga alcanzándolo con una flecha en un hombro. Cae de su montura y allí lo rematan sin piedad, que en la guerra no hay sino dolor y muerte. Ha concluido una de las escasas posibilidades de obtener refuerzos del rey, que nada sabe del ataque. Abandonan al caído y salen a campo abierto apara unirse a la tropa de asalto. La fortaleza hierve de hombres que como hormigas suben por las escalas cubiertos por arqueros que limpian los muros de defensores. Defensores que tiran piedras y aceite hirviente desde ellas para detener el ataque. En el castillo apenas son doscientos y los atacantes cuatro a uno, saben que no podrán resistirles mucho tiempo. La barbacana exterior está a punto de caer, y Martín de Santoñán grita dese la torre que se desmorona.

-¡Al fortín interior!, ¡al fortín interior!¡nos haremos fuertes allí!.

Los hombres del gobernador se retiran en orden disparando flechas y ballestas que frenan el avance de los jenízaros de momento. Ahmed sonríe creyó en un principio que le resultaría más difícil tomar el castillo, más la molicie de los moradores, le favorece.

-Dejad que se refugien en el fortín interno, les atacaremos descansados mientras ellos desfallecen por hambre y sed. Es la respuesta del bajá turco, que ve la cercanía del éxito en su mano. Sus arqueros llenan el aire de saetas y estas caen inmisericordes clavándose con saña en los cuerpos lacerados de los soldados. Los gritos de dolor les dicen a los turcos que han dado en el b lanco, al escucharlos. Dominan las dos torres de la barbacana externa y desde una de ellas que la otra ha caído desmoronándose con gran estrépito, hostigan a los defensores. El humo asciende al cielo como ofrenda a un dios menor, que bebe la sangre de los hombres que mueren en batalla.

LA SUBLIME PUERTA

Solomon, acompañado de su hermano sobrino David, se presenta ante el sultán en el palacio. Ha de obtener el médico hebreo la aprobación del monarca para que l joven aprendiz pueda acceder a la presencia del príncipe de los creyentes sin la necesidad de ser siempre escoltado por él. Su padre que también cuida de la salud del gran turco, se halla fuera de Estambul, y traerá consigo especias y medicamentos de la vieja Jerusalén a la que ha peregrinado para rendir culto en ella a su Dios Yaveh. En ella visitará a sus parientes, que emigraron de Francia, cuando se les hizo imposible quedar en tierras de gentiles. En la ladera del monta Moria tienen una casa los Bejhat, y a ella acuden quienes desean conocer las artes de la medicina, y los conocimientos de la Torá. En ausencia de este Solomon, se hace cargo de la familia como patriarca, y decide en consecuencia qué se debe y qué no hacer.

Selim que observa cada agesto del joven Bejhat, desciende del estrado en el que se alza el trono del sultán, y le pregunta acercando tanto la cara a la de él que casi pueden mezclarse los alientos de ambos.

-¿Qué conocimientos puede tener un muchacho para que se le confíe la salud del monarca mano de Alá protector de los creyentes?

-Mi señor y padre, que ha cuidado del sultán desde que él, lo trajese de castilla como prueba de su generosidad , me ha instruido en las artes de la medicina, que le son familiares a todos y cada uno de los miembros de mi raza, que camina por la faz de la tierra en busca de un hogar hasta que le sea restaurado el derecho de morar en Jerusalén, algún día.

-Hablas bien hijo de Bejhat, más se precisa habilidad en el diagnóstico, y mano con las fórmulas, que se han de administrar. El eunuco pasea en torno al joven David con la intención de probar su templanza, y el sultán conocedor de las técnicas del fata le deja hacer.

Solomon, reverencia de nuevo al monarca turco y extendiendo sus brazos le dice mirando al suelo.

-Acaso mi señor ¿no somos de tu total confianza?. ¿acaso no hemos probado que solo nosotros carecemos de la ambición que del trono emana?. Piensa en que tus hijos y los hijos de tus hijos que reinarán por siempre en el imperio habrán de hallarse en mano limpias de codicia que ambicione el trono, libres de sospecha, que la traición no anide en ellos...

-Esa y no otra es la razón que le da al fata la posición que tiene-le responde el sultán poniéndose en pie. ¿Sabe tu padre que eres entregado a la custodia del príncipe de los creyentes? Es necesario que sepa que habrás de permanecer alerta para que en cualquier momento que seas requerido por el mi persona estés siempre listo para venir...a cualquier hora que se te reclame.

Loa pebeteros y las lámparas arden creando una luz intensa desprendiendo un olor fragante, que relaja la mente. Los ulemas se sientan entre cojines en el suelo a ambos lados del monarca y en la planta superior unas celosías permiten ver sin ser vista a la madre del sultán que lleva las riendas del poder en la sombra. Se cubre con el manto de seda roja y azul bordado en oro, el cabello, y los brazos y espera pacientemente a que concluya la audiencia para ver entrar en el salón del trono al embajador del Khan de Astrakán, que al parecer se ha independizado de la horda de oro y guerrea por cuenta propia en busca de un reino que dominar y hacer suyo. Al modo del terrible Tamerlán que asoló las tierras del que llevase el nombre del actual sultán, desea hacerse un hueco en la historia y gobernar en el trono otomano convirtiéndolo en su kanato.

Bayaceto II sabe de sus apetencias y mientras trama la destrucción de sus ejércitos con su nuevo bajá recibirá al representante de su enemigo para desorientarlo y asó ganar tiempo. Despide con un gesto al joven David y a su tío Solomon, y estos desaparecen de la escena para dar paso al acto principal. La madre del turco, se pega a la celosía que es vieja y le cuesta ver bien, y sujeta por las manos de dos de sus esclavas concubinas de su hijo, presta atención para ver si este sigue sus consejos.

Penetra altivo ataviado con una túnica ribeteada en plata y un gran alfanje al cinto, Siro, embajador del Khan de Astrakán. Con el vienen dos pasos por detrás dos generales de marcados rasgos mongoles, y con sendas coletas colgando a un lado de la cabeza como símbolo de obediencia. En el ambiente se respiraba un aire tenso, que obligaba a contener la respiración, el orgulloso embajador era conocedor de las dificultades que enfrentaba el sultán a la hora de mantener sus debilitadas fronteras y esperaba que cediese a las exigencias de su señor el Khan de Astrakán, al comprobar que estaba dispuesto a lanzar sus tropas contra su imperio, al que consideraba en decadencia. Se quedó plantado ante el sultán y se inclinó levemente ante él. Esperó que el gran Turco se dirigiese a él, para no forzar desde el principio la situación ya de por sí delicada.

Bayaceto se envaró en su trono, y meditó cada palabra que iba a dirigir a aquel soldado más acostumbrado a la batalla que a la diplomacia. Le asqueaba su presencia, que desprendía un fuerte olor a equino, cuero y suciedad. De no ser por lo frágil de la tregua en que se hallaban y por la necesidad de ganar tiempo para su nuevo Bajá, le hubiese mandado decapitar allí mismo ante él. La civilización, -pensó con preocupación-se encontraba en una encrucijada en oriente, y él, solo él era quien poseía la carta a jugar para detener la locura del saqueo, la degollación y la destrucción del imperio de sus antepasados. Observó la arrogancia del embajador, y sin mover un solo músculo y haciendo gala del entrenamiento corporal que sus maestros le habían proporcionado en las largas horas de estudio del protocolo real, habló, como lo haría una estatua de marfil blanco.

-Se bienvenido como representante de tu señor el khan. Expón tus credenciales a mi jefe de palacio.-le ordenó con voz seca.

Selim se acercó al mongol, y tomó de sus manos el pergamino arrugado que este estrujaba entre sus dedos. El mongol sintió un acceso de repugnancia al detectar que se trataba de un eunuco, les odiaba a muerte desde que uno de ellos asesinase a su padre privándole del acceso al trono del kanato. Su tío ocupaba ahora el sitial, conocía a la perfección las manipulaciones astutas de los fatas.El eunuco real, se arrodilló en un exagerado gesto de sumisión y leyó de él.

-"Yo el khan de Astrakán solicito de ti el sultán del imperio otomano las provincias del Kurdistán y de la Anatolia oriental, que pasarán a mis dominios sin oposición de tus soldados. Este embajador se hará cargo de traer los edictos que te parezcan oportunos a fin de llevar a cabo mis deseos. De no actuar de la manera que es más prudente quedará declarada la guerra y mis tropas pasarán a ocupar dichas provincias".

Bayaceto escuchaba sin prestar demasiada atención, tenía que tomar acción pero si declaraba la guerra ahora en aquel justo momento en que su Bajá aun carecía de los elementos necesarios para desbaratar los planes de conquista del mongol, todo se hundiría. Por otra parte no podía dejar que se le ofendiese de tal manera ante su propio trono…su mente galopó en las llanuras del desierto, como si buscase el agua salvadora.

Le miró con los ojos inyectados en sangre y le habló con templanza.

-Como sultán del imperio otomano, que es muestra de la civilización y mano protectora de los creyentes, daré mi respuesta después de consultar con mis consejeros reales transcurridos tres días.

-¡Es necesario que deis las órdenes oportunas en este momento!-gritó el mongol.

-¡Se hará como he hablado!, ¡retiraos!.

La voz del sultán creció por encima de la del mongol de tal manera que éste sintió miedo. Estaba en sus dominios, y podía mandar asesinarle con solo mover un dedo, razón por la cual se retiró dándole la espalda para ofenderle. Los alfanjes de los mongoles tintinearon y los dedos de sus manos blanquearon al aferrar con rabia la empuñadura. Desaparecieron tras las puertas doradas y estas se cerraron con un chasquido que le aseguró al monarca turco la seguridad de hallarse entre fieles.

-Espero que este sacrificio sirva para destruir los asentamientos de ese engreído khan y devolver a sus sucios patanes a las estepas de las que no debieron salir jamás. Selim ve a ver cómo van los preparativos del nuevo bajá y tenme informado. Trátale con respeto y concédele todo privilegio que solicite de mi, dependen demasiadas cosas de su persona.

Selim descendió del estrado real, y sin darle la espalda al sultán salió cerrando las dos hojas tras él los eunucos bajo su mando. Atravesó los corredores palatinos que discurrían como una ramificación unos de otros en un laberinto imposible para quien desconociese su lógica, y llamó a sus mejores colaboradores.

-Hassam, Biram, id tras ese maldito mongol y espiad sus movimientos, quiero que pongáis patas arriba la ciudad si es necesario pero debemos estar informados de a dónde van y de donde vienen cada momento del día. Quiero saber con quién hablan, y que dicen. Si creéis que crean alianzas con alguna persona que represente un peligro, ¡matadla!.

Los dos eunucos fieles partidarios de Selim, salieron tras inclinarse como lo harían ante el propio sultán. Los eunucos reales poseían una cota de poder tan grande como para ordenar sin que s eles pusiera trabas al número de soldados que ellos desearan que les acompañasen. Un escuadrón de jenízaros acompañó a los dos fatas, que a caballo abandonaron el palacio de Topkapi.

CONSEJO DE GUERRA

En el enorme salón que se abre al jardín interior y se alza sobre el muro que delimita el harén de las estancias reales, una mesa reina en el centro cubierta por entero de mapas y documentos. Es la mesa en la que se disponen las estrategias de guerra del sultán. Por primera vez un infiel es considerado digno de penetrar en ella, y de dar su opinión respecto de los avances y técnicas de batalla del gran Turco. Felipe de Leizo e Isabel de Pechuán que se oculta tras l personalidad de don Alonso de Pechuán,ante los ojos atónitos de Marcos de Amaya y Ramiro de Santoñán que aprenden asía que no es la madurez, la que experiencia da, sino el bien asimilar las experiencias pasadas, trazan líneas de batalla y estrategias desconocidas hasta entonces por los orientales.

-Hemos de crear una sensación de que poseemos más tropas de las que en realidad tenemos. Aumentar la potencia de fuego de los regimientos, y unificarlos. Un buen general, concentra todas sus fuerzas contra un enemigo y después bate al siguiente. Solo así se puede vencer a un enemigo que cuenta con fuerzas superiores.

-Parece factible...sí. —Afirma el sultán que espera más del bajá.

-Las técnicas de lucha deben ser tan diferentes a las actuales que desoriente al enemigo.

-Para llevar eso a cabo se debería entrenar al ejército y carecemos de tiempo, ellos solo sabe combatir de una manera.

-Eso habrá de cambiar, pero el tiempo no será un problema usaremos técnicas de fácil asimilación. Las alabardas servirán, como picas que las amarren de dos en dos para darles un alargamiento adecuado para la función que desempeñarán. Hemos d frenar el mejor arma con que cuenta el enemigo, su caballería. Y lo haremos al estilo de las falanges griegas.

-¿Quieres decir que haremos como el gran Alejandro?-quedó atónito el sultán por los conocimientos que demostraba el cristiano, que en realidad solo ponía en práctica lo que había escuchado decir a Fernando de Córdoba que usase en sus campañas de Italia. El dominaba en el mar, pero no podía desilusionar al sultán o de lo contrario sus vidas y las de sus hombres correrían peligro de muerte.

-Así es señor, les detendremos y cuando bajen de sus caballos les aniquilaremos. Ellos desconocen cómo luchar cuerpo a cuerpo con disciplina se lanzarán gritando para asustar a los nuestros que estarán previamente advertidos de cómo actuar. Marcaremos la línea de recuperación aquí delineó en rojo un largo trazo que avanzaba en el mapa hasta la mitad de lo perdido a manos de los mongoles. En la segunda fase pasaremos al ataque y destruiremos su campamento principal en...¡aquí! –apuntó con el índice. Tras esta fase avanzaremos y les conminaremos a rendirse y avalar su rendición con la provincia que delimitaba anteriormente la frontera con el imperio.

-Si consigues esto, te nombraré jefe de todos mis ejércitos.-los demás de los bajás, beys y oficiales mitraron al cristiano con recelo.

La luz penetraba por el ventanal y las cortinas revoloteaban jugando a separarse y unirse, como si desearan escapar de su prisión. A lo lejos se podía escuchar los gritos de las mujeres, que se divertían en el harén y el gorjeo del agua aflorando por los mil chorrillos de las fuentes que refrescaban el palacio en sus patios. Los enormes turbantes de los asistentes al consejo de guerra dificultaban los movimientos d los altos funcionarios del sultán, y en alguna ocasión estuvo Isabel a punto de echarse a reír a causa de los tropiezos de que eran víctimas por tal cosa.

El mongol encargado de representar al khan en Estambul era hombre rudo de costumbres violentas, y acostumbrado a tener en el acto todo cuanto deseaba. Aquello le estaba costando serios disgustos en las tabernas del puerto, en las que los estibadores y marineros bebían lo que traían de occidente a escondidas en las plantas superiores de estas. El alfanje brilló al ser desenfundado y los presentes se prepararon para ver una lucha a muerte entre el extranjero y un enorme jenízaro que competía con él por la compañía de una mujer que bailaba en el centro de la sala en que comían y bebían los turcos.

-Veamos de qué están hechos los hombres de Estambul, hasta ahora no he visto ni tan siquiera en vuestro sultán un ápice de valentía y arrojo. —Con el alfanje pasando de una mano a otra, tratando de despistar al oponente, fue dando vueltas en torno a la sala. El jenízaro sacó su cimitarra de filo tan delgado que podía cortar el aire, y esperó a pie firme el ataque del mongol. El mongol alzó su pesada arma y la descargó sobre el jenízaro que la esquivó ágilmente yéndose a un lado. A su vez disparó su cimitarra al costado del mongol y le rozó logrando la primera sangre. Esto enfureció al mongol que se abalanzó gritando contra él y le derribó cayendo ambos al suelo. Lo agarró por el cuello y apretó hasta que la lengua del turco comenzó a salir y se ahogó.

-Sacad de aquí el cuerpo, y que Alá castigue al infiel.-apostrofó el dueño del local que no quería complicaciones con la rondas del puerto. Entre cuatro fornidos clientes sacaron el cuerpo y lo dejaron en una esquina que la oscuridad hacía impenetrable en aquellas horas de la noche. Nadie haría preguntas cuando se descubriese al desgraciado muerto en aquella trifulca de taberna, al cambio de ronda. Se lo llevarían y así terminaría la vida de aquel aguerrido jenízaro. No hubiera debido estar en aquel sucio antro y de enterarse sus superiores posiblemente lo hubiesen mandado matar, por lo que su final casi hubiese sido el mismo, Alá sabe lo que se hace-pensó el tabernero a modo de justificación.

En Estambul todo el mundo estaba al corriente de la visita de los agresivos mongoles enviados del khan de Astrakán y eran conocedores de la pena que le esperaba a quien les molestase. El mongol acompañado de sus acólitos abandonó el local ante las miradas reiteradas de odio que le lanzaban los allí presentes, y se perdió entre las sombras de la noche como un ave de mal agüero que anuncia la tragedia. Tres fornidos soldados ataviados con el uniforme de la guardia del sultán penetraron con las cimitarras aferradas entre sus dedos dispuestos a sacarlas al menor movimiento sospechoso de intento de agresión. Se pasearon entre los clientes con mirada fiera en un intento de amedrentar a quien quisiera provocarlos.

-¿Ha estado aquí un grupo de mongoles ¿-preguntó el oficial en voz alta en medio del local, mirando a todas partes en busca de una respuesta satisfactoria.

-Sí, mi señor, han estado hace poco y los *djins* se los traguen, que solo querían pelea los muy cerdos.-Le contestó sin pensar en las posibles consecuencias, que no deseaba que se quedasen sin castigo la arrogancia y el atrevimiento del mongol y los suyos en tierras que les pertenecían a ellos.

El oficial se acercó al que había hablado y se sentó frente a él. Hizo que s llegase el camarero y le pidió que llenase las jarras vacías de todos los que ocupaban aquella mesa. Con los brazos apoyados en ella acercó su cara a la del hombre que mostraba tanta furia con los extranjeros que visitaban al sultán, y le escupió la pregunta como arrancada de sus propias entrañas.

-¿Qué querían esos infieles asquerosos que se han atrevido a insultar al sultán viviendo de sus madrigueras en el norte?. Dime lo que han hablado buen musulmán hijo de Alá y serás recompensado generosamente por el príncipe de los creyentes.

El aludido bajó la voz mirando en torno suyo y le respondió a modo de confidencia. No deseaba que supiesen los demás qué declaraba a aquel oficial que parecía odiarlos tanto como él mismo. Sus greñas negras colgaban a los lados cayendo por sus anchos hombros y el olor que desprendía anunciaba sin lugar a dudas que se trataba de un marinero de las costas griegas donde era pescador. La pregunta era ¿qué hacía un pescador turco que habitaba tan lejos de Estambul en la capital turca?. Pero en aquel momento lo que más le importaba al oficial era saber de las andanzas de los mongoles y eso fue lo que le pidió que le aclarase.

-¿Qué han hablado entre ellos esos miserables?- apostrofó para apoyar el resentimiento que anidaba en la mente del turco-Necesito saber qué se traen entre manos. ¡Ostam! Ve con dos hombres tras ellos que no quiero perderles la pista.-Ordenó tajante. Ostam se levantó y salió para gritar en su idioma un par de órdenes secas y tres de los que esperaban afuera se perdieron en las callejas aledañas con él.

-Pues he podido escuchar muy poco `pero dijeron algo como que iban a presionar para conseguir que sus compañeros hiciesen algo...solo oí retazos de la conversación hablaban muy bajo como temiendo a que les oyesen...

-Bien, bien, me sirve d momento, esos malditos deben de estar preparando un atentado contra el sultán para así crear confusión y atacar en el momento en que consideren que estamos sin monarca, sumidos en un período de transición en el poder...

Depositó unas monedas de plata sobre la mesa y el sonido levantó la envidia de los que rodeaban a los que conversaban con el oficial. Echó la silla atrás y se encaminó a la salida mientras el pescador repartía nerviosamente la recompensa que le permitiría no tener que salir de pesca más de medio año. Casi inmediatamente echaron a correr saliendo del local como alma que sigue el diablo. Dos turcos de aspecto sucio y aire de soldados licenciados recientemente se incorporaron y salieron detrás de ellos. Pero solo la penumbra de la noche les permitió ver a lo lejos como se dividían en direcciones distintas para desaparecer con su recompensa. Maldijeron golpeando el dintel de la puerta de la taberna portuaria y se metieron a beber algo más para olvidar la mala suerte de no ser ellos quienes hablasen de los mongoles al oficial turco del sultán.

Los mongoles cabalgaban saliendo de Estambul, para reunirse con sus compañeros fuera del alcance de las armas del sultán que adivinaban no resistiría mucho más tiempo sus bravatas e insultos y de seguro ordenaría su muerte tras haber les dado la respuesta que debían llevar al khan. El sultán ignoraba que indiferentemente de, lo que decidiera el gran turco los soldados mongoles invadirían el imperio otomano sin detenerse en vacilaciones. Los cascos de sus caballos golpeaban el suelo terroso arrancando terrones de hierba y tierra en su precipitado galope. Cuatro tiendas les esperaban tras una enorme colina que les escudaba de posibles ataques y los ocultaba de ojos indiscretos. Bayaceto les había pedido que se alojasen en el palacio, pero ellos habían declinado la oferta por miedo a que les asesinasen.

Felipe de Leizo Isabel de Pechuán, el aya doña Inés, junto a don Javier de Soto, Marcos de Amaya y Ramiro de Santoñán se turnaban en palacio para hacer las guardias prescritas por el de Leizo. No confiaba en que no les sorprendiesen ¡en plena noche y sufrieran el castigo de la muerte por resultar ser descuidados. Los jardines a los que se abrían sus habitaciones delimitaban con los que se extendían al otro lado del harén del sultán, donde más de cuatrocientas esposas y concubinas vivían de habitual.

-Mañana al alba saldremos para buscar a David Bejhat y así dejaros a su cargo, hemos de partir para Castilla cuanto antes y dudo que el sultán nos deje ir sabiendo, como él cree que le podemos sacarle del aprieto en que se halla inmerso. Tendrá que ser por nuestra cuenta que salgamos de este avispero de infieles. Isabel preparaos para dejar de tener que vestir como un hombre y ser de nuevo la hermosa hija del conde don Rodrigo de Pechuán...yo y los míos saldremos de Estambul disfrazados y nos reuniremos todos por distintos caminos en la casucha abandonada que encontramos ya cerca de la costa. Una vez en las galeras seremos invencibles. En el mar nadie nos podrá detener. El gesto del de Leizo acusaba la fuerza y el poder que él consideraba que poseía en el elemento en el que dominaba. Isabel sumergida en la pequeña piscina de aguas calientes que servía de bañera en las estancias de los invitados en que les hospedaba el sultán disfrutaba de quitarse la mugre de días y días de viaje por llanuras interminables y callejas llenas de suciedad que se le pegaba al cuerpo en costras que le costaba despegar. Doña Inés delante de ella se relajaba y emitía gritos de placer ante aquel lujo sibarita que ya habían olvidado desde que saliesen de castilla. Los hombres discutían en el balcón al fresco de la noche los detalles de la huída tras la entrevista con Bayaceto II.

-Tenemos que dividirnos en cinco grupos par ano llamar demasiado la atención, de lo contrario tendremos problemas al salir tantos de juna vez por las puertas de la muralla.

-Pero ¿qué dirección tomaremos para poder converger con el resto más tarde?-le preguntó Su segundo al mando.

-Yo os facilitaré la salida sin que tengáis que devanaros los sesos y con absoluta garantía de seguridad.- Sonó la voz autoritaria en la entrada de la estancia donde la figura delgada y enjuta de Isaac Abravanel se recortaba como ave siniestra.

Todos se volvieron y miraron al judío con el terror pintado en sus caras. ¿No les iba a traicionar aquel hombre verdad?. De ser así ya había tenido ocasión de hacerlo y...

-No tengáis miedo, os traigo la ruta a seguir tras llevar a cabo vuestra misión. Cuando lleguéis a vuestra tierra mi amada Sefarad, he de pediros un gran favor.

-Pedid lo que tengáis en mente que se hará como deseéis y no de otra manera.-le aseguró Leizo consciente de su debilidad y de que de aquel varón hebreo dependían ahora sus vidas.

-Yo tengo en Granada dos hijos que no salieron de Sefarad con migo porque la inquisición les perseguía. De modo que hubieron de esconderse y esperar a que la persecución bajase de intensidad, para reunirse conmigo en Estambul. La reina Isabel, la otra Isabel mi señora Isabel...-se inclina ante Isabel de Pechuán-no pudo remediar la separación y solo pudo proteger mi persona que no la de ellos. Os ruego que eles ayudéis a salir de castilla como yo os ayudo ahora a salir de Estambul.

-Tened por seguro mi señor don Isaac que poseéis la palabra de Felipe de Leizo, de que en cuanto nos hallemos en Catilla hemos de sacarles de allí para que vuestra familia esté junta al fin y lejos de peligros.

Las lágrimas resbalaron por las curtidas mejillas del antiguo tesorero de la reina doña Isabel, de Castilla, mientras la otra Isabel, Isabel de Sefarad, como ya le llamaban en la comunidad hebrea a Isabel de Pechuán, se acercaba tras salir de su baño envuelta en toallas y abrazaba al judío que lloraba por medo a no tener consigo a su hijos. Isabel salía del agujero cuadrangular que se abría en el suelo mismo y que servía de bañera para llegar justo en el momento en que hacía su aparición el judío.

Nunca el hebreo había sido abrazado por una mujer de su raza que no fuese la suya propia, pero tampoco esperó jamás que una cristiana lo hiciese, y menos aun que lo hiciese por solidaridad con su persona, que les consideraban menos que ellos en Castilla y Aragón, y se les despreciaba como a animales.

-No rindáis el ánimo mi señor que don Felipe es de ley como vos lo sois y no ha de dejar que vuestros hijos se queden en Sefarad, que han de venir con vos en breve.- Isabel reconfortaba de este modo al judío que desplegaba ahora sobre la mesa un mapa de Estambul mostrando con cruces rojas los lugares por los que podrían huir cuando desearan marchar.

-Son las cloacas, máxima y la cloaca secundaria que salen de la ciudad por debajo de ella, las abrieron los bizantinos, no solo como cloacas, sino como vía de escape en caso de conquista. Por ella se dice que huyeron los principales del gobierno del emperador, que no él, que luchó en las almenas hasta el fin. Salen a diez millas de la ciudad a campo abierto en medio de la nada. Estaréis a varias millas del punto que deseáis, lo siento, escuché parte de vuestros planes antes de penetrar en la cámara.- se disculpó el judío.

La líneas trazadas en azul muy suave corrían bajo palacio, y las que eran de color rojo bordeaban la muralla para salir en un punto desconocido para ellos que Isaac les dijo era la arboleda negra un lugar que los turcos no gustaban de visitar a causa de un avieja superstición que beneficiaba su propósito de huída. Los ingenieros bizantinos habían creado una red lo suficientemente grande y ramificada como para que no les pudiesen perseguir incluso a pesar de localizar la entrada. Por allí les introdujeron los alimentos y el agua necesaria para resistir el embate de las tropas de Mehmet II. Hubieran aguantado un asedio casi infinito de no ser por la traición y los poderosos cañones del sultán ansioso de entrar en la ciudad más hermosa y rica del orbe. Ahora os servirán a vuestras mercedes para escapar de la mano de otro sultán y así pagaré el rescate de mis dos hijos que son presos de la persecución en Sefarad.

La luna como colaborando con los cristianos se ocultó por entre las nubes, que presagiaban una tormenta, de las que no abundaban en Estambul, y fue el momento aprovechado por el hebreo, para salir sin ser visto por los guardias del sultán y perderse en los corredores palatinos del palacio que de intrincados ,semejaban un laberinto.

Quedaron los siete solos en la cámara asignada para ellos y discutieron como dividirse y quedar en el punto en que una de las entradas ofrecería la posibilidad de salir de Estambul sin estorbo. Isabel sintió que algo le dolía muy dentro de sí...y supo que habría de despedirse de sus amigos para siempre conservando tan solo su recuerdo que otra cosa no. Era sabedora de que conseguir hallar a David, suponía abandonar cuanto conocía en Castilla incluidas sus costumbres y gentes. Se alejó de los hombres en compañía de Inés su aya que adivinaba los sentimientos de ella. Su pelo corto, sus músculos en los brazos y su aspecto de mozalbete varonil dejaban entrever su mayor debilidad que no era otra que el sentimiento profundo que le dolía dentro de sí como lacerándole el alma misma, y que la unía la obligaba con David el hebreo. Al día siguiente visitarían la corte de nuevo y le hablarían al sultán d como detener las hordas mongolas que amenazaban la seguridad de su imperio,. Y acto seguido saldrían con la intención de escapar de su férula.

Isaac con el gesto triste y el rostro ajado por las duras vivencias sufridas a lo largo de su duro y forzado éxodo, sentía renacer dentro de sí la esperanza y le reconfortaba pensar que lo que hacía por aquellos gentiles, acercaba más el momento de el reencuentro con sus hijos varones. Ahora debía reunir a David el hijo del médico real con la mujer a la que él tanto echaba de menos y por la que se pasó llorando gran parte del viaje dentro del cascarón que era la galera turca en la que le había tocado viajar. El mediterráneo se convirtió en enemigo casual del hebreo y deseó no haber nacido, que tal vivir no lo es, si tras de sí uno deja a quien ama. Caminaba sin rumbo fijo, y hablaba consigo mismo a fin de desahogarse y sentir en el rostro el fresco de la noche que le devolvía a la realidad.

La casa de Miriam, se recortó en la lejanía y se paró para mirarla como si jamás hubiese estado ante su fachada. Dentro una lucecita brillaba tintineante como si se tratase de una vela. Sabía que Miriam solía contarle historias a su pequeño, para que se durmiese, y sonrió al pensar en la paz que disfrutaban al fin bajo la corona de un emperador como Bayaceto II que les había protegido en todo momento y que les había devuelto la esperanza en regresar a Jerusalén, algún día. Bajo su gobernación la ciudad Santa había recuperado la gloria de antaño y por ella caminaban judíos cristianos y musulmanes por igual, al estilo del venerado Sala-Had-dinn, unificador de las tribus nómadas conquistadoras de la ciudad que fue pasando de unas manos a otras en cuestión de pocos siglos, hasta llegar el actual señor del imperio otomano.

Subió penosamente los escalones hasta que en la planta superior una figura de mujer salió para recibirle recriminándole la tardanza y conduciéndole con ternura propia de una hija a la mesa en la que le esperaba una cena frugal, fría a base de tomates y arroz frío con especias. El como siempre le pidió que se lo calentase y ella refunfuñó diciéndole que era una cena fría y que no se debería calentar porque perdería todo el sabor. El anciano se encontraba enfermo desde hacía años tras la salida de Sefarad y Miriam creía firmemente que se debía más a la sensación de exilio que sentía en lo más hondeo de su mente que a algo meramente físico. Solo la idea de llegar a Jerusalén le hacía revivir cuando ella le veía tan bajo de ánimo. Querría haberlo hablado de David y de ver de conseguir que él le pidiese en matrimonio pero en aquel momento no se atrevió a hacerlo. Al día siguiente ya lo haría no le corría tanta prisa como para forzar la mente del anciano. Ignoraba que precisamente cuando el sol se levantase de nuevo, sería su padre el encargado de unir los destinos de Isabel de Sefarad y su ahijado David Bejhat que no sabía aun nada de la arribada de su amada Isabel a Estambul. Isaac tomó su cena de manera mecánica sin apercibirse de la luz que reverberaba en la faz de su hija que reflejaba la ansiedad de quien espera ser correspondida por el hombre de quien se ha enamorado. Cuando su padre se retiró agotado, ella se quedó sentada a la mesa y con un té en sus manos rememoró los momentos pasados con David y se dio cuenta de que siempre aparecía su hijo Saúl de por medio. Una duda le asaltó, ¿venía David por cariño a su hijo a verla, o bien le gustaba la compañía de ella?. Su cara se ensombreció por un instante, y la duda ya no la abandonaría hasta que se aclarasen los sentimientos de él.

EL AÑO PRÓXIMO EN JERUSALEN

Don Rodrigo y su escudero Enrique de Santoñán cubiertos por turbantes a la turca y con dos *galabiyas* de colores oscuros, que no desean llamar la atención de quien no se debe, caminan por la avenida principal que comunica la gran mezquita de Santa Sofía con el antiguo palacio de los sultanes ahora abandonado y en al que las enredaderas trepan seguras de ser las dueñas del territorio, para desviarse hasta el bario judío en el que los musulmanes tienen prohibido penetrar por orden de su sultán, que quiere que los hebreos vivan allí en paz y sin que nada les moleste, que ellos son sus valedores en las cuentas del estado, y sus préstamos le valen los ejércitos que necesita para frenar el ataque de los tártaros del khan. Los turbantes son suplidos por las *quipás*, y las *galabiyas* por túnicas blancas con rayas azules que adquieren en el mercado que se abre como la puerta del barrio a la entrada del mismo. No regatea don Rodrigo, que sabe que los judíos marcan sus precios sin que esta posibilidad exista para ellos.

-Enrique ved de seguir por qué camino, que don Abrahám Bresanel nos dejó mapa con que proseguir desde aquí más todo se vuelve turbio entre gentes tan numerosas. –tuerce el gesto que no era conocedor de la prole de Judá que de Sefarad que para él es castilla salió para dejar indefensas las dos coronas, que tal desafuero habrán de pagar sus reyes al dejar ir a los que los dos reinos controlaban y sus finanzas se habrán de resentir.

Enrique abre el mapa enrollado que le diese el hebreo y ve la línea que serpentea por el enorme barrio hebreo, hasta dar con una cruz que señala la casa en la que podrán hospedarse, y desde allí salir en busca de su amada hija, que ahora es don Alonso de Pechuán. Se dirigen como a ciegas por los vericuetos que recorren la microurbe en busca de la protección prometida. Las mujeres visten con colores vistosos como no lo hiciesen en castilla a causa de la prohibición real y de la santa inquisición, que les persiguiera por tal ostentación, solo destinada a los cristianos viejos. Los varones lucen joyas en sus dedos y estrellas de seis puntas en colgantes de oro con letras bajo ellas. La riqueza obtenida en Estambul, les ha permitido en escasos meses recuperar la opulencia de antaño en Castilla y Aragón que servirá para combatir a los cristianos al prestarle sus dineros al sultán para adquirir una flota de galeras con la que les hostigará de continuo. Se tropiezan con hombre y mujeres en las estrechas callejuelas limpias y en las que las fachadas pintadas de azul se separan más que en el resto de la ciudad. Un mundo aparte crece y florece en Estambul, sin estorbo.

-Ved don Enrique que estos hebreos saben lo que es la limpieza y el orden, y creo por vez primera, que hemos cometido un error al echarlos de las dos coronas, que ellos traen prosperidad al lugar en el que moran. Ved sino como crecen los niño, como juegan en paz, y como las hembras de su raza visten de colores que flores semejan ser.

-En este viaje don Rodrigo, he comprendido muchas cosas que antaño creí eran bien otras...más ignoro aun las razones de los reyes, que echan a tan convenientes varones, capaces de crear un mundo en meses allá por donde moren sus hijos. He de reconocer, que mi opinión sobre su raza es diferente a cuando embarqué con vos mi señor.

-Hacéis bien hijo, que yo conocí allí en Castilla a tantos hebreos , que comencé a verlos como mis hermanos, y no sentí sino piedad al verlos partir, que mi alma misma se compungía al ver su partida y ayudé a cuantos pude, que muchos no fueron.

Caminan por las empedradas calles que se van angostando, a medida que avanzan, bajando la pendiente suave que conduce hasta la antigua muralla bizantina en la que muriera el último emperador del tal imperio. Una casa apartada se alza en medio de la plazuela con un cruce que separa tres calles ante ella pintada en color rosado y azul que contrasta con el resto. Es la señalada por Abraham Bresanel, que allí acaba la línea trazada por su mano.

-Creo mi señor don Rodrigo, hemos llegado al final del camino elegido por vuestro amigo hebreo. Samuel me relató en una de nuestras muchas conversaciones que su casa era de tal color, que resaltaba contra el azul del cielo, y era porque deseaban sus moradores estar más cerca de Yavéh su Dios cuando el mesías llegase y les reconociese con mayor facilidad.

-Entonces hijo, hemos de llamar, que abrirá alguien que conocerá nuestro peregrinar por tierras extrañas como nadie sabe hacer.-se acerca el conde a la puerta de noble madera, que de roble es, y golpea con fuerza con el aldabón que de ella cuelga. Tres veces que era lo convenido, y unos pasos suenen al poco tras ella. Una anciana mujer, de vientre hinchado y rostro afable que le recuerda al aya de su hija doña Inés, abre y les mira con rostro limpio. Que al verles de tan distinto porte comprende que extraños deben sr, más no hostiles, que ¿quién conoce la casa de Brasanel?.

-¿Qué buscáis señores, que no conozco vuestros nombres?-inquiere la judía que no parece asustarse ante ellos.

-Somos amigos de don Abraham Bresanel que nos dio tal dirección por si necesario nos fuese usar de la tal. Es menester saber si podemos penetrar en vuestro hogar que varones de paz somos y no traeremos el daño a esta santa casa que Dios bendiga.

La mujer les franquea el paso y ellos entran con la timidez en sus maneras y el deseo de comer y descansar reflejado en sus cansados rostros, que en mueca sonríen. Ascienden siguiéndola, por una estrecha escalera que les lleva hasta la segunda planta, donde una balconada se abre a la calle y en la amplia estancia amueblada con buen gusto y muebles de maderas nobles les deja mientras se dedica a dar las órdenes precisas para que les den algo de comer y ropas limpias que han de alojarles bajo su techo como solo los hebreos conocen de la hospitalidad que les da fama. Sonríe sin preguntarles nada, que ellos como ningún otro son sabedores de lo difícil que resulta responde a preguntas indiscretas que la vida quitan de ser contestadas. Dos mujeres jóvenes acompañadas de un muchacho que no pasará de los quince, suben con ropas dobladas y de buen lino, y se las dan a la de más edad que parece aojos d ellos que es quién gobierna la casa. El mancebo, les entrega las ropas y que ellas no deben tocar y se retiran entre risitas las dos más jóvenes recriminadas por la de más edad.

Queda el muchacho en compañía de ellos dos y les pregunta qué se puede hacer para serles de ayuda. Es varón de ojos negros y profundos que la noche parece habitar en ellos y solo un brillo de inteligencia asoma y le da color a ellos. Su cabello ensortijado y corto lo cubre una *quipá* y viste ropas ligeras que su sonrisa es su mejor arma.

-Señores este es un bario de recovecos y ramificaciones que vuelven loco a quien no lo conoce, si deseáis recorrerlo yo me ofrezco como guía en tal menester, que es como palma de mi mano que se caminar por las calles de este barrio. Su sonrisa de pícaro le cae en gracia a don Rodrigo que hijos varones no tuvo, y es razón por la que se vuelve condescendiente con el mozalbete. Le entrega el mapa que Bresanel le diese en la galera antes de partir y este lo escudriña con mirada concentrada para ver de sacarle provecho.

-Señor estas líneas solo marcan como llegar a esta casa que don Abraham Bresanel conoce los peligros que acechan en todas partes al pueblo que de Dios somos, y tuvo a bien no marcar sino lo imprescindible en él. —le pone en la palma de su mano el mapa mientras espera su decisión.

-Sabio proceder, que nuca se sabe quién ha de ser el que lea aquello que se desea solo para ojos amigos. Dinos pues muchacho qué camino hemos d tomar para con David Bejhat dar, que le traemos buenas nuevas de Sefarad.

-Es el hijo Solomon el médico del sultán, amigo de Miriam la hija de Abravanel que son parientes. Bresanel es tío de Su padre y vive cerca de esta casa que toda la familia ocupa la manzana de casas que se extiende por el barrio como una lengua. Descansad un poco y comed lo que os traigan, que ahora ellos se hallarán en palacio, y no podríais verlos. Cuando llegue David con su padre os haré llamar y marcharemos a su encuentro sin dilación.

De las manos de las dos jóvenes toman los alimentos aliñados de manera extraña para ellos que saben a especias y desprenden fragancias desconocidas para tales caballeros de Castilla. Ellas les dejan solos, y se abandonan al sueño reparador que les devuelva las energías perdidas. Se derraman sobre los jergones de lana mullida que les abrazan y les envuelven en sueños que les llevan aun más lejos si cabe. No quiere don Rodrigo que la consciencia le abandone, más es poderoso Morfeo, que le engaña con promesas falsas de mundos no concebidos.

Sueña don Enrique de Santoñán con ser el señor del castillo que sus armas sean capaces de tomar y vestirse como su padre hiciese durante su gobierno de la isla, que ahora se le aparece como entre fuegos y humaredas que salen de los torreones formando columnas que ascienden al cielo como ofrenda a un dios pagano. Su sueño resulta inquieto, y el sudor empapa su cuerpo que brilla como nácar al sol. Se remueve en el lecho y acaba por ceder a la presión muscular que por cansancio le rinde sin que espada alguna pueda salvarle de su abrazo. Su cuerpo se relaja y queda colgando una de sus piernas por un costado del jergón que le sirve de lecho, como muerto.

El bullicio y el cotidiano resonar de los carros al arrastrar pesadas cargas por el adoquinado del barrio hebreo les despiertan, que es don Rodrigo el primero en ponerse en pie y estirarse como un leopardo haría antes de salir de caza. Se libra de las ropas que lleva y se lava con la ayuda d la jofaina y la palangana, desnudo y sin que nada, que no sea el pensamiento de hallar a su hija le ocupe la mente. Enrique se despereza lentamente y sale de su letargo como un cachorro que perezoso lamenta la llegada del día.

-Es un día nuevo Don Enrique, hemos de dar comienzo a la búsqueda de ese judío que a maltraer lleva a mi hija. Que por causa de su amor estamos en Estambul, como ladrones de hombres que la muerte nos ronda y hemos de cuidar de salir indemnes.

-Dadme unos minutos para lavarme y estoy con vos don Rodrigo. Mi espada ¿Dónde está mis espada?- pregunta que el arma es de antigua como su familia y le tiene cariño a esta como amo a su perro fiel.

Llaman con golpes suaves a la puerta que deben ser mujeres previsoras, pues de ser varones penetrarían sin llamar que es costumbre en ellos. Ante sus ojos les sirven majares exquisitos que no saben apreciar en lo que vale, que les son extraños como la tierra que pisan. Un olor diferente a cuanto conocen llena la estancia, y las mujeres se llevan las prendas que yacen en el suelo, con sumisión que desconocen en otras mujeres que cristianas no sean. Éber, que así se llama el quinceañero que les desea servir de guía, aparece con sus espadas limpias, que brillan al ser heridas por la luz solar que penetra a raudales por el amplio ventanal de la estancia. Sonríe satisfecho y recibe sin ambages la reprimenda de don Enrique que no concibe separarse de su arma afilada por el propio Dios para servirle a Él y no pasar por manos paganas ni de infieles que pertenezcan a la raza que le clavó en la cruz.

El joven baja la cabeza, que no comprende la razón de tanta ira y creyó hacer bien al limpiar las armas de los caballeros que oyó decir a otros de su edad que es lo que hacen los escuderos de los caballeros nobles y a estos les place.

-No seáis demasiado duro con el mancebo, que solo pretendía ser de utilidad y servirnos bien. Somos invitados y es nuestro deber-le riñe don Rodrigo a Enrique de Santoñán-ser respetuosos con los miembros de esta casa que hospitalidad nos ofrece. Decidle a la señora de la casa que estamos sumamente agradecidos por tanta generosidad muchacho, y ¡tened! —le entrega dos monedas de plata en compensación por el trabajo de limpiar las espadas. Se da la vuelta el joven hebreo y es llamado por Enrique que siente el mordisco del remordimiento en su alma misma.

-Ten esto en compensación, que soy torpe en mis modales y he de pedirte perdón por ser de maneras bruscas que en modo alguno mereces, sino agradecimiento por tal trabajo-deposita en sus manos una moneda de oro puro, que guarda algunas regalo de su padre en tiempos en que eran uña y carne.

Éber mira el brillo del metal que a los hombres vuelve locos y le da las gracias que lo abraza cono a hermano sin que este pueda evitarlo. Es costumbre en el muchacho hacer tal cuando un varón le hace gran favor y desde aquel instante será su sombra que el Dios de Israel le da como hermano a quien Él desea.

-Creo que os habéis ganado un hermano nuevo don Enrique de Santoñán que las obras generosas dan tal resultado, y el egoísmo a la pobreza lleva.-Ríe a carcajada abierta el conde que ve la sorpresa pintada en la faz del atónito escudero hijo de noble gobernador del rey don Fernando.

Las calles están llenas de color y vida, y los azules que contrastan con los blancos diferenciándose de los musulmanes en tal color. Son calmantes sus fachadas que le comunican con el alma que Dios le diese y se siente en casa en plena armonía con el resto d los hombres que no miran su credo ni su posición entre ellos. Les lleva Éber por una milla de calle, diciéndoles quién vive en cada casa, que son todos parientes de don Isaac Abravanel y de don Abraham Bresanel, que patriarcas al estilo de los que conociesen ellos en sus horas de estudio religioso bajo el férreo dominio del fraile de turno, en la Biblia. No se decide nada sin su consentimiento, y hablan por todos en frente de los gentiles, que lo son todos Aquellos, que como don Rodrigo no son de religión Judía, ni *prosélitos* tampoco. No se ofendan señores, que no es por insultarles que lo digo-tenme la reacción del más joven de ellos que ha demostrado ser más radical-sino por informarles de las costumbre que aquí tenemos.

Cuando llegan a la casa en que viven la joven Miriam y su padre Isaac les deja diciéndoles que ahora ya saben regresar y el esperará en la casa. Los dos varones castellanos miran en torno suyo y aspiran el aire como si les faltase antes de llamar al aldabón de bronce dorado que pende de la puerta. Dos golpes secos y al poco unos pasos precipitados le dicen don Rodrigo, que alguien se acerca abrirlos. Una hermosa hembra, les mira con ojos inteligentes y negros cabellos que le caen por los hombros hasta la cintura ataviada de túnica azul celeste ceñida por cinto negro y sus brazos cubiertos por un chal que recatada le hace aparecer ante los varones. Es la hija de Isaac Abravanel.

-¿Qué desean señores?, esta es la casa de Isaac Abravanel consejero de su majestad el sultán Bayaceto II. —le dispara cada palabra como intentando defenderse de quien pudiera resultar hostil.

-Lo sabemos buena mujer, yo soy Rodrigo de Pechuán, y el es mi escudero don Enrique de Santoñán, viajamos en busca de mi hija doña Isabel.

-Lo siento, no conozco a ninguna mujer con ese nombre...-hace ademán de cerrar la puerta.

-Lo sé pero quizás si conozca a David Bejhat, es hijo del médico del sultán...

-¿Qué quieren de él?

-Solo saber si ha visto a mi hija le ruego que nos ayude, estamos consternados por la desaparición de mi hija y...¿cree usted que su padre no haría otro tanto por su persona?-trata de que sus palabras le lleguen al corazón esperando que se ablande su rostro y colabore.

-Pasen, hablaremos más tranquilos dentro...-les responde tensa, que sabe de los desvelos de su padre para con ella y le sabe mal despedirles sin escuchar al menos cuanto tengan que decirle.

Suben por la estrecha escalera que parece ser un elemento común en las casa del barrio judío y una vez sentados a la mesa de roble sobre la que reina una *menorah*, comienzan su relato, que Miriam desconoce el vínculo existente entre Isabel y David, y cree ver desplomarse el mudo ante sus ojos sin que nada pueda evitarlo, sintiendo como se le desgarra el alma al conocer la razón de la huída de Isabel, y la frialdad de David para con las mujeres del barrio hebreo, incluyéndole a ella que dudaba de si era visitada por su hijo Saúl, o bien tenía algún interés por ella. Ahora la verdad se abre camino, y su cielo parece ennegrecido por terribles presagios, y sentimientos encontrados.

El conde le cuenta como salió de castilla ayudada por un gran amigo de la familia que es la punta de lanza de las galeras del levante español, y del que dependen las defensas de tal zona del Mediterráneo. Que nada saben de ella ni de sus acompañantes desde que llegasen a Estambul, que parece como si la tierra se los hubiese tragado. Por más señas le dice que viste de varón y su aya por demás también.

-No sé nada de ese grupo de cristianos, pero David llegará cuando el sol se ponga hoy es día grande para él cumplirá con su labor de médico del sultán por vez primera. Mi padre podrá decirles a sus mercedes algo más si tienen la bondad de esperarlo que aun yace en su lecho agotado por el día de ayer, que el sultán lo retuvo más de lo habitual.

-Lo que vos nos ordenéis haremos señora, que nada sino esperar será lo peor que hagamos en esta nuestra desdicha.

Miriam ocultando el llanto que pugna por salir de su ojos cierra tras de sí la puerta que comunica con el corredor en que se halla la habitación de su padre y llora desconsolada antes de llamar que no desea ver la desnudez de su padre. Cuando escucha la voz de este entra en la estancia solicita de su presencia, que dos extraños gentiles cristianos venidos de Sefarad, preguntan por David el hijo de Solomon. Al oír el nombre del conde se incorpora de un salto y le pide con premura a su hija que le ayude a vestirse con algo que le confiera la dignidad propia del señor de la casa. Aparece ante los dos cristianos, ataviado con un manto blanco cruzado por sendas rayas azules una a cada costado cayendo por los hombros y les interroga con la mirada antes de hacerlo con las palabras. Lo que ve le emociona, pues es conocedor de los méritos que para con los de su religión realizó el conde don Rodrigo de Pechuán en Castilla y Aragón, que no fueron pocos los que lograron escapar de las garras de la inquisición por su influencia y que a punto estuvo de costarle sus propiedades y la vida misma.

-Es un gran honor el que le concedéis a mi casa don Rodrigo, que sois benefactor nunca olvidado de los que me son amados. Por vos tengo a mi propia hija a la que habéis conocido, viva entre mis brazos. Decidme qué se os ofrece en tierras extrañas que ambos sin duda Sefarad añoramos.

-Mi señor Abravanel tesorero de la reina doña Isabel, sois vos quien menos esperaba hallar en esta casa que Dios guarde. Es por mi hija que ando recorriendo los mares y la tierra que nada sé de su persona, y mi alma se halla contrita por tal suceso. Busco con desesperación a quien creo me dará sobre ella razón, que no es otro que David Bejhat.

-David está en la corte de Bayaceto II es su primer día como médico oficial del sultán llegará al anochecer, más su padre os recibirá como a un hijo que os debe tanto como nosotros. Llegaron hace meses los últimos diez mil hebreos de Sefarad expulsados por los reyes católicos y se instaló su familia cerca de esta casa que dispusimos de tiempo para preparar su llegada.

-Solo cumplí con mi deber de cristiano, que muchos olvidan la caridad que se le debe al débil, a pesar de que no crea en el mismo Dios. Feliz me hizo el saber de vuestra salida y de que vuestra familia se hallaba fuera del alcance de la sata inquisición, que no siempre atina con su quehacer.

-Todos tenemos el mismo Dios hijo mío, solo que algunos intentan adorarle según su propio criterio, y no según las normas estipuladas por Él. Comed algo con nosotros que os hemos de llevar a la casa de los Bejhat, y allí os darán lo que tanto anheláis, noticias de vuestra hija, que sé lo que se siente en el alma misma cuando se pierde lo que más se ama.

Los cuatro comen servidos por dos mujeres que suben los alimentos prescritos para el señor Isaac Y para su hija y ponen delante de los nobles castellanos, carne y verduras y vino que regalo fuera del sultán como prenda de agradecimiento por sus servicios. Los ojos de Miriam solo ven los del conde y teme perder a quien ama desde que llegase de Sefarad. Más no cabe dentro de sí sentimiento taimado, que debe y le duele hacerlo, colaborar en el encuentro del hombre que ama con su prometida, que de seguro él perdida tenía la esperanza, de poderla recuperar de tan lejos que se hallaba de su persona. Miriam solo piensa que quizás el año próximo pueda estar en la añorada Jerusalén...sí, el año próximo en Jerusalén. Solo tal pensamiento logra calmarle cuando todo se derrumba en derredor suyo.

EL KHAN DE KHANES

Bayaceto II echado entre cojines de seda ribeteados en oro y plata abstraído está muy lejos d las mujeres que le acarician y le dan d comer uvas en la boca tratando de ganarse su favor como sea con tal de tener la posibilidad de acostarse con él y tener un hijo, que les daría la posición de reina y esposa legales, y las situaría en el ala más privada del harén. Su mente vaga por tierras lejanas donde sus hombres luchan y mueren en un enfrentamiento que tienen perdido de antemano.

Sobehia la madre del sultán aparece seguida de dos enormes eunucos, que son de su total confianza, que hasta han asesinado a sus rivales cuando fue preciso, y le mira con preocupación , que la de el sultán es la suya propia. Sabe que los avances militares del khan que se hace llamar ostentosamente Khan de Khanes, por haber reunido como antaño hiciese Tamerlán a las tribus más ariscas de las estepas que van desde la India a Turquía como plaga de langosta irresistible. Bayaceto, que es hombre de estado, conoce el peligro que se cierne sobre el imperio que ha heredado, y cavila como detener la amenaza. La solución a sus problemas está en manos de un infiel…quizás Alá haya decidido que de esta manera su orgullo sea rebajado, y así mostrarle que es Él quién decide y no su altiva persona. Se levanta de repente como poseído por una nueva personalidad que lo dominase, y con gesto brusco despacha a las concubinas y se acerca a su madre.

-Tú…tú eres quien me servirá de nexo entre los cristianos y el Khan de Khanes… ven sígueme tengo algo que comunicar al embajador del Khan…

Sobehia tiembla de terror, pues conoce a su hijo muy bien y sabe que cuando le ocurre tal cosa, solo el poder de la fuerza es la solución que suele ocurrírsele. La vez anterior y solo hubo otra, ordenó la muerte de sus dos hermanastros y el destierro de su hermanastra a tierras griegas en las peladas montañas de Meteoras. Allí sigue bajo la protección de monjes cristianos que de vez en cuando le son de utilidad.

-Manda venir al bran visir del reino, y a los ulemas. Y también a los cristianos que me sirven. Que se les rinda respeto y reverencia a causa de su rango de bajá...

La actitud de Bayaceto que no recibe sino una inclinación reverente de su madre, que comprende inteligentemente que se halla ante el sultán y no ante su hijo, obedece a un plan previamente establecido en su cerebro, y va a jugarse todo a una carta. Se da la vuelta y camina como lo haría el gran Darío el grande hacia su trono con la altivez que revela el peligro en sus ojos inyectados en sangre, y se sienta envarado con la columna rígida y las manos apoyadas en los reposabrazos demostrando la majestad de un sultán omnipresente y todopoderoso en su imperio. El trono de oro cuajado d turquesas azules como el cielo en primavera, reflejan su gloria y bajo su manto de seda blanca y roja con dibujos geométricos late el corazón de un rey que actuará como debe en pro de su pueblo.

Los ulemas sabedores del malestar del sultán se sitúan a los lados de este, y son llamados los bajás entre los que llegan al cabo, Felipe de Leizo, don Alonso de

Pechuán y don Javier de Soto acompañados del caballero de la orden hospitalaria que el aya es ataviada de tal, además de Maros de Amaya y Ramiro de Santoñán y que a su izquierda quedan para no ofender a los creyentes que aconsejan al sultán. Las luces del salón de palacio brillan deseosas de ver lo que sus dueños harán, y la guardia de lanceros del sultán rodea tras los pesados cortinajes la cámara en espera de órdenes reales.

Se levanta el sultán y de nuevo le recolocan el manto que refleja el verde del islam y cae de costado como es el uso de los reyes de occidente, con cetro en su mano anillada y altivo ordena que entren los embajadores.

Con la cabeza alta penetra despreciativo el mongol que debiera ser Khan en lugar de su tío seguido de cinco soldados fornidos y de rostro cruel, que en batalla nunca fueron vencidos, y queda ante el monarca turco con una sonrisa sarcástica dibujada en su faz.

-¿Ya habéis decidido como entregaréis las tierras que se os reclaman como pago por no invadir vuestro imperio?, diré a mi señor el Khan ...

Antes de que acabe de hablar el sultán ordena salir al verdugo de detrás de una cortina y con un solo gesto le dice cual es su víctima. El mongol que no esperaba tan decisiva actuación intenta sacar el alfanje de su vaina, pero antes de darse cuánta su cabeza está rodando por los suelos del gran salón. Los cinco mongoles extraen sus armas y se sitúan en círculo ante el monarca con la intención de acercarse lentamente y cogerlo por sorpresa para usarlo de rehén. Es en ese instante cuando la virilidad del monarca tan en entredicho puesta por los orientales saca su arma de entre el manto y se lanza a la lucha como hiciese de joven, que del primer tajo corta el brazo de uno de ellos, y al segundo la cabeza del segundo rueda junto a la de su señor. Grita el gran turco, "Alá es alá y Mohammed su profeta",¡ muerte a los infieles!. El terror aflora en los rostros de los que están con Felipe de Leizo que, creen llegada la hora de rendir cuentas al altísimo, y se juntan como pueden rezando lo que saben. La lucha cesa pronto y el suelo bañado con la sangre de los embajadores se torna rojo carmesí mientras los soldados que tienen órdenes precisas se retiran sin causar daño alguno a los cristianos. Un pequeño ejército de servidores entra y limpia casi en el acto la sucia sangre d los retadores, y el sultán s sienta en su trono con la majestad de un emperador, que lo es.

-No temáis amigos míos he decidido limpiar de enemigos mi imperio y vosotros seréis recompensados con algo más que oro y privilegios que de servirme bien todos los cristianos presos en Estambul serán puestos en libertad, y así ha de saberse que los compraré allá de donde se encuentren para cumplir la promesa hecha ante los ulemas en el nombre sagrado de Alá. Enviad las órdenes que os den estos hombres de mi entera con fianza y que no tengan queja de vosotros que peligran las cabezas de quienes les contradigan. Los mongoles serán rechazados y restablecidas las fronteras más allá de las anteriores, que se ha de castigar a tan atrevido reyezuelo que se hace llamar Khan de Khanes. Veremos de qué está hecha su espada.

Sobehia reza en silencio observando desde la celosía que se abre al gran salón del trono, y tiembla al pensar en la respuesta del Khan al saber de tal ofensa, que es la peor que se le puede hacer a un rey. Desciende acompañada de dos de sus hijas y de los inseparables eunucos que son su sombra, que desea saber d evoca de su señor el sultán y del corazón de su hijo qué es lo que planea que tan seguro se siente al ordenar la muerte de los retadores mongoles. Sabe que Bayaceto siempre comedido se halla en una encrucijada peligrosa y se juega el imperio a una carta que le dará la victoria o la perdición. Los cadáveres son enviados con el único superviviente en cinco asnos de vuelta a su tierra con un mensaje claro de parte del sultán. La guerra está servida y no habrá misericordia de parte del vencedor. Sucio, herido y humillado cabalga en una montura indigna de tan noble estirpe que le viera nacer, a la sombra del khan mismo, y se jura el mongol venganza sangrienta de poder alcanzar la persona del sultán.

HIJOS DE UN MISMO DIOS

El sol ha salido y David Bejhat visita a de nuevo a Miriam, que sabe que ya no será suyo de forma alguna, y Saúl con la inocencia que los niños tan solo poseen, que su amor resulta siempre incondicional, sale escaleras abajo al verle llegar, que desea lanzarse a sus brazos. Don Rodrigo y don Enrique sienten como cabalga el corazón cuando él se acerca seguro y feliz sabedor de quién es y de qué posee entre sus manos, que el sultán le protege de enemigos que no tiene. Varón frente a varones y mujer ante varón, se ven todos que David pregunta con los ojos quienes son los invitados que Miriam tiene en su casa. Sabe que la hospitalidad es sagrada en el pueblo de Israel, y que ellos tienen privilegios que deben respetarse en aquella que su casa no es.

-Ellos son…-sale su padre en ese preciso instante-

-Son el padre y el escudero del padre de Isabel la mujer que tuviste que dejar en Sefarad. Más no temas hijo, que ella se halla en Estambul, que en tu busca ha partido y el padre atormentado desea saber de su persona en ti.

-Señor me es un gran placer conocer al progenitor de Isabel, que en mi pueblo se os considera hermano, hijo del mismo Dios, y agradecimiento y no otra cosa se os debe. Contad con mi ayuda en vuestra búsqueda para hallar en esta ciudad a la hermosa y gentil Isabel.

-¿Cómo , pero no sabéis vos del paradero de la hija de mi alma?. ¿Acaso no la habéis visto ni con ella conversado?.-Un escalofrío le recorre la espalda al conde, que siente que ha perdido su última oportunidad de ver sana y salva a su hija, que se duele de ver, como se evapora su sentimiento de logro.

-Yo mi señor don Rodrigo, no tenía noticias de que se hallase en Estambul, habremos de dar con ella que en esta ciudad no es difícil conseguirlo. Me pondré a ello de inmediato...

-Espera muchacho, tengo entendido que vuestro padre es el médico del sultán lo que le confiere sin duda cierto grado de influencia en el entorno cortesano, que podríamos utilizar para saber de su paradero...

-No será tan fácil como vos lo planteáis, que es inaccesible el sultán y tiene tomadas medidas estrictas en cuanto a la información que de palacio sale...comenzaremos por movilizar a la comunidad hebrea y si ellos nada saben, será que no se halla en verdad en la vieja Constantinopla...

Desde la casa de Miriam, se divisan las orgullosas torres defensivas, que por siglos mantuvieron alejados a los turcos de Constantinopla. Ellas se alzan como guardianes pétreos de otro tiempo, que sin embargo está reciente en la historia. Por encima de ellas vuelan las nubes como acariciándolas para consolarlas por la pérdida del imperio, que otro ocupa su lugar y honra le da.

En palacio Solomon, cura la indigestión que de nuevo domina al sultán y le aconseja reposo y abstinencia de comidas copiosas, que no le hará caso y habrá de volver a sus lujosas habitaciones para enmendar su error ante los manjares que se le sirven en la mesa. Ha celebrado el monarca turco la declaración, drástica y dramática de la guerra entre su imperio y el pujante reino del kanato den Astrakán. Felipe de Leizo Isabel de Pechuán y doña Inés que nadie sabe de su condición de mujer, junto a Ramiro de Santoñán y Marcos de Amaya que han permanecido siempre junto a su capitán, dilucidan qué se debe hacer para erradicar el peligro que pende como espada de Damocles sobre la cabeza del imperio en las fronteras del noroeste del mismo.

-Mirad este es el campo de batalla que necesitan las tropas para desplegar las falanges que conformarán con picas y en estas colinas dispondremos de los escuadrones de arcabuceros ocultos tras el follaje de los árboles que aquí veo dibujados. Parecen ser bosques espesos en medio de la nada, nos vendrán muy bien para esconder nuestras reservas.

Marcos de Amaya que ha estudiado estrategia en casa del noble conde de Monbeltrán habla con la seguridad de quien conoce los modos de asedio situándose en el campo como enemigo supuesto, y creando dificultades, que Ramiro de Santoñán y el de Leizo habrán de superar.

-Los enemigos tártaros sabrán enseguida de esas masas boscosas y enviarán soldados a inspeccionarlas. De hecho podrían destruir esas reservas sin que supiéramos de ello y así causar un desastre entre los nuestros en el momento crítico de la batalla.

-Entonces moveremos las reservas a este punto...donde las colinas ocultan sus armas y el río que discurre detrás permite la defensa sin demasiados efectivos. Lo más importante ahora es instruir a las tropas en la nueva estrategia y que sepan usar las picas y los arcabuces, que les habrán de llegar con fuerte escolta. Por mar desde el mar de Mármara, pasarán las armas al ,mar Negro y de allí a las tropas que esperarán en tierra aguantando el embate de las hordas mongolas.

Ramiro de Santoñán y Marcos de Amaya le miran con luz en sus rostros que convergen con él en su opinión sobre la manera de actuar, solo que soporten los envites de los mongoles un poco más de tiempo, y serán ellos quienes les empujen a sus tierras.

En ese momento penetra el sultán en la cámara del consejo de guerra y pide que se le den todo tipo de explicaciones, que debe estar al tanto de todo lo que allí dentro se decida. Su casaca arrastra por el suelo, de tan larga que es, y sus bordados llaman la atención de los caballeros, que ven el lujo como algo extraño a ellos. En su enorme turbante luce una pluma de ave del paraíso de color naranja brillante y de ella penden dos collares de perlas intercaladas con rubíes que hablan de su grandeza y su poder. Al cinto cae su alfanje, que es espada de estado y empuñadura luce de joyas, que esmeraldas son.

-Veo que habéis estado trabajando en mi ausencia…decidme qué es lo que os proponéis desarrollar en este abrupto terreno en el que se abre como una concha esa llanura sin fin.-habla Bayaceto II que recobra la esperanza cuando se halla en presencia de tales extranjeros que duda sean en verdad lo que dicen ser, pues no reaccionan como musulmanes que debieran ser si ellos lo dicen. Más bien les cree cristianos que intentan salir de una situación crítica y así se lo hace ver, que no desea otra cosa que buen entendimiento con quienes han de salvar su imperio. Da el sultán las órdenes precisas para que se lleve a cabo la estrategia de los bajás del este que ponen a su servicio sus mentes para destruir la amenaza que se cierne sobre su trono. Sus naves que dominan el mar de Mármara y el mar negro, que no han desarrollado los tártaros por fortuna su capacidad marinera, llevarán las armas y los pertrechos antes de que las noticias le lleguen al Khan de Astrakán y tome medidas contra él, en las tropas que posee en tales dominios.

-Debéis tener en cuenta que no tomaré represalias contra vosotros ni impediré vuestra salida de mi ciudad cuando todo esto termine cristianos-les llama para sonsacarles la verdad-

Ellos se miran sin saber qué responder que sus cabezas peligran y han de salir indemnes como sea de aquellas tierras hostiles. Marcos de Amaya se adelanta y es Leizo quien le toma del brazo para frenar una posible debacle en el palacio que concluya con la decapitación de todos los allí presentes.

-Mi señor, no hemos de mentir , que cristianos somos y no deseamos sino serviros en tal menester, que vos precisáis de nuestros conocimientos y nosotros con placer a vuestra disposición los ponemos a fin de detener a los mongoles, enemigos de ambas naciones, tanto la cristiana como la musulmana. Dadnos margen y seremos de ayuda matadnos y de nada os serviremos muertos mi señor-se inclina Leizo como siervo, que sabe de la ira de Bayaceto cuando éste se enoja.

-No temáis cristianos que os he nombrado bajás de mis ejércitos y si me servís bien habréis de tener recompensa y no prisión, que se ser generoso tanto como cruel con enemigos que con mi pueblo lo son. Continuad os ruego con lo que me decíais antes de que vuestros rostros demudasen.

En los mapas se trazan las líneas de batalla para destruir a las hordas mongolas que son temidas en todo el orbe a causa de su terrible apariencia y de sus usos de devastación, que nada dejan allá por donde pasan. Veinte naves zarparán de puerto con los pertrechos necesarios para dotar de sus nuevas armas a los regimientos que se apostan en las tierras fronterizas. Mil arcabuces y dos mil picas hechas en una sola noche partirán sin que nada detenga su singladura para restaurar el poder del sultanato turco en el este.

RAZZIA EN SICILIA

En las torres el castillo del gobernador don Martín de Santoñán se elevan altas columnas de humo, y los defensores se convierten en héroes, que lo son a la fuerza, y las circunstancias mandan. Rechazan a los turcos a costa de grandes pérdidas pero ha desaparecido el gobernador y no lo hallan. Las galeras solo dos, que para el resto no tienen los turcos remeros suficientes, que han muerto ante los muros del castillo de la plaza, salen a mar abierto y los heridos dejan caer las armas agotados por el esfuerzo, y la sangre que escapa de sus venas a raudales.

Vendan unos las piernas de los otros, y los brazos aparecen con bandas blancas manchadas de rojo, que han defendido la plaza y al ver las galeras de don Fernando el rey de Aragón, seis de ellas, han huido los turcos sin demora. Un flamante ejército con estandartes al viento llega a las puertas quemadas del castillo y solicita del gobernador permiso para entrar en él. Al hacerlo por doquier ven cadáveres y mutilados cuerpos que yacen sin orden no concierto en sus puestos que murieron sin permitir que los enemigos de la corona de Aragón penetrasen en el castillo, y el hedor impregna el aire llenando las fosas nasales de los hombres que ven la muerte en sus compañeros reflejada. Quince galeras de Nápoles les llegan de refuerzo, cuando ya contaban las horas para enfrentar el juicio final ante el Señor.

Buscan al gobernador y lo encuentran, en las almenas que cuelga de una de ellas, con la espada clavada en el cuerpo de un jenízaro que intentaba acercarse a doña Marcia, que llora desconsolada ante su cuerpo lacerado, y acurrucada junto a él. Le tiende la mano don Manuel de Ascellán comandante de las galeras del rey y ella elegante y frágil se alza del suelo, que debe tomar el mando en lugar de su esposo muerto hasta que el rey designe otro gobernador. Triste espectáculo se muestra a sus ojos que han muerto amigos y leales soldados que ella conociese durante años en su castillo y cómplices de su amor y su desdicha fueron.

Humo, muerte y hedor, se mezclan en un cóctel que recordará para siempre grabado a fuego en su mente la señora de Santoñán. Se pregunta qué será de don Rodrigo, y de si habrá alcanzado al fin su objetivo salvando a su hija de muerte cierta a manos de aquellos salvajes turcos a los que odiará para toda su vida, larga e intensa. Nada volverá a ser como antes, su mundo ha desaparecido, y hasta el castillo herido en su orgullo se muestra distinto entre los pequeños fuegos que aun quedan y el humo que llena el aire con su olor acre. Ella sigue dócilmente a don Manuel de Ascellán que la conduce sorteando maderos en brasas, restos de techumbre y cuerpos desmadejados con horribles mutilaciones producto de la dura lucha que ha tenido lugar momentos antes hasta el gran salón, que aparece entero milagrosamente. Los soldados del rey con sus armaduras relucientes colaboran en ayudar a los defensores que aún quedan vivos en acomodarse en uno de los torreones donde serán atendidos por las damas que tan bien han protegido, y que descienden, no todas, pues dos murieron aplastadas por la viguería al desmoronarse, cuando sufrió un fuerte impacto de cañón, con paso lento e inseguro, temblando de terror ante la posibilidad de que se reproduzca el ataque. Ascellán hombre férreo y adusto, hijo de familia noble segundón que se integró en la carrera militar a fin de conseguir por sus propios medios fortuna y título que ostentar, le mira a doña Marcia y su alma ruda se contrae en un sentimiento de odio hacia los turcos que estuvieron a punto de quebrar el encanto de tal dama.

-Dejad señora que os lleve hasta el sitial desde el que en ausencia de gobernador en la isla deberéis impartir justicia y enmendar los daños causados por los turcos, que no volverán sabiendo que el rey dejará naves y hombres de armas en ella.

-Os agradezco sobremanera mi señor vuestra gentileza y en nombre de mis siervos y soldados os doy las gracias por tan oportuna intervención que ha salvado la isla de las manos de los turcos y las vidas de ellos.

-El rey don Fernando mi señora os envía esta ayuda que será permanente dada la desaparición de don Felipe de Leizo que se encargaba de barrer de esta escoria turca el mar aledaño a la isla. Vamos en su busca y capturaremos las naves del corsario turco que atacó la isla para escarmentar a posibles aspirantes a conquistarla. Dejaré no obstante tres de mis galeras para proteger las aguas cercanas.

Pasarán muchos días de duro trabajo para que el castillo recobre su aspecto de antes y al menos se pueda habitar con la seguridad de que no caerán más vigas sobre las testas de los moradores, ni dañarán los fuegos las piedras que se han reblandecido el mortero y la argamasa usadas en su edificación , y algunas zonas aparecen agrietadas. Marcia se siente dentro de una vorágine que la engulle y sus sentimientos encontrados y contradictorios, afloran cada vez con mayor nitidez en su mente. La muerte de don Martín de Santoñán le sume en la desesperación y la angustia, pues fue un noble caballero, padre de sus dos hijos que lejos s hallan y la trató con suaves modales, que sin embargo no hubo nunca amor entre ambos, y solo fue un trato entre familias de rancio abolengo. O se alegra que se conduele su alma con su desgraciada desaparición, más le da la oportunidad de comenzar una vida nueva al lado de...¿Dónde se hallará don Rodrigo de Santoñán? Su corazón late con fuerza inusitada al pensar en él, y se lamenta por su marcha a tan poco tiempo en que se produjo el ataque causante de la desdichada muerte de don Martín.

Un soldado de don Manuel la cubre con el manto que luce las armas del difunto y pone en su mano el bastón de mando ante los habitantes del castillo en ceremonioso acto, que da a entender que será a partir de entonces la señora del castillo sin que nadie pueda objetar estorbo alguno. El féretro del gobernador con la bandera de Aragón y la de sus armas propias queda ante la señor doña Marcia y un sacerdote ataviado de negro y blanco, echa agua bendecida sobre él, pronunciando palabras en latín que atemorizan a los que ignoran el conocimiento de la lengua madre, y dan templanza a quien entiende lo que el clérigo anuncia para el finado. Los estandartes ondean a media asta y las miradas se tornan tristes que al suelo miran, y nada dicen quienes conocieron al señor del castillo y bajo su mando sirvieron. Dos hileras de soldados se abren a los costados del enorme salón de audiencias presidido por doña Marcia y don Manuel de Ascellán, que en pie tras el trono le da sentido oficial al acto. Las damas con semblante triste miran a la dama del castillo con condescendencia y se dicen que será de su fortuna de su destino y de su nombre ahora que no está don Martín para hablar por ella. Una desliza un comentario al oído de otra y ésta se cubre el rostro que enrojece al escuchar el chisme.

La luz penetra a raudales por los amplios ventanales iluminando el espacio como una despedida a quien ostentó el rango más alto en aquellos lares. Cuando sale el ataúd de don Martín ella llora que siente su marcha y su destino queda en suspenso. Volverá a la casa de sus padres y en ella quedará hasta que algún noble de segundo orden decida tomarla por esposa, que ya lo fue de otro antes y tal es de mal gusto para quien ostenta rango de alta nobleza. Si al menos supiera de su desdicha don Rodrigo...él quizás se compadeciese de su desgracia y la tomase por esposa, que también es viudo y sabe del dolor de quien pierde su razón de ser.

Los días transcurren lentos y el tedio se apodera de ella que sale de continuo al almenaje para ver las galeras aparejadas en el puerto cada vez que regresan de su patrullaje por las aguas aledañas. Don Manuel ha partido para capturar al corsario turco y de poder, rescatar a sus presos que muchos fueron, y traerlos de vuelta a la protección de la corona de Aragón. Sus cabellos revolotean al viento suave que los acaricia como con miedo de arrancar tanta belleza de la señora del castillo. Las nubes se hacen esperar y la calma de un cielo sin aire entorpece el trabajo de barrido de don Manuel que se ve en medio del mar con calma chicha y sin poder avanzar si no es a fuerza de remos. Sus hombres están cansados y desean retroceder a la isla en la que hallan, todo tipo d comodidades que allí de ellas carecen. El solo se les antoja enemigo imbatible y su calor les abrasa como si quisiera despellejarlos y llevárselos consigo traspasando el rio de la muerte. Son hombres curtidos en mil batallas, que solo temen a la inactividad, y al tedio que causa estar parados en medio del mar atentos a la más pequeña brisa marina que empuje sus velas. Las dos velas triangulares se hinchan de aire y un atronador grito de la marinería llena el aire. Las tres galeras se mueven por sí mismas y siguen su singladura rasgando el agua con sus afiladas proas, que enfilan a Estambul. Los turcos que persiguen estarán, presumen en sus mismas condiciones, y han de alcanzarlos antes de que escapen al introducirse en las aguas que se hallan infestadas de naves turcas. Que bien supone don Manuel que los turcos avanzan aun más penosamente, que les faltan hombres a los remos y sus galeras se deslizan lentas en el mar. Más son las galeras de Ahmed ben Jaled dos y teme este el encuentro con galeras cristianas que de ser de esta manera estarían perdidos. No piensa en qué le deparará el sultán al saber de su fracaso estrepitoso en Sicilia y cuál será su destino, que lo sabe de sobada manera. Bayaceto no perdona el fracaso y su cabeza adornará la puerta de su palacio como aviso a los que le sirven de cuál es el destino que les espera a quienes le defraudan. El Constantinopla la ciudad y se instalasen en ella, que duda de su influencia tras perder dieciséis galeras.

La razia en Sicilia le va a costar la vida y el honor de ser el Valí de la isla que se lo prometió el monarca y así gobernar la mayor flota de galeras cerca de Al-Andalus que se propone retomar en cuanto le sea posible de manos infieles. Ahora las tornas han cambiado y el rey don Fernando envía galeras a las estribaciones de Estambul, en un momento en el que el imperio se halla en su más delicada situación ante la posibilidad de que el Khan de Astracán ataque en el mar de Mármara y redibuje las fronteras con los otomanos. De producirse tal situación todas las tropas estarían destinadas a combatir el mayor de los peligros es decir la caída de Estambul a manos tártaras. Con lo que las galeras del rey cristiano causarían estragos de importancia al no tener la ciudad sus defensas habituales. A lo lejos distingue las velas de tres galeras que sabe son del rey. Luchará hasta la muerte y así no sufrirá el destino vergonzoso que le espera en Estambul. Las galeras se acercan a gran velocidad, y se abren en abanico para envolver a las turcas sin permitirles salida que no sea combatir. Ahmed da las órdenes oportunas, y se dispone a luchar por su vida cimitarra en mano en pie en el puente de mando en la proa de la galera. Los cañones de proa de las tres galeras disparan causando destrozos en el velamen de una de las de Ahmed y barriendo una de las bancadas de remos de la otra. Manuel de Ascellán se sitúa en el costado de babor de la galera que capitanea y espada en ristre salta a la de Ahmed dando comienzo una lucha que durará hasta que uno de los dos caiga en la cubierta regando con su sangre la tablazón de esta. Los aceros sacan chispas en el aire de la mañana soleada que anuncia calma de nuevo en el mar. Los soldados aragoneses asaltan la galera capitana entre gritos de odio y deseos de teñir sus espadas con la roja sangre turca, que tanto dolor causa en las costas del levante español. La galera se mece ajena a todo lo que en ella se desarrolla y en el costado de estribor un espolón cruel se le clava haciendo crujir al barco entero. La otra galera combate unida por los bicheros de los cristianos a su borda de babor en una lucha más equilibrada y en la que los turcos se baten en igualdad numérica. Ahmed que no tiene nada que perder lanza envites con su cimitarra cortando el aire sobre la cabeza del capitán cristiano sin demasiado éxito, dado que este sabe de la destreza de los enemigos que habitualmente bate en el mar y de su peligroso segar cabezas que a más de un capitán ha dado quebraderos de cabeza al decapitar a buenos soldados, demasiado impacientes por vencer, que no esquivan el acero turco al cortar en horizontal. En esta ocasión Manuel de Ascellán se agacha y la cimitarra corta el aire, mientras el al modo de los romanos lanza de punta su espada recta atravesando el vientre del capitán turco, que ve como s ele escapa la vida entre dolores atroces. Al verlo caer sus hombres se desmoralizan y da comienzo una carnicería que dará fin a las pretensiones del sultán de apoderarse del mediterráneo occidental para siempre. Las cimitarras caen al suelo de madera de la embarcación y se rinden a discreción. En la otra galera la lucha ha cesado al haber muerto todos los turcos y la nave se balancea solicitando de sus nuevos dueños que la reparen y llevan a su nuevo embarcadero, lejos del que en otros tiempos solía atracar. La lucha ha sido breve pero intensa y los derelictos del combate flotan en el mar como un vago recuerdo de que una batalla dejó sin vida a dos centenares de hombres y prisioneros a otros treinta. La brisa como obedeciendo a los deseos imperiosos del capitán Manuel de Ascellán hincha las velas de las galeras y las cinco cortan el agua en dirección al puerto de Sicilia donde serán aparejadas y preparadas para defender lo que vinieron conquistar. En la sentina diminuta y estrecha halla don Manuel a una docena y media de esclavos capturados en la isla que ven a su libertador como la mano de Dios. Salen a cubierta mientras los turcos ocupan su lugar en la sentina, donde se almacenan los remos cuando el viento le es propicio a la nave, y se resignan a ser lo que menos desean, esclavos de los infieles.

SOBEHIA DE TORGAMÁ

La figura familiar de don Rodrigo de Pechuán se recorta contra la luz ya tenue del atardecer, y don Enrique de Santoñán tras él ve con emoción contenida el encuentro del padre con la hija que no puede abrazarla por no descubrir su secreto ante el sultán Bayaceto, que está presente en la reunión en el palacio que los arcos de herradura cubren protectoramente. Felipe de Leizo que teme la reacción que y traicione a su hija le hace gestos con los dedos que ambos saben de tales cosas por descontado, ya que compañeros de armas fueron en otro tiempo. Sabe don Rodrigo del peligro que se cierne sobre Isabel, que es varón entre los turcos y no hembra entre cristianos.

Ha logrado Isaac Abravanel que el monarca acceda a que se reúnan ambos en palacio lejos de miradas indiscretas y con él como garante de tal encuentro. Marcos de Amaya y Ramiro de Santoñán con los pomos de sus espadas aferrados y las armas listas para morir luchando, observan a ambos con el aire en la garganta.

-Dejaré que permanezcáis en palacio por espacio de me3dio día hasta que salga el sol por el este y en ese momento habréis de abandonarlo, so pena de muerte, que solo un varón puede hallarse en tales aposentos . – Le exige Bayaceto a don Rodrigo, que lo ha recibido en la antesala del harén, por mayor seguridad. Isaac le asiste en su razón, e inclinándose acepta y agradece la generosa oferta del gran turco. Selim el jefe de los eunucos hace su aparición y le dice algo al sultán, que palidece al escucharlo. Abandona aquel lugar precipitadamente dejando a Selim afuera, que desea que padre e hijo hablen a solas pero sin abandonar la zona prefijada a tal efecto.

Las tropas del khan tártaro han hendido las defensas en la península de Crimea y desde allí van a lanzar sus naves contra el imperio. Debe detenerlos a toda costa si no quiere perder su mejor baza contra ellos, que desde allí los controla sin que puedan salir a mar abierto. Las ropas del turco rozan el suelo con especial sonido, y las sedas se le antojan estorbo, que debe cambiarlas por algo más apropiado, a fin de aparecer como un conductor de tropas y no como varón criado en un harén. Se ciñe la cimitarra regalo de su padre y la agarra con dedos de hierro hasta que le blanquean por la presión. Un mensajero llega agotado desde Sicilia que le esperan más noticias de las que deseara conocer, en tales circunstancias, y malas le son. Ha perdido dieciocho galeras a manos del capitán Manuel Ascellán que su nombre comienza a escucharse demasiado en la corte con relación a la empresa en la que se halla empeñado en desatar contra la corona de Aragón y la corona de Castilla. Se echa las manos a la cabeza y sufre un acceso de espiritualidad que le lleva a pensar en si no será un castigo por la indolencia de que hace gala y la atención a los asuntos de estado de la que adolece. Deberá pensar más en Alá y menos en su harén, que por tal proceder se pierde el paraíso donde las setenta huríes sirven a los fieles del profeta que cumplen con sus preceptos. El turbante pesado y desproporcionado deja lugar a uno más pequeño, práctico y marcial que le encaja un eunuco a la vez que le ciñe la casaca de guerra. Va a reunirse con sus ulemas y consultará los designios que le deparará el futuro de sus manos de rectas oraciones y obras estrictas. Recorre los pasillos que se enredan en un laberíntico ramaje, y da a una cámara en la que los ulemas rezan sus oraciones entre el humo del incienso y las telas verde esmeralda que recubren las paredes para no distraerse con nada mundanal.

Bayaceto se siente como un niño pillado en falta y confiesa ante ellos su desesperación solicitando que ellos le pidan a Alá por él la ayuda, para los creyentes que no para él. Arrodillado con la mano del jefe de los ulemas sobre su cabeza, parece indefenso el hombre que gobierna desde Tartaria hasta los Balcanes un vasto imperio, que reúne a gentes tan diversas que los dioses abundan, no solo Alá. Un olor agradable, conducente a descanso, llena el aire y crea la atmósfera que se precisa para que el relajamiento sea la razón de la unión de la divinidad con el hombre, allí donde solo los elegidos pueden llegar. Selim llega poco después y ve la escena que se desarrolla y siente asco por los ulemas, que sabe manipulan la mente de su señor siempre dado a remordimientos absurdos, que lo levan a hacer cuanto ellos desean. El se encargará más tarde de ahuyentar a los espíritus malignos que ellos le meten en la cabeza, y le rebajan a la mera imagen de un varón vulgar. Se aleja para no ser visto, y rumia su venganza contra ellos, que le desprecian por ser lo que le convirtieron contra su voluntad. Es la persona más influyente en el imperio y ellos lo saben, le temen por ello y desearían eliminarle, como ya lo han intentado en tres ocasiones sin éxito. Ahora él hará otro tanto y él sí que tendrá éxito en su empeño. El primero en morir será Uslud el Kalim, el jefe de los ulemas y la madre del sultán le ayudará a realizarlo, que lo odia por como lo ve manejarlo. Sale a su encuentro en el estanque de las odaliscas, y ella al verlo corre a su encuentro para hablar en la fuente que mana de la pared. Ruidosa y discreta para su charla.

Sobehia, concuerda con Selim la muerte de Uslud el Kalim que ella contratará al asesino que ha de matarlo en cuanto salga de palacio. Se envuelve en un velo de seda transparente y deja a Selim con sus divagaciones, que ya sabe lo quería y debe actuar sin dilación. Una sultana madre sale cuando lo desea del harén que es privilegio de quien lo gobierna y solo de ella. Dos eunucos la escoltan y abandona el palacio segura de su deseo y de su intención. A caballo trota lenta, para no llamar la atención y lleva consigo joyas de gran valor que con ellas se compran voluntades y ella las tiene en abundancia. Es en el mercado de la sedería que ella frecuenta y donde adquiere las telas más selectas venidas de la India y China, donde hallará a su asesino para llevar a cabo su juicio sumarísimo contra el jefe de los ulemas. El colorista mercado hoy carece de sentido, y deja atrás a los que le intentan vender mercaderías ricas y sofisticadas, que hoy debe encargar la muerte de un hombre y será solo la primera. Nueve serán el total, pero antes ha de ver como se resuelve el primero. Bastim Salim Hatin ibn Mulehed, es el elegido para tal "privilegio" y se acerca a él melosa que sabe que la desea desde tiempos anteriores a que ella casase con el sultán como prenda de un rey persa que se doblegó ante el padre de Bayaceto antes que morir en guerra que tenía pérdida de antemano. Es por tanto princesa persa y altiva que desciende según la tradición del mismo Alejandro el grande. Altiva como proveniente de tal estirpe, sabe estar a a la altura y sonríe como la pantera cuando caza.

-Hoy vengo con joyas que regalo de bodas fueron para mi señor y le honraron mucho, Ibn Mulehed, y he de decir que de cumplir con bien de mi encargo de hoy-juguetea con los dedos y un fardo de seda roja-habrá más como éste.-Le mira de frente comprometiéndole sin remedio.

-Mi señora sabes muy bien que al averno mismo con los djins iría si me lo pidieras tu, más no sé si…

-Si dudas me marcharé. Preciso de un varón viril que me ofrezca seguridad de éxito que mi señor podría mandar decapitarme por tal pedido.

-De ser así mi señora pide que se hará como desees.-cede el mercader que ignora lo que la bella mujer del monarca turco le ha de solicitar.

-Es cuestión de vida o muerte par mi señor el sultán, que no sabe qué dirección tomar en tales circunstancias, que lo ahogan en un mar de noticias alarmantes y confunde sus sentidos. Uslud el Kalim debe ser enviado al edén…-concluye diciendo mientras la faz del antiguo pretendiente y mercader de fama de Estambul, palidece como leche de camella que fuera.

-Es Uslud el jefe de los ulemas, mi señora Sobehia, que todo lo puede y su palacio guardado está por Nubios gigantescos de alfanjes armados, que cortan las alas a las palomas que osan traspasar el umbral de tal residencia.

-A ese me refiero mi buen Ibn Mulehed, y no a otro, que de tal acción dependen las tropas de Alá y la estabilidad del imperio. De enterarse mi señor el sultán ambos pereceríamos de inmediato, más ¿no iríamos al edén como el profeta Mohammed dice en el Corán que les sucede a los que sirven antes a Alá que a los hombres?

La cara de Ibn Mulehed cambia de color, y pasa por distintos estados de ánimo su pensamiento, para acabar sintiendo el hacha del verdugo en su cuello. Que no puede sino trocar su voluntad en servidumbre y de esta manera obrar como desea la sultana madre. Da media vuelta y extrae de debajo de un cesto una cimitarra que allí se halla, por si se da situación de peligro, que robarse no se deja. La mira con ojos fanáticos y responde como ella ni tan siquiera soñó.

-Ha de hacerse, y se hará mi señora Sobehia, que tu esclavo seré en esto, y en aquello que mandes como sultana que eres. Al salir el nuevo alba el jefe de los ulemas habrá sido enviado al edén con las setenta huríes.-Es una sentencia de muerte lo que escucha la sultana, que ve sus deseos cumplidos antes de que Uslud el Kalim muera, pues conoce los sentimientos de quienes son extremistas en sus planteamientos, y que no cejan en su obra si de servir a Alá se trata. Abandona con un mohín en sus labios y un coqueto revoloteo de su velo suave como jirón de niebla nocturna el puesto del mercado en el que acaba de comprar la muerte del hombre más importante del imperio tras el propio sultán.

-Hija, -le dice al oído con amor de padre por mucho tiempo refrenado- estoy tan agradecido a Dios por haberos hallado al fin, tras tanto navegar por esos mares infestados de corsarios y piratas turcos, que me asustaba pensar que os pudieran haber raptado…-le caen las lágrimas al curtido guerrero, dueño de la espada más poderosa del reino de Aragón.

-Padre, estamos en peligro, si no somos prudentes, moriremos, que cree el sultán que somos varones y no hay hembra entre nosotros. Yo siento lo mismo que vos, señor más he de caminar aferrada a mi nombre, que soy don Alonso de Pechuán vuestro único hijo varón y unigénito por mayor valor.

Se separa el padre de la hija y ésta le relata su aventura por el Mediteráneo, que a punto estuvieron sus ilusiones de morir en el mar a manos del corsario que asolaba las costas del levante español. Solo la pericia de Marcos de Amaya y de Ramiro de Santoñán pudo rescatarlos de las garras de los turcos y poder llegar a Estambul, que el precio de estar vivos a Felipe de Leizo se le debe pagar. Salen escoltados por cuatro enormes etíopes, negros como carbón, que los griegos les pusieron tal nombre que en su lengua era caras quemadas. No entienden de lengua castellana, ni tan siquiera un saludo, más con el máximo de prudencia hablan sin dar temor a los guardianes del palacio del sultán. En los jardines los chorrillos surgen alegres con tintineo de notas gorgojeantes, de los suelos mismos refrescando el aire y creando una atmósfera similar a la de un diminuto paraíso terrenal. Los setos bien regados, los árboles frutales estratégicamente situados en sus lugares, para que aporten sombra, les dan cobijo para su charla apretada, en la que las palabras se apelotonan en confuso montón.

Los eunucos haciendo guardia entre las mujeres del harén al otro lado, desde el que les llegan los gritos de los juegos femeninos, les permiten disimular sus palabras entre espacios de silencio, que no desean emocionarse de nuevo, que sospecharían los etíopes que algo va mal. Los arcos de herradura polícromos saltaban de columna en columna uniéndolas en armónico conjunto, que creaba la sensación de ser algo etéreo, y por debajo protegidos del calor de la canícula, los caballeros cristianos dejaban aflorar sus sentimientos más íntimos en frases de corteses modales, agotando el tiempo.

Marcos de Amaya quedaba detrás cada poco para alerta los sentidos, cubrir la retirada en caso necesario. Mientras, Ramiro de Santoñán inquiría de don Rodrigo la razón de y estado de sus padres, que ignorante de lo acaecido, le responde que se encuentran bien en su castillo de Sicilia, esperando su regreso sin novedad. Le preocupan más a don Rodrigo los hombres que acompañan en su devenir aventurero a Felipe de Leizo, que en disculpas se deshace al explicar su falta llevando consigo a Isabel, en tan peligroso viaje. Son marinos aventajados en la lucha en mar abierto, y saben de barcos y velas, lo que ninguno otro, más es en tierra, donde se sienten indefensos como peces que se ahogan. Deben salir cuanto antes de Estambul, y llevarse consigo al conde de siete pinos, que voto hizo de tal, y no lo quebrará. Sabe por el de Amaya que se halla en prisión en espera de recibirse el rescate por su persona y decide que puede pedirse al sultán su libertad como parte del pago por la victoria de sus tropas en Crimea. Así lo concuerdan y con entusiasmo se sumergen en disquisiciones sobre como derrotar a los tártaros, que desde lejos casi empresa imposible ha de ser, que los soldados turcos no saben emplear las picas ni los arcabuces como Gonzalo de Córdoba hará más adelante en la batalla de Ceriñola. Dividen en cuadros imposibles de atacar por la caballería tártara a los escuadrones menores en número de los turcos y dejan como reserva dos alas de caballería con lanzas largas y arqueros tras ellos ocultos tras los riscos que se hallan sembrando la estepa. Una carga de caballería jenízara que huirá ante el enemigo envalentonándolos para hacerlos caer en la trampa de modo que sea destruido el poder de los mongoles que reside en su caballería ligera. Los piqueros detendrán su carga de manera fulgurante y causarán tal desconcierto que la fase siguiente se convertirá en una sangría terrible de la que escasos hombres se librarán.

Las líneas de batalla estaban definidas, y los ánimos dispuestos en espera del cumplimiento de las instrucciones de los bajás cristianos que les otorgaría la victoria definitiva en la guerra contra el descendiente de Genghis Khan. Una flota poderosa y bien equipada partirá para llevar tales nuevas a los regimientos que languidecen en sus cuarteles sin alcanzar victorias, ni tan siquiera fáciles ante laos enemigos del este. La península de Crimea debe permanecer en manos turcas para impedir el avance de los poderosos ejércitos tártaros y así proteger no solo el imperio otomano, sino a toda Europa de la furia destructora de los tales.

La corte es un hervidero de idas y venidas en las que el gran visir tiene una importante misión cada poco tiempo y ha de hacerse cargo de impartir justicia junto a los ulemas. Uslud el Kalim preside la última reunión de los ulemas y con gesto duro toma una decisión, se debe despedir a todos los que aconsejan al sultán de modo que sean piadosos musulmanes y no mundanos impíos los que den su lengua a favor del sultán. Sobehia desde la celosía que la oculta de ojos indiscretos, sonríe satisfecha al saber que pronto desaparecerá el único que le hace sombra en palacio, y que puede manipular al monarca, su hijo, con total impunidad amparándose en la espiritualidad musulmana y las viejas supersticiones. Selim junto a ella la mira y ambos saben que ha llegado su momento para gobernar sin el estorbo del ulema Uslud el Kalim.

Uslud sale altivo y seguro de sí mismo del salón del trono dejando a un atribulado sultán en su sitial pensativo, meditabundo. Sabe que ha ganado la batalla más importante y que podrá situar a sus acólitos en los puestos de importancia de modo que no le estorben los partidarios del monarca. Tras este golpe político deberá apresar con la excusa de impiedad y traición al sultán a la sultana madre y a Selim que se opone firmemente e sus planes de conquista para retomar las posesiones que los Omeyas tuvieron un día cuando Alá bendecía sus armas. Recuperará para el islam el mar Mediterráneo y los territorios hasta Al-Andalus creando un califato presidido por él mismo. En estos pensamientos dulces se halla cuando una sombra sale a su encuentro tras un callejón oscuro cercano a la plaza que se abre ante su palacete de cúpula de bulbo persa y arcos de herradura que le costó traer a los arquitectos de granada antes de la toma por los reyes católicos. Siente un tibio calor que le resbala por el cuello y echa mano a este para secarse lo que cree sudor, que se siente agotado y las fuerzas le abandonan. No cae en cuenta de que se muera degollado hasta que la vista se le nubla y acierta a ver la sangre que mana de su cuello a borbotones para dejarlo sin vida desparramado en la adoquinada callejuela por la que solo pasó la sombra de la muerte. Ibn Mulehed ha degollado al jefe de los ulemas y durante la noche dejará un rastro aun mayor pues desea satisfacer las ansias de sangre de la sultana madre para librarle de sus enemigos, que le recompensará con rubíes teñidos de sangre roja y ricas perlas que lo harán creso. Tres más de los ulemas mueren esa noche sin remedio a manos del ángel de la muerte que es Ibn Mulehed. Al alba como prometió Estambul bañada con la savia de los sagrados jueces islámicos aparece como virgen violada ante los ojos atónitos   fieles musulmanes que ven el terror como amo de sus calles. Bayaceto jura por su honor detener a los culpables, que parecen ser varios y no uno, y se hace cargo del gobierno como nunca antes hiciese. Su madre y Selim a su lado lo consuelan de la pérdida irreparable de los ulemas y mandan ocultarse a los que restan para que no sigan la misma suerte, que comprenden los tales, que la bella señora algo tuvo que ver, pero demostrarlo les costaría la vida que tanto aprecian. Huyen de Estambul y queda en manos de los conspiradores cercanos al **monarca turco** el señor del imperio otomano.

ISABEL DE SEPHARAD

Regresa Isaac Abravanel, que juntos ve a padre e hija, y se conmueve al pensar en cómo se desarrollará el encuentro entre Isabel y David, si tal es éste. Sonríe abiertamente y tose para desencantarlos, que en otro mundo, castilla por demás, parecen estar y no en la Estambul del gran turco.

-Debo apresuraros mi señor don Rodrigo, que es menester que Isabel y vos os reunáis con quien es objeto de tan largo viaje, y que al fin dará sus frutos en este Fausto día. Seguidme si es deseo de vuestras mercedes, que saldremos de palacio, con la guardia pegada a las espaldas, y los muros tras de nos.

-Agradecidos estaremos siempre don Isaac, que os debemos la vida y la honra que a tal noble familia le es más preciada que la tal.

-Sabe de mi pena vuestra hija, que en mi corazón herida late por la sangre que lejos permanece. Ayudad a que conmigo se halle cada uno de mis hijos que es algo fuera de mi mano, y anhelos u calor y compañía en mi casa que incompleta está y ni tan siquiera la intercesión del Turco ha podido ser de alguna utilidad.

Rodrigo mira a Isabel y ésta asiente con la mirada triste, que sabe del dolor que la separación produce. Dos hijos del antiguo tesorero permanecen al alcance de la Inquisición católica de Sefarad, en la Castilla antisemita que gobierna con férrea mano Isabel. Su padre concuerda sin palabra proferir en concederle tal favor, que el rey le dará cuanto le pida sabiendo de su persona la fidelidad que éste le profesa.

Los eunucos ajenos a su conversación observan cada rincón del enorme palacio, en el que cualquier asesino podría quedarse escondido por entre las columnas y arcos que separan a modo de laberíntico dédalo de corredores, comunicando cada cámara con otra que de no conocerse, puede conducir a error.

-David, espera en mi casa, con el corazón en un puño, que había resignado su voluntad a perder a vuestra hija ante la imposibilidad de regresar por ella o mandar en su busca. Afuera nos esperan para llevarnos con él, en dos carros que junto a mi silla serán la señal de que deben dejarnos paso franco, pues tengo autoridad en palacio para salir y entrar siempre que muestre el salvoconducto que el sultán me ha provisto de él.

-¿No objetarán por la salida de tantas personas? Que quizás sospechen de nosotros por musulmanes no ser…-especula don Rodrigo.

-Padre, que somos los bajás del sultán y por tanto fuera del sector que ocupa el harén podemos movernos a nuestro antojo. Es de esta manera, que se nos posibilita el acceso a cámaras y estancias en las que abundan los secretos de gobierno y estado, como los movimientos de tropas, que somos los artífices de los tales.

-Me dejáis más tranquilo-miente el padre que ve en cada turco un potencial enemigo, y no yerra en su pensar-que de ser como decís, podremos discurrir por la ciudad y salir cuando nos venga bien.

Un pequeño séquito espera en la gran puerta de dos hojas con una docena de guardias de palacio al mando d l eunuco Selim en persona que protan dos sillas de mano, palanquines que se conceden a quienes son funcionarios de la corte y se ha despachado a los que por orden de Isaac esperaban para llevarlos al barrio hebreo.

-Espero sea de vuestro agrado excelencias, dado que es por deseo personal del sultán que se hace como veis. Que os aprecia en lo que les servías y valéis. Decid a donde deseáis ir y estos esclavos y guardias de palacio os habrán de llevar sin dilación, que vuestros deseos serán órdenes para ellos, so pena de morir.

Isaac, visiblemente contrariado baja la cabeza, que solo Selim posee más poder que él en palacio, y es de insensatos oponerse a quien ostenta más poder, que la muerte segura sería. Sonríe, que aprendió a hacerlo, y la vida le salvó este gesto en demasiadas ocasiones, como para olvidarlo. Bajan los palanquines y se echan al suelo cuatro esclavos para servir de escalón e en que pisar los bajás y su padre, que Isaac va en el suyo propio, y la guardia seis a cada lado escoltan la comitiva hasta el barrio judío. Largo camino recorren, por calles llenas de colores diversos que le confieren personalidad a la ciudad que reina en el mediterráneo oriental. Multitudinaria y abigarrada, en ella las gentes se mueven como savia verde de árbol joven. Todos se apartan al ver llegar los palanquines, y los cristianos comprenden la razón de que el sultán les haya provisto de tales vehículos de transporte, que les son de suma utilidad y al ver su complacencia el eunuco Selim sonríe satisfecho.

Marcos de Amaya y Ramiro de Santoñán no ven el momento de reunirse con Enrique de Santoñán, qu es hermano del segundo, y de este no sabe sino que partió tras sus pasos para servir al noble don Rodrigo. Frente a frente en uno de los palanquines, el tercero, se miran con los ojos evidenciando la ansiedad, sin pronunciar palabra. En el que les sigue van Selim y el aya doña Inés que teme ser separada de su protegida, que poco le queda de ser don Alonso, y ella le será de gran ayuda de tener que ser defendida sin espada. Sobre sus hombros llevan en cabeza de la comitiva, a Felipe de Leizo, que con don Alonso y el judío Isaac se ven envueltos en una delicada situación al no tener el control de los sucesos y de lo que podría ocurrir de saberse que los cristianos tan solo buscaban reunirse con un hebreo que expulsado de castilla llegara aquí en la flota del sultán de modo, que pudiera ser un espía en la corte...

En el barrio hebreo nadie presta demasiada atención a lago que ven a diario, pues son muchos los que sirven en palacio y tienen como privilegio ser llevados en palanquín hasta sus casa y les van a buscar al llegar el alba. Descienden y Marcos de Amaya y Ramiro de Santoñán, que nunca vieron ciudad morisca en Castilla ni tampoco en Aragón, se quedan perplejos y lamentan en el acto la marcha forzada de tan ilustres señores, que de la escritura y la diplomacia han hecho un arte. Sus casa pintadas de blanco y azul, parecen hielo y sus pobladores ricamente ataviados con sedas y anillos de oro en las manos son vistos como mercaderes y funcionarios, que le prestan servicio a uno d los más grandes monarcas del mundo. Aquí no deben ocultar sus gustos ni riquezas, que es común mostrar cuanto se posee.

-Hijo, -se dirige a Isabel como si don Alonso fuese, que no desea desmentirle ante Selim que queda atrás en espera de su regreso-quedad tranquila y seguid mis pasos que en la casa que Yavéh provee hallaréis lo que preciséis y habréis de sentir la presencia de Dios mismo. Busca el judío deshacerse del eunuco para así poder hablar con franqueza, que sabe de su debilidad por la sultana madre que a ella le relata cuanto acaece en cada una de sus salidas. De este modo ha hecho fortuna el eunuco, y ha acumulado poder sin que nadie se le pueda oponer en palacio que sufre destino terrible el tal. Se empequeñecen las figuras de los guardias en la lejanía antes de que dejen fluir sus sentimientos los que conforman el grupo heterogéneo que marcha con destino a la casa de Isaac Abravanel.

Un mundo parece derrumbarse en torno a Isabel, que se ve maloliente y desaliñada, como varón acostumbrado a la mugre que el mar y las escaramuzas aportan a sus cuerpos de hombres de armas. Mira a Felipe de Leizo que sonríe y se acerca a Isaac para decirle unas palabras que sacan de su abstracción al judío dibujando una cómplice sonrisa en sus labios delgados y definidos de sabio viejo en conocimientos.

-No temas, -le dice acortando distancias entre él y la doncella que como varón viste-que mi hija Miriam sabrá que precisas para poder presentarte ante el varón que anhelas ver.

Ella se ve como pájaro con las alas rotas y sucias y baja la cabeza enrojeciendo de vergüenza ante tal expresión. Su pelo muestra mechones grasientos y huele a cuero y tabaco que la sangre se le ha pegado como costra en la piel, y sus manos aparecen llenas de rasguños y arañazos de espadas que in tentaron quitarle la vida. Sus piernas tiemblan ante la idea de que su hombre le haya olvidado y tenga otra hembra en su cabeza y en su vida, que en su cama sabe que no, por ser de la religión de Yavéh, donde la inmoralidad es tenida como enemigo de Dios. Sube los escalones de uno en uno con miedo a llegar arriba y ante ella aparece Miriam con su larga cabellera negra como azabache y sus ojos oscuros y profundos, una mujer en toda regla, que le causa celos terribles y un sentimiento de inferioridad que no sabe ni puede reprimir. Ve en sus ojos una amenaza y siente que una espada no podría vencer a aquella mujer que luce como dama de Sefarad.

Miriam sabe que su rival es ella y que David espera verla como era cuando partió de castilla llena de vida y ataviada con lujosas prendas llenas de brillo profiriendo esa luz que tan solo desprenden las hembras enamoradas.

Así que vos sois la señora de Pechuán…-dice con voz quebradiza que Isabel interpreta correctamente, que ella compite por el cariño de David. No temáis que en esta casa somos hospitalarios y se os concederá aquello que necesitéis antes que a los que son de la casa, como es propio de nuestro pueblo. —La toma por los hombros y se dice que si esa es la mujer elegida por David alguien muy especial debe ser y no vulgar. Trata de contener su llanto, que le presionan las lágrimas en los ojos y apenas puede hablar sin permitirse el llanto.

-Sí mi señora, más no soy la señora que mi padre aun vive y es don Rodrigo que tras de nos viene en compañía de vuestro padre, que a bien ha tenido acogernos en su casa como a hijos.

-¡Ay! No habléis de hijos ante mi padre que tiembla todo su ser ante la idea de no poder abrazar a los dos que quedaron presos de castilla por orden de la cruel reina Isabel, que como vos se llama la tal.

-Sé de vuestro dolor mi señora y del de vuestro padre que me ha hablado d l suyo propio teniendo en cuenta que mi padre, que ostenta una alta influencia ante el rey de Aragón podrá liberarlos de las garras de la terrible inquisición y devolverlos a vos y a él.

-Sois de corazón generoso con los que sin embargo según creéis clavaron en el madero de tormento a vuestro mesías…-la pone a prueba, que no desea ceder ante la virtud y la sinceridad de la joven doncella castellana.

-No, sea así mi señora sino más bien que le clavaron los romanos y no los vuestros que los míos sois. Pues no puedo odiar a los que le son cercanos a quien profeso el mayor de los sentimientos y por el cual estoy en tal situación.

-¡¡Sois perversa!!, que deseo odiaros y así me lo impedís. Es vuestro y no mío señora, más sabed que no casará con gentil!!.-sale corriendo derrotada por la bondad Miriam Abravanel, que ve la razón evidente del porqué del amor que le entregara David Bejhat a Isabel en tiempos pasados.

La consuela Isaac que ve de pronto el error cometido al darse cuenta de que su propia hija está enamorada de David el hijo de Solomon, y ha traído la desdicha sobre su propia casa al tenerla por huésped. Habrá de disponerlo de tal forma que Isabel no se sienta ofendida, que es primordial la hospitalidad que s ele prodiga al invitado bajo techo sagrado y deberá comportarse Miriam como si sus sentimientos no fuesen importantes a pesar del dolor que su padre le cause. No tarda en reaparecer Miriam que se arrodilla ante su padre y ante Isabel jurando que sus sentimientos le traicionaron para que ella perdone su habla grosera y sin aliento se queda, hasta que Isabel la levanta y abraza como a hermana. Ambas mujeres quedan a solas con sus sentimientos encontrados y los varones que no deben verlas, se retiran discretamente para ver de consolar a las dos y reparar el daño causado.

Miriam le pasa a Isabel a sus habitaciones en las que Isabel halla todo tipo de utensilios hechos de marfil, como peines de China de mangos tallados perfumes de India y Ceilán, y lino fino de Egipto. Una bañera de cobre hecha en el barrio judío es llenada de agua perfumada y caliente en la que se sumerge Isabel para matar a don Alonso. Que bajo el agua dejará de ser el caballero rudo y atropellado que alza espada en mano contra infieles y ve de lejos la camorra que llega de manos de hombres de armas. Recuerda su patria lejana en el tiempo y a los amigos que quedaron allá perdidos en la vorágine que les lleva en manos del destino. Su cabello devuelve el disfraz al agua que le devuelve la imagen de doncella castellana que se sonroja ante varón galante y hombre que la pretende. Su piel deja que se desprendan las costras de la mugrienta vida de marinero de galera de combate, y recupera la tersura de hembra que de la casa de Pechuán es la hija y no varón a pesar de su apariencia. Se abraza al sentir la vergüenza regresar a su mete. La cubre Miriam con lienzo de fino algodón egipcio, que le seca el cuerpo casi en el acto, y le ayuda a salir del cobrizo recipiente en el que yace don Alonso muerto.

Le viste Miriam con vestido que nunca usó y le adorna la cintura con cinto de plata que tallado está con textos en hebreo que le darán suerte a la que a partir de entonces será su hermana. Sale doña Isabel a la vida vestida de costosas prendas y joyas que de la madre de Miriam fueron, y ve en la entrada a David, que llega en aquel preciso instante con la mente puesta en palabras que nunca pronunciará a causa de la impresión de ver ante su persona a la mujer que creyó perdida para siempre. No sabe qué decirle y ni cómo actuar, que ella se lanza en sus brazos con la pasión de quien ha esperado demasiado y llora sin contención de dama en sus hombros que él la acompaña en el lloro. Miriam sale para no ver el resto, que su corazón ha muerto aquel día una vez y dos no puede.

Ven marcos de Amaya y Ramiro de Santoñán la escena que llega a lo más hondo de sus almas y el aya se llega hasta doña Isabel, a la que abraza por detrás, cuando ésta se separa de David el hebreo. Abajo Selim que se ha acercado como gato en la noche escucha que nadie lo ve, y comprende parte de aquel rompecabezas, que su señor los protege y no puede hacer nada sin orden directa por ser *bajás* del imperio que de ellos dependerá la seguridad del tal. Dos de sus eunucos de confianza han rehusado acercarse a la casa del judío que son supersticiosos y ven en los hebreos a *dinjs* personificados.

-Mi señora no dejéis que el llanto abunde en vos, que habéis recorrido el mundo para hallar al varón que ante vos tenéis. Decidle todo aquello que habéis pasado, relatadle los sufrimientos que los corsarios os infligieron, las armas que de sangre s cubrieron por salvar las vidas de hombres nobles y vasallos, que fuisteis varón de espada, y no hembra débil.

Los dos nobles, de Santoñán y de Amaya, dan un paso al frente y desenvainan sus armas que las rinden a los pies de la dama que la vida les salvase en tiempo de guerra y como don Alonso combatiera.

-Somos testigos de su arrojo, de su valor como hombre y de sus sentimientos de varón, que hasta ahora ignorábamos su condición de mujer, que doncella noble fuera.

Se desprende doña Inés de su saya de caballero, que la capa le cubre el cuerpo como a varón de la orden, y deja estupefactos a los nobles dando a entender que ella es señora de condición femenina a pesar de hallarse entrada en carnes y lucir espada al cinto. Caen las máscaras y se ven los rostros de los hombres, de las mujeres y de quienes sufrieron el pesar de estar alejados los unos de los otros. Abandonadas las armas se amontonan en un rincón con cintos y arneses que no serán necesarios en este Fausto día.

Isabel sale en busca de Miriam, que sabe de su dolor y no desea que su alma peque de venganza deseada, ni de aquello que en el alma se clava como cuchillo hiriente, para años venideros, que habrá de hallar varón de condición hebrea, que a boda la lleve como ella le desea. Ella está en la azotea con sus cabellos revueltos por la brisa con el sol de frente y la esperanza quebrada. Llora entre suspiros y su pequeño le pregunta la razón de su dolor, que no comprende pegado a sus faldas la razón por la que su madre se entristece. Saúl solo sabe que su amigo David está en casa y eso es razón suficiente como para que reine la alegría. Isabel la abraza y apoya su cabeza en la espalda de ella.

-No desesperéis mi señora que sé del dolor que el amor le causa a la mujer que lo siente, y sin embargo nace un día nuevo cada vez que una hembra decide amar. Solo quiero que sepáis que al ayudar a vuestros hermanos pensaré solo en vos, y seréis mi hermana y ellos mis hermanos que he de renunciar a la religión que profeso para poder unirme a David en carne.

-Solo un alma como la vuestra podría convertirse y ser una de las que adoran a Yavéh el Dios de Israel, sin ambages ni subterfugios. Si ese es vuestro deseo yo misma os llevaré a la presencia del rabino, que he de teneros por hermana y no por enemiga hija de Sefarad. Isabel de Sefarad.

-Isabel de Sefarad...suena bien como la otra cara de Isabel de Castilla...-se abrazan las dos mujeres, que se han perdonado la derrota y el triunfo, el dolor y el anhelo pasados, para sentirse cercanas la una a la otra. Saúl abraza las faldas de su madre por inercia y la brisa cesa como augurio de buenos tiempos.

LA GUERRA DEL MAR NEGRO

Bayaceto II pasea por el salón del trono acompañado de Selim y de Sobehia con dos temerosos ulemas tras de él, y doce guardias negros, traídos de la lejana Nubia para servir en palacio. Un servidor abre las dos hojas del gran salón, y se arrodilla hasta tocar el suelo con su rostro. Anuncia a un mensajero que llega con noticias desde la península de Crimea. Se le ve andrajoso y sucio, cansado y jadeante, como si a punto se hallase de la extenuación. Con gesto autoritario exige que abandonen los que le ayudan y se acerca al mensajero alzándolo del suelo mismo.

-Dime soldado, ¿Qué nuevas me traes de la guerra con el khan?

-Mi...mi señor protector de los creyentes...es...es necesario que sepáis del resultado de...-se entrecortan las palabras del recién llegado.

-Vamos ten calma soldado, que he de saber de qué me hablas para calmar la ansiedad que me corroe el alma y saber si Alá ha sido magnánimo con mi reino.

El soldado alza la cabeza y sonríe satisfecho con la cara tiznada de tierra y sudor que se entremezclan.

-Habéis vencido señor los tártaros han sido aplastados en dos batallas consecutivas teniendo en su bando enormes pérdidas y retirándose a su líneas. Nosotros solo hemos tenido cuatrocientos muertos y heridos. Seguimos las instrucciones que nos enviasteis, y la caballería tártara se estrelló contra las largas picas una y otra vez sin remedio. Nuestros regimientos atacaron su campamento y lo arrasaron. Se nos envió a cinco hombres para dar cuenta de la victoria de las armas de Alá en el campo de batalla.

Bayaceto se arrodilla y rinde adoración a su dios como siervo sumiso que agradece el triunfo de sus armas y la lección de humildad que le da Alá. Que ha utilizado a cristianos para entregarle el triunfo en vez de a musulmanes. Se sitúa en el sitial de oro adornado con turquesas y pide que se haga llamar a los consejeros los funcionarios y los ulemas, los bajás y al encargado del sello real y de la armada imperial. Los cristianos son hechos llamar por Selim que sabe dónde encontrarlos-

Una audiencia precipitada hace que la ciudad se llene de incógnitas y se comente que algo acaba de suceder sin saber el signo de tal suceso. La guardia despeja las calles y son limpiadas con celo sin igual. Comitivas de palanquines se suceden llegando a la Sublime puerta que se traga a los funcionarios y a los que gobiernan en nombre del sultán. El mercado cierra sus puestos y los mercaderes más influyentes se acercan en espera de poder acceder a la presencia del monarca turco y de este modo obtener el grado de influencia deseado. Traerán ante él a los tártaros apresados en las tierras del este, y se sabrá como Alá triunfa allí donde él lo decide hacer, sin que nada ni nadie pueda evitarlo. Los turbantes más grandes las joyas más exquisitas y las *galabiyas* más ricamente ribeteadas de oro y plata hechas en seda pura, se lucen para tal acto. Mil velas lucen encendidas en el gran salón y las alabardas en forma de media luna escoltan y protegen a los asistentes a la audiencia imperial. Los clarines resuenan y atruenan el aire, se retiran las picas con cabezas clavadas en ellas de las puertas de palacio, y se dan limosnas a los pobres. Las comitivas avanzan en una procesión interminable que acumula a los poderosos en el palacio del sultán. Se abren las dos hojas de bronce dorado con dibujos geométricos delicadamente tallados en ellas y se permite que penetren en el mundo del sultán los llamados a tal fin. Selim, a la diestra del monarca turco, y a su siniestra el hebreo Isaac, ven como los funcionarios imperiales se disponen a escuchar al príncipe de los creyentes.

-Hoy hijos de alá es día grade para las armas del islam. Los tártaros han sido derrotados definitivamente, y las fronteras del imperio se han desplazado hasta la provincia fronteriza con Astrakán. Mis soldados avanzan tomando las fortalezas y campamentos tártaros cercando al khan. Los artífices de tal proeza son los *bajás* nombrados por mi persona para detentar el poder de manera transitoria y se les debe honrar a partir de ahora y hasta que decidan marchar de Estambul, como a mis hermanos.

Las palabras de Bayaceto II resonaban como si el eco deseara repetirlas para grabarlas de esta manera en la historia. Los ulemas sobrevivientes a la purga realizada por la sultana madre, que espiaba desde la celosía situada sobre el trono de su hijo, para medir sus reacciones y tomar medidas según considerase necesario, veían mermado su poder e influencia ante el monarca turco y se mantenían a la expectativa agazapados en espera de su oportunidad para desbancar a la sultana y defenestrarla. En la mezquita los discursos inflamatorios de los *imanes* alertaban contra las maquinaciones de las mujeres que logran influir en sus esposos contaminando sus opiniones y manipulando sus deseos haciendo alusión indirecta al propio sultán. Un ambiente de fiesta y celebración llenaba el aire y los esclavos iban y venían trayendo ricas viandas y licores que aun desaconsejados por el profeta Mohammed eran permitidos en tales ocasiones disfrazados de zumos exóticos traídos de lejanas tierras aun desconocidas en el imperio.

Los cristianos, situados en la primera fila ante el sultán veían como un rey extranjero y habitualmente enemigo de sus reyes cristianos, les daba honra y les concedía privilegios rara vez otorgados a infieles. Los eunucos del sultán le cercaban discretamente con los alfanjes listos para defenderlo de posibles atentados contra su persona, y la guardia del gran Turco rodeaba a los asistentes creando una cortina de hombres vistosamente ataviados con medias armaduras y alabardas brillantes hechas de plata. Nada quedaba al azar en aquellas ocasiones en que el sultán era especialmente vulnerable, por tener que aparecer ante una multitud de funcionarios y embajadores, así como extranjeros que podían resultar hostiles a él. Bayaceto, sabio gobernante había llevado al imperio otomano al cénit de su gloria conquistando tierras a los tártaros y distanciando las fronteras hasta donde las escaramuzas con ellos y otras tribus como los kurdos no supondrían un peligro inminente hasta pasados ya varios siglos. Diecisiete *bajás* se habían presentado ante su real persona y otros veinte ocupaban sus puestos en las fronteras y conduciendo sus ejércitos para mantenerlo en el trono. Los asistentes eran vistos como héroes que libraban sus batallas por los que poblaban La Ciudad, permitiéndoles vivir en paz. Ni tan siquiera la mala noticia de la pérdida de la armada lanzada contra la isla de Sicilia le había perturbado lo suficiente como para sentirse derrotado. Lo intentaría en otra ocasión más conveniente.

La audiencia duró más de tres horas en las que se presentó a los generales, gobernadores y príncipes vasallos ante el sultán y su corte, para que pudiesen reverenciarlo como al protector nombrado por Alá para gobernar a los creyentes. Las deslumbrantes joyas que ostentaban vendidas a ellos por los comerciantes hebreos, que las traían de lejanos territorios bajo el yugo de los khanes descendientes del gran Kublay Khan, brillaban con destellos que competían con las estrellas. La audiencia se desarrollaba de noche en un palacio alumbrado con profusión de luces que lo convertían en una inmensa luciérnaga flotante en el Bósforo.

En el mar negro las naves cargadas de prisioneros de guerra tártaros navegaban con destino a Estambul, donde el sultán decidiría su destino, y se cobraría el precio de la guerra que le estuvo a punto de costar el trono. Las tropas del turco, habían hecho tal y como sus oficiales les habían exigido, y cuando la caballería tártara lanzada al galope entre gritos de guerra estrepitosos y disparando sus flechas a discreción, atacó sus líneas, ellos se mantuvieron parapetados tras los escudos de estacas forrados de cuero húmedo y esperaron pacientemente a que se acercasen sin permitir que el terror les invadiese. Entonces, cuando distaban apenas unos metros de ellos echaron los parapetos abajo, y dejaron al descubierto sus largas picas en cuadro que detuvieron a la caballería en seco atravesando a sus jinetes sin que estos pudiesen acercarse para herirlos desde sus sillas. Una masacre que vino a desmoralizar a los guerreros orientales, que privados de su caballos eran presa fácil de los jenízaros, que montados en sus caballos disparaban certeramente sus dardos. Así una y otra vez, a pesar de los desafíos de los mongoles que sabían que estaban perdidos si luchaban a pie, los turcos fueron diezmando sus filas hasta que se vieron obligados a retirarse apresuradamente. En el campo de batalla quedaron los cuerpos desmembrados y mutilados de los miles de hombres que habían combatido contra el sultán que apenas había perdido unas docenas en el enfrentamiento. La decadencia de la "horda de oro" había dado lugar a khanatos menores, que deseaban para ellos la gloria de momentos pasados, que jamás retornarían a sus naciones, ahora separadas en tribus como estuviesen antes de que el poderoso Genghis Khan las unificase. Era el momento de otras naciones como la otomana que aun durarían siglos en el poder en oriente medio, gobernando a las demás tribus repartidas por la Anatolia oriental y occidental, incluso llegando hasta los Balcanes y la misma puerta de occidente Viena.

LA CONVERSION DE ISABEL DE SEPHARAD

David Bejhat conversaba con Isabel, y le hablaba de cómo dar el paso de la conversión a *prosélita* sin demasiados inconvenientes, de manera que pudiese ser vista como una judía y así la comunidad viera con buenos ojos su matrimonio con el hijo de Solomon. Isabel comenzaba a conocer los mandatos del profeta Moisés, del que tan solo sabía era un enviado de Dios para salvara al pueblo hebreo del terco faraón. Ahora se convertía en uno de los máximos exponentes religiosos de su nuevo pueblo, y debía conocer la opinión de los rabinos y sus tradiciones orales. En la casa de Solomon, estudiaba la *Torá* y repasaba de mano del rabino Gamaliel, los preceptos y los rezos concernientes a su estado de conversa, necesarios para ser aceptada por Yavéh como hija de su pueblo errante hasta que se le devolviese Jerusalén la amada. Entonces legaría el Mesías y se recuperaría el reino Davídico, resucitando los muertos. Isabel, se sentía inmersa en un mundo nuevo, que sin embargo hizo suyo prontamente, dando muestras de gran inteligencia y resultando obediente a las sugerencias de los rabinos.

Don Rodrigo de Pechuán y su escudero Enrique de Santoñán acompañados de su hermano don Ramiro de Santoñán, así como Marcos de Amaya y Felipe de Leizo, deambulaban por Estambul, grabando en sus mentes las costumbres y ritos que los musulmanes tenían y la tolerancia de la que hacían gala en algunos casos impropio de los radicales cristianos católicos que en su fundamentalismo se dejaban ver como guerreros capaces de exterminar a quien no compartiese su religión. Acudían a la iglesia que los turcos en un bario periférico permitían que tuviese su propio sacerdote par ano ofender a los buenos musulmanes, y a la cual acudían los prisioneros que no habían decidido cambiar de doctrina. Sus armas colgaban inertes de sus cintos, innecesarias por ser reconocidos como los protegidos del sultán y cuyas vidas eran sagradas para todos aquellos que sabían de su buen hacer para con sus hijos, maridos y nietos, que combatieron bajo sus órdenes indirectas permitiendo que sus vidas se mantuviesen a salvo de los crueles tártaros que pretendían el trono del islam. Eran honrados por los dueños de tiendas y imanes de mezquitas que les invitaban a sus casas de modo que requerían de sus personas el relato de sus residencias y su mundo en el Al-Andalus perdido de la España dividida en dos reinos poderosos. Ellos relataban su vieja hasta Estambul, y como conocieron el mudo del islam, al que combatían por ser cristianos, fieles a su rey don Fernando y a su reina doña Isabel. Les extrañaba su vestimenta y sus armas rectas, como las espadas jinetas de los reyes de Granada. Les dejaban desenvainarlas y tocar sus afilados filos y empuñaduras de pomo de oro enjoyadas discretamente. Les colmaban d eregalos y les solicitaban que enterrasen cenizas de su muertos en tierras de la lejana Al-Andalus, que sus antepasados se lo pidieron antes de morir. Cajitas de marfil y plata llenaron sus alforjas y se vieron impelidos a condescender regalando algunas prendas que a tal efecto compraban en el mercado de la seda. Las galeras en el puerto, aparejadas y listas para salir a combatir en mar abierto, les recuerdan las suyas abandonadas con escasa guardia en la cala oculta cerca de Estambul, y de las que recibieron noticias recientemente. Deben retornar a castilla con ellas y antes atracará don Rodrigo en Sicilia, que le han llegado malas nuevas de la isla que se comenta en la corte que ha sido atacada por una escuadra de galeras del sultán, con escaso éxito al parecer. Piensa en doña Marcia y en el padre de sus dos acompañantes hijos ambos de don Martín de Santoñán. El alma se parte en dos en tal caballero, que se debe a su rey y a su reina, y ve en el protector sultán a un hermano y aun enemigo a la vez.

-hemos d epartir con destino a castilla en cuanto se celebre la boda de mi hija con David el hijo del hebreo Solomon. Será el miércoles como es costumbre entre ellos, y las galeras habrán de salir al mar ay regresar al combate a pesar de habernos hermanado con los turcos como nunca supimos hacer en Castilla y Aragón cuando los musulmanes poblaban nuestras tierras. Una escuadra como la de este monarca puede causar daños irreparables en las costas levantinas de Castilla y las islas aledañas como Sicilia-se sorprende diciendo en lugar de las más cercanas baleares-hemos de dar cuenta de tal poderío a la corona de ambos reinos y así detener el peligroso ataque turco.

Algo dentro del noble castellano, se desgarra al darse cuenta de que jamás podrá retornar a Estambul para ver a su hija y deberá cubrirla de abrazos que no olvide, que solo así le recordará como a padre que la tuvo dentro de su alma misma. Sabrá de su felicidad por las naves judías que llegarán para comerciar bajo bandera turca con los mercaderes de españoles, y así se contentará con tal saber. Marcos de Amaya ve en Enrique de Santoñán y Ramiro de Santoñán, la duda de su padre y madre se hallarán a salvo del ataque turco, que ya odian a los tales por atreverse a dar muerte a quienes con ellos criaron. Don Rodrigo va camino de la cárcel donde retienen a don Jaime de Siete Pinos preso en espera de rescate, que no espera ser liberado en breve, y es su suerte la que cambia con la llegada de don Rodrigo de Pechuán. Muestra el salvoconducto al carcelero, que le mira con odio contenido, por no poder contradecir la orden directa del sultán y le pide que lo siga a las celdas inferiores donde languidecen los cristianos apresados que no han sido vendidos como esclavos, que el imperio otomano también tiene secretos oscuros en sus carnes que no enseña. Moho y humedad brotan de las paredes y solo unos ralos hachones sostienen dos antorchas que apenas iluminan la escalinata estrecha y desgastada que conduce hasta las celdas más internas. Allí tras una reja negra de hierro oxidado, se halla el noble marqués de Siete pinos que se cubre la cara con el dorso d ela mano desacostumbrado a la luz. El carcelero abre la reja y a empujones lo echa de ella. Lo recibe en sus brazos de manera obligada que le cae encima como un fardo el conde don Rodrigo y le ayuda a caminar que las palizas y el hambre lo han dejado exhausto. Suben penosamente los escalones y el carcelero tras ellos escupe en el suelo, que se le escapa una víctima y le sabe mal. Al salir afuera el marqués se tapa la faz y los harapos que apenas lo cubren bailan al son de la brisa. Marcos de Amaya corre en ayuda del noble y su protegido y son los Santoñán quienes acercan los caballos para que el preso liberado pueda montar aupado por las manos rudas y anchas de los dos hombres. Una comitiva de nobles cristianos cabalga al trote por Estambul sin estorbo, que son bien recibidos allá donde vayan por los habitantes agradecidos por su intervención que corre de boca en boca. Solo la sultana se ve frustrada en su conspiración con el eunuco Selim, que no desea que salgan de la capital otomana, con bien. Pero saben de la furia que se desata en el sultán cuando s ele contradice, y no por ser su madre está ella fuera de tal pago.

Sobehia sale del *serrallo*, satisfecha por el desenvolvimiento de los asuntos de su hijo, pero más aun si cabe por el resultado tan apetecido de los suyos. Selim y dos de sus eunucos de confianza la acompañan en su salida para garantizar su seguridad. Tiene en mente una manera de eliminar a los cristianos y se debe actuar pronto si no quiere que se entere su hijo el sultán. Sabe de la boda de Isabel con David el hijo de Solomon y que el sultán ignora la condición femenina de la tal Isabel, hija de don Rodrigo. Ibn Mulehed tendrá su oportunidad de demostrar de nuevo su habilidad asesinando a los enemigos de Sobehia. En el barrio judío la fiesta por la conversión y boda de uno de sus miembros más queridos, hijo a su vez de uno de los más prominentes de la misma, ocupa el primer lugar en las vidas de cada familia que desea ser partícipe de los actos. Varones asignados vigilan por la seguridad de cuantos se reúnen con tal motivo, y cierran virtualmente las entradas y salidas del barrio. Llevan espadas a la cintura que se lo permite el sultán a modo de defensa por si en alguna ocasión alguno de sus súbditos olvidase que se hallan bajo su protección personal. Las ocultan para no alarmar a los viandantes que compran, venden, y caminan como a diario hacen. No obstante, llegan cada día nuevos carros con invitados y regalos que se les harán a los novios tras los diez días consecutivos de boda. Se preparan los mantos ceremoniales y las familias especialmente las consuegras se ven en la necesidad de verse para entablar conversaciones y ajustar la dote que la familia de la novia le aportará a la del novio. Antes de extender el contrato nupcial, se habrá d saber de los bienes que llevarán consigo los contrayentes, que en el caso presente, y dado que no existe consuegra por parte del novio, será doña Inés quien ocupe tal puesto de honor, que ella la crió de tal manera, que hija la siente dentro de sí.

Un peligro s cierne sobre los alegres muchachos, que solo desean que concluya la ceremonia para dar comienzo a sus vidas en común, y viene de palacio, que la sultana no se conforma con la decisión tomada por su hijo. Habrá de intervenir, que la muerte por mano de Ibn Mulehed le llegará al novio, y ella habrá de sufrir la misma suerte que el tal, para satisfacer la sed d sangre de la sultana. A caballo llega Ibn Mulehed, con dos acólitos que le escudriñan el terreno, para no tropezar con desagradables oponentes, que le dificulten el trabajo. Descabalgan y se distribuyen por las calles del barrio hebreo. Cimitarra bajo la *galabiya*, y gumía tras el cinto, van armados para matar a quien se les ordena, sin nada preguntar. Dos varones judíos les ven pasar por una de las calles en las que no debiera haber nadie, y se acercan, seguros de haber dado con dos intrusos. Sacan de sus cintos dagas afiladas que saben de la afición de los turcos de tales instrumentos y observan sus movimientos que les delatan como sospechosos de estar tramando algo contra los que se reúnen en tan magna fiesta. Sobal se acerca por detrás de uno de ellos, y llama su atención. Este se da la vuelta con la cimitarra en la mano, y Sobal lanza certeramente el cuchillo que se le clava en el cuello muriendo en el acto. Corre en busca d su compañero para darle aviso de que en efecto son intrusos con malas intenciones, y le ve forcejeando con él en medio de una calle. Una vez más el cuchillo de Sobal vuela y clava en la carne del turco justo entre las dos clavículas de manera que no siente que muere hasta que ya se halla en el suelo. El peligro ha sido con jurado y Ibn Mulehed que ha visto morir a sus dos lacayos da la vuelta y se pierde entre las sombras de las calles, sin pensar en cumplir con el encargo de la sultana. Sobal alerta a sus compañeros ante el temor de que se produzcan más altercados y estos aguzan la vista en espera de poder localizar a más intrusos, sin que esto suceda.

Don Jaime, que se ve libre tras un largo encierro, se recupera, con la espada desenvainada en el patio de la casa de los Bejhat, que ha solicitado permiso para tal actividad, y en consideración a su estado de debilidad, se lo ha concedido Solomon el hebreo. Sus ropas son las que corresponden a tan noble estirpe de señores feudales, que al rey sirven con fidelidad y valentía, y el color ha vuelto a sus mejillas, que los cuidados de doña Inés han hecho milagros dentro de su organismo, y lo han resucitado al mundo de los vivos, que muerto se hallaba. Ella como madre que de el fuera no le quita el ojo de encima, y ve como resurge el caballero que ella viera un par de veces en el castillo de su señor don Rodrigo. Un joven judío es recriminado por acudir a verle emplear la espada, que no desean sus padres ni tampoco el rabino, que vea la violencia que los cristianos usan para defenderse, y así convertirse en un matador de hombres a los ojos de *Adonai Yavéh*. Más él acude en secreto, que la sonrisa cómplice del marqués le dice a las claras que aprueba su deseo de partir de allá con él y se lo rogará al rabino, que se lo negará sin duda. El aire sufre los embates del marqués que hiende el vacío como si demonio viera en él, y sabe que su brazo va siendo el que combatió a moros en Castilla a las órdenes de el rey don Fernando, y de la reina doña Isabel, que en Granada quedó sin teñir de sangre infiel, y en la captura del Rey Boabdil, supo emplearla. Ha de ser cauto si no quiere comprometer a sus salvadores, que los judíos reinan en aquella parte del mundo, y son quien les dan a ellos la protección y el respeto que se les negó en Castilla y Aragón. Le duele no poder decir lo que siente dentro de sí, que día a día se lo han ganado los judíos de Estambul, y ya no piensa como antaño, sino que en su corazón existe un hueco, para todos aquellos de los que aprender debieran los más altos caballeros de los dos reinos. Sale sudoroso y cansado a la calle abandonando la espada en un banco de madera que un servidor sube a la planta superior para que no vean los vecinos que armas hay en la casa de uno de los más prominentes ancianos de la comunidad, que mal ejemplo sería y pocos serían los que lo entenderían. El aire fresco le sabe a oro derretido que por las venas le corriera, y su rostro se alza al cielo en oración, agradeciéndole al señor su Dios, cuanto ha recibido de su mano, que la humildad es un don, que se pierde con la espada en la mano, y se recupera con la generosidad de un enemigo tratado con injusticia. Nada como morir en esta tierra, para resucitar en otra diferente y nueva, en la que las razas moran juntas en unidad, y solo un Dios reina en ella.

Llegan por la calle entre pasos lentos y cansados Solomon y Isaac que conversan y preparan lo que será la ceremonia más sublime que jamás se haya visto ene l barrio judío de Estambul, una que no se olvidará fácilmente. David Bejhat, e Isabel esta que ya llaman Isabel de Sefarad, serán ejemplo de que no todo está perdido en el mundo en que viven los judíos, los cristianos y los musulmanes. Si cundiese este ejemplo, aun se podrían detener las guerras santas, que no lo son, pues Dios es neutral en asuntos de hombres, y se podrían aun convivir juntos sin matarse unos a otros que el diablo se ríe de tales cosas. Ven a don Jaime a la puerta de la casa, y se quedan mirando el porte de tan magnífico caballero, que sobrepasa el metro ochenta y no es común tal cosa en tiempos como aquellos. Con las manos en jarras, les sonríe y sale a su encuentro besando la mano de Isaac, que es costumbre entre los nobles hacerlo con quienes reconocen tienen privilegio de servir a Dios. Se extraña ante tal comportamiento el hebreo, y toma por el brazo al marqués, que le mira a los ojos, no hay engaño en ellos, sino agradecimiento, que el judío sabe leer en ellos, desde tiempos en que estuvo en cárceles de cristianos hasta que la reina doña Isabel lo sacó a duras penas y con mil ducados de plata como extraordinario privilegio por los servicios ofrecidos a ella, le despachó sin más miramientos que los otorgados al resto de los judíos expulsados. Ahora él tiene en sus manos las vidas de seis nobles de Castilla, y se sabe poderoso en tal situación, que ha de llevarlos al muelle donde les esperan sus propias galeras y les dará salvoconductos del sultán para salir sin ser molestados por sus galeras, que arden en deseos de venganza por la derrota de Sicilia.

-Me alegra ver que os recuperáis señor de siete pinos, es bueno para el señor que brazos tales le sirvan en menester tan ingrato como la espada es. —Le provoca el judío con sonrisa fácil.

-Lo es mi señor don Isaac, que el Señor precisa de tales brazos, para su defensa y sin embargo desearía que no fuese de tal manera. Agradezco vuestra hospitalidad, que sin duda no merezco, por ser enemigo de vuestra raza y religión antes de esto, que ahora amigo deseo ser de los vuestros y ayudaré en sacar de castilla a cuantos fuese necesario bajo mi espada que lo juro.

-No es necesario mi señor don Jaime —usa su nombre con afecto de padre, más que de amigo-que *Adonai Yavéh*, permite tal sufrimiento, por los pecados de nuestros antepasados, y nada se puede contra sus designios. Acabad vuestra recuperación y no persigáis más a los nuestros que con ello vais cumplido.

El marqués que espada en mano combate y jura, ve lo inservible de tal instrumento cuando la mano de Dios está de por medio, y baja la cabeza avergonzado. Ignora la sabiduría que subyace en el interior de tales maestros de la ley y se promete que aprenderá cuanto le sea posible de ellos, que los libros nunca le fueron abiertos y leer y escribir no sabe el guerrero. El hebreo le abrirá las fuentes del conocimiento y aplicará sus dedos a la pluma de ganso y al cálamo, para hacer de él un hombre instruido en saberes más altos que los que la espada y la sangre dan. Pocos días quedan, más será preciso que se apresure el marqués en tan ingrata empresa para quien la espada desenvaina. Los criados se dan prisa en ayudar a su señor a entrar en la casa y le quitan el manto y lo calzan con otras babuchas que los pies se le agotan, y le deben masajear, para que la sangre circule por sus venas, que no le llega a donde debiera, por causa d la edad avanzada, y los dolores acusa de cuando en cuando. Asciende los escalones pesadamente y sabe que esta será su última boda y habrá por lo tanto de esmerarse que no la olvidará ni cuando el Mesías le resucite en el monte Carmelo. Su mente cavila y recita los textos que le enseñase el rabino Ibnfud Për, en Sefarad, ¡ah,Sefarad! Ya no la volverá a ver y él es español que España Sefarad es, y expulsados por reina caprichosa y desagradecida han sido, que miedo le tienen a quien sabe leer y a quien sabe escribir las frases que las escrituras dicen. Se dormirá en la muerte pronto y desea que su hija Miriam case con varón hijo del pueblo de Israel, antes de tal cosa, que triste será para ella. Solomon tiene suerte de ver su prole engendrando hijos que serán de dos razas que unirán el odio y el amor en uno…¿qué saldrá? Solo *Adonai* lo sabe…

LA JUPÁ DE ISABEL DE PECHUAN

Ha llegado el tiempo de realizar los ritos sagrados que darán condición de casados a los dos contrayentes, y doña Inés como consuegra de la que es tía de la novia doña Sephora, han regateado como es tradición días antes y ahora de nuevo se reúnen para extender el ajuar ante todos, mostrado doña Inés, un espléndido lote de sábanas de seda bordadas por lo mejores artesanos del barrio turco, donde el conde ha hecho gala de tamaña generosidad que se ha cercado en multitud para intentar sacar partido de su persona. Dos brazaletes de oro puro y cuatro rubíes lucen como estrellas por parte de don Jaime de siete pinos, que ha vendido su daga para comprar el regalo de la dama, que tal era su valor que han pujado los judíos más que los turcos. De su padre era el arma y de generación en generación pasó hasta ahora. Sephora se queja del escaso ajuar, como es la tradición y canta canciones que hablan de que la dote escasa es, y merece más la hija de sus entrañas. Entonces doña Inés que ha sido instruida para tal evento, deja la ofensa que no lo es aparte y dice con voz angelical en canción:"Siete camisas daré al novio, un apara cada día de la semana, y un *yerbán* (collar) de oro puro para que luzca en su cuello como muestra de amor, y uj esclavo he de añadir, que paseará al primogénito de tu hija como la luna mece al sol. Más aun daré que *mazal* (buena suerte y bendiciones) daré para que tengan larga vida en justicia juntos. Doña Inés ve como la boda es ya una realidad y llora mientras recita y canta que el corazón le traiciona y doña Sephora cae en tentación de al llanto ceder y así lo hace. Grande es la alegría en el barrio que las gentes se agolpan en la calle para ver a los dos novios que serán de los suyos sin que nadie objetar pueda cosa alguna. Cantan canciones que hacen referencia a Sefarad y a la perdida patria por culpa de reina caprichosa que de entonces se cantan y hacen eco en la historia.

Pasan varios días y la novia va al baño ritual que le acompañan Miriam como amiga que no tiene aun más, y dos tías de la familia de David que Sephora está entre ellas y le mira como a hija que ella así lo siente. El edificio alzado para tal ocasión como en otras que antes lo hicieron en él, es de piedra y dentro un aljibe lleno de aguas calentadas con brasas que apetece entrar en ellas, reina como principal objeto. Le desnudan que como al mundo vino queda la mujer, y penetra en ellas con pie derecho y sin titubear, que mala suerte da. El agua le va cubriendo hasta que solo la cabeza queda, que profundas son las aguas y dentro debe quedar todo lo que ella es. Miriam apoya su mano sobre la nuca de Isabel y esta deja descansar en ella su cabeza, que la sumerge suavemente, mientras Sephora mete en el agua los cabellos rebeldes que flotan en ella. Que dentro queda Isabel por completo. Sale una nueva Isabel que desde ahora pertenece al pueblo de Israel, y sonríe satisfecha que el miedo no ha venido a ella. Miriam llora de emoción y besa a su amiga con ternura que la cubre Sephora con un manto y la secan entre ambas con el calor de la familia nueva.

La novia va de camino a casa de David Bejhat que le ofrecerá las joyas de la familia. Ante todos los presentes Isabel ve ante sí una fuente de plata con peladillas, y entre ellas joyas rutilantes que se entremezclan con los dulces. Rubíes engastados en artísticos anillos colgantes de oro con esmeraldas diminutas y dos brazaletes de oro con rosas de Francia, recoge la novia que sonríe llena de emoción con ojos brillantes. Canta la canción que es tradición a pesar de no importarle las joyas ni el oro que ya lo tenía en castilla y lo desechó. "Si las joyas no me trajiste, a la cama no te subiste..."" "si las joyas no me has traído a la cama no te has subido..." y los grititos de picaresca salen de boca de las mujeres presentes que corean la canción esperando ser ellas las siguientes en casar.

Pasan los días lentos y tensos como si el destino deseara estirar los músculos de cada participante en la *Jupá* como cuerdas de arco. Don Rodrigo desearía que nunca concluyese, que perderá a su hija en el devenir de los tiempos, turbulentos y críticos, que la alejarán de sus brazos para siempre. Es el día en que todos los invitados están en casa de la novia en espera de que llegue el novio, y ella Isabel de Sefarad, como ya se la conoce, esperará acompañada de doña Inés, de Miriam y las mujeres de la familia, que ansiosas reflejan en sus ojos la emoción que les causa aquella tan especial *Jupá*. El novio David vestido con atuendo propio de tal evento, avanza flanqueado por dos testigos, que lo conocen desde que salieran de Sefarad, y ven cumplido el sueño de su amigo en la Estambul tolerante y lejana que sin embargo Sefarad debiera ser y no ella. Entra en la casa que la alegría reina por doquier, y don Rodrigo la entrega con palabras de padre hebreo, que le dice a ella:"Anda en la ley de Moisés, y tómala y llévala a tu padre..."sabe don Rodrigo que con tales palabras que le duelen en el alma misma la entrega a la familia de David, que sabe la cuidarán como él, pero siente dolor aun así sabiéndolo. Isabel le ofrece dulces y peladillas y con él va detrás que le sigue.

Ha llegado el novio entre antorchas y música en procesión llena de vida que se regocija de saber que al fin estarán juntos ambos. Ahora el séquito se dirige a la sinagoga más antes habrán de situarse bajo la *Jupá*, que es el palio, e Isabel da siete vueltas a la *jupá* para situarse después a la derecha del novio. Un *minyán*, que diez varones adultos son, de más de trece años por demás, esperan a los novios y los testigos que entran en la sinagoga con las miradas furtivas encontrándose a veces.

Comienza el *kidush*, la primera copa de vino, que el novio le ofrece a la novia, y en ese preciso instante Sephora le levanta el velo a Isabel *(badecken)* cuya mirada habla de amor ante los que la pueden observar. El rabino entona una oración de agradecimiento a Dios, y le dice con voz alta y fuerte."Bendito seas tú Yavéh nuestro Dios, que nos has prohibido la fornicación, pero permites el regocijo del placer y el amor a aquellos que han contraído matrimonio, y lo santificas, con la *jupá* y el *kedushin*".

La multitud se arracima en la sinagoga y no se escucha sino silencio que impresiona por ser tal, y el respirar se hace costoso entre quienes esperan poder aclamar a los novios en celebración con música y baile, que alegres son las *jupás* aun en medio de la desesperación por el exilio forzoso. Doña Inés llora sin poder contenerse, que su hija se casa, así siente como si lo fuera, que ella la ha criado desde la marcha de su madre. Ella quedará con Isabel, que esto le sirve de consuelo a don Rodrigo, y sabe de ella habrá de cuidar, como él mismo hiciese. Son Marcos de Amaya, Ramiro de Santoñán y enrique de Santoñán, quienes junto a Felipe de Leizo, ven el desarrollo de la ceremonia como oportunidad para ampliar sus conocimientos, sobre quienes consideraron en un tiempo, inferiores o malditos, que sin embargo en un solo Dios creen. No saben que pensar, que crisis hace su mente, y arropados se sienten por los tales hebreos, que persiguieran en Castilla y Aragón. Lamentan que sus reyes no vean tales portentos y presagian que mal les ha de ir sin quienes la cultura d las letras aprecian tanto, y la preservan de la destrucción. Han dejado las espadas fuera, que en la casa de Adonai no se deben ostentar, y la desnudez les convierte en hombres dignos, que no usan de fuerza para imponer tributo de creencias. Sus almas mismas se unen con las de los presentes, que no podrán olvidar la ceremonia de la *jupá* como tampoco a los hombres y mujeres que sus casas abrieron para mostrarles caridad, de la que tanto presumen caballeros de la cristiandad, y no la dan.

Un ambiente místico, que conduce a meditación llena el aire d ela sinagoga, en la que un hombre y una mujer se unen para seguir el mismo camino en la vida. Fuera esperan hombres de armas soldados que en el mar desean estar y no allí, que se les ha hecho llamar para tal ocasión, que a pesar de las buenas intenciones del sultán no bajan la guardia pues se saben cristianos llamados infieles por los musulmanes, y no desean sorpresa que amargue a los novios la ceremonia. Inquietos y nerviosos andan, con las espadas a los cintos, y los caballos listos para la partida antes de que se alce el día nuevo, que las penumbras que las sombras traen en la noche ciega, les hacen sentirse pequeños ante la Selena terrible, que reina en el cielo. Sueñan con sus familias, que de su paradero ignoran, y no desean que el tiempo les cause mayor sufrimiento, ni dolor que el ya acaecido. Solo cuando el mar les devuelva el saludo, con el olor a salitre y el frescor del oleaje, que mece sus naves, se sabrán a salvo y en camino. Escuchan las bendiciones del rabino, que alza la cabeza en busca de la presencia divina, que bendice la unión, y resuena en la cámara de piedra exquisitamente decorada, como la voz de un ángel, poderoso y terrible a un tiempo.

David, hace entrega del anillo a la novia y le dice con voz queda y varonil."Harei at mekudeshet li kedat Moshé ve Israel" (he aquí que estás consagrada a mí según la Ley de Moisés), entonces un clamor inunda la sinagoga, cuando exclaman los prtesente:¡¡Mekudeshet!! ¡¡mekudeshet!!. Los testigos firman la ketubá (contrato nupcial) y se pasa a la segunda copa de vino, (Sheva Brajot). El rabino inicia la pronunciación de las bendiciones...una tras potra hasta finalizarlas todas.

-"Baruj atá Adonay Elohein Melej haOlam SheHakol Barah Lijrodbó" (bendito tu eres Dios nuestro, rey del Universo, que creó todo por su gloria)...Baruj atá Adonay Elohein Melej haOlam SheHakol Borej Pri Ha Gafén"... (creador del fruto de la vid)...

Los novios abandonan el recinto sagrado y se encamina consumar el matrimonio en la casa del novio, en la que Isabel residirá desde aquel momento. Don Rodrigo llora al verla feliz y se dispone a salir al alba con los suyos, que le queda una larga travesía que desandar, para retornar a la patria tan añorada, y sin embargo tirana que le obliga al regreso, que sin duda moriría de saberse su presencia en tierras extrañas a la fe que él aun profesa, y de su permiso para que Isabel pudiera unirse a un hombre del pueblo de Israel, sin estorbos. Estambul le roba el alma y él luchará contra los que allí quedan sin fuerzas en el cuerpo, ni ánimos contra ellos, que sabe de su procedencia son, como todos hijos del mismo Dios.

EL PADRE EGEO, SEÑOR DE LA LIBERTAD

Isabel acompaña a David, que con ella van los más allegados, don Isaac Abravanel, y su hija Miriam, que llora por la suerte de sus dos hermanos, y tras ellos se hallan, presos de pena, Abraham Bresanel, y Samuel su vástago, que amistad hizo con el callado Enrique de Santoñán, que el azar les separa, cuando más le necesita. Isabel se adelanta y besa a su padre en la mejilla, que le caen lágrimas amargas, que nuca ha de ver su faz, y morirá sin saber de su persona, si bien se halla o se duele de no verla, que ya lo siente lejos de su alma misma. Saúl el pequeño de Miriam, juguetea ajeno a todo lo que no sea divertirse, que está en edad de hacer lo que los mayores, ya no pueden por causa de su mal hacer.

-Hija no penéis-le consuela él que el corazón deja en Estambul-algún día he de venirme a veros y he de abrazar a mis nietos, que sangre de castilla llevan y son de España, hijos de mi carne.

-Padre prometed que seréis con vuestra alma misericorde, y que no penaréis por mí, más de lo que sea menester hacer. Sois varón que espada sostiene firme, y esgrime con pasión de guerrero, aquello que el rey defiende. No cejéis en vuestro afán, y sed feliz.

Se alejan las almas de ambos y lloran por lo que se pierde en el devenir de los días. Embarcan en las galeras y el mar inmisericorde los separa, poniendo entre ellos leguas de mar abierto.

Las galeras de Felipe de Leizo, Marcos de Amaya y Ramiro de Santoñán, salen de la cala en que atracaran, al llegar a las costas turcas, y se unen a la de don Rodrigo de Pechuán , que queda su alma misma en Estambul, y solo sabe mirar a donde en la lejanía se pierde la línea que la define, sufriendo un muerte lenta y dolorosa, que ya no recuperará la alegría de vivir, sin aquella que era su razón. Reman los hombres, que ellos desean llegar a la patria anhelada, como verano, que en la lengua se derrite dando su aroma y su sabor a aquellos que sed ostentan. Llevan pabellón turco, que el propio sultán otorgara como privilegio de embajadores, hasta que se hallen en aguas en las que él no posea dominio de las tales. Cortan el agua como cuchillas afiladas y el ruido les acerca a las aguas en las que los reyes católicos dominan sin ambages patrullándolas para defenderlas de las razias turcas y berberiscas. Las islas del Egeo van quedando atrás una tras otra y siente don Rodrigo que la vida se renueva con el olor a salitre que le inunda las fosas nasales, como alma que se mete en él confiriéndole una alma nueva. Piensa de nuevo en la olvidada dama de amores imposibles, que dejara en la isla de Sicilia y es una voz de alarma la que le saca de su abstracción en ese instante mágico en el que un hombre se une a una mujer en el tiempo, sin tocar su talle, ni ver sus vestiduras, que no están cerca. Ella se debe a su señor, que don Martín es quien la posee, y tratará de olvidarla, no sin antes verla por una última vez, que sino morirá del todo. Da orden de enfilar la proa de la galera de don Felipe de Leizo a Sicilia y escucha la voz del vigía que le avisa de que salen del mar turco, en el que los infieles reinan sin que nada lo impida. Las galeras, como una flota compacta y en orden de batalla, crean una línea que barre el mar con sus proas viento en popa.

Los turcos que ven las galeras las identifican como las pertenecientes a los embajadores que el sultán hace llamar a su palacio, y permiten su paso a regañadientes, que buena presa serían de poder abordarlas, más también la muerte llegaría de manos de tan aguerridos caballeros, que saben de la rabia que sienten por el ataque a la isla de Sicilia, y la muerte de muchos de sus compañeros de fe. Velas rojas de los caballeros de la orden de San Juan de Jerusalén se ven a lo lejos y las pocas galeras que ven pasar a los cristianos desaparecen, que los que ostentan la cruz patada en el pecho, matan musulmanes como quien se deshace de enemigos que nada valen. El mar queda en calma y las galeras de don Rodrigo avanzan hasta que un número considerable de velas les corta el paso y se aprestan al zafarrancho de combate con las espadas en las manos, que estos deben ser berberiscos, que viene de saquear las costas levantinas, con las bodegas repletas de esclavos capturados en Castilla y Aragón, de las manos de su Dios. Treinta velas cuenta el vigía que se espanta d la superioridad numérica que les cercará en breve. No distingue el pabellón de los que llegan, y el corazón les late con fuerza, que la muerte llama a su puerta con golpes de cimitarra.

El horizonte todo se llena de velas que no hay escape posible de quien comande tantos navíos de guerra, y deberán vender caras sus vidas, de no ser así, la señora de la guadaña se los llevará al mundo del Hades. Todos se agolpan en las cubiertas, en completo silencio, armas en las manos, y miradas de odio, que les cortan el paso hasta sus familias, que muchos ya no verán. Brilla un sol poderoso y abrasador que es testigo del enfrentamiento de las dos flotas, que una se hundirá en el mar como ofrenda a un dios olvidad, que los griegos dieron como nombre Poseidón. Un vigía grita a voz en cuello."¡¡Aragón!!,¡¡Aragón!!,¡¡Aragón y Castilla!!,¡¡que son cristianos y no turcos...!!.

Todos miran a lo alto creyendo que la locura se apodera del vigía por temor que la muerte le causa, más el sigue gritando, repitiendo la consigna, como tabla de salvación, y contagia a los vigías de las demás galeras, que ya ven el pabellón d los reyes católicos en cada nave.

-Arriad la bandera del sultán e izad la nuestra – ordena don Rodrigo en espera de que la vean y al menos duden antes de lanzarse al ataque.

Caen los estandartes del sultán y se eleva en el aire la bandera de castilla y Aragón, que los marinos de las naves recién aparecidas las ven y dan cuenta de tal cambio en las galeras que turcas parecían.

-¿Pues no están cambiando el pabellón para confundirnos y así tener ventaja al acercarnos?-piensa para sí el comandante don Alvaro que manda flota de castigo contra las costas turcas en pago por el traicionero ataque a Sicilia-.Que se acerque una chalupa a ver si algo hay de cierto en tales naves., que sospecho ardid del enemigo.

Las flotas se frenan en medio del mar como escrutándose en un intento de ver quién es cada uno, mientras la chalupa que ordenara don Alvaro surca las aguas plácidamente hasta abordar la galera que luce el pabellón de capitana. Sube a bordo como con el miedo a morir pintado en su faz Guzmán el segundo de don Alvaro, y se felicita de no ver turbantes turcos ni engaño, que son hermanos de fe, y no otros enemigos a batir. Alza la mano con un trapo verde que le dan los marinos de la Galana, que así se llama la galera de don Rodrigo, y se congratulan los marinos de ambas flotas, que en grito alzan sus voces agradeciendo al Señor su salvación de cruel combate.

-Don Rodrigo, me sorprende verlo a bordo de esta nave, que por muertos s eles daba a todos los que aquí veo, y doy gracias a Dios por tan grato encuentro, que hallo a lo más granado de la cristiandad en estas aguas infestadas de turcos infieles y piratas berberiscos que asolan las costas de levante.-Le aprieta la mano y abraza su cuerpo que sabe de su valor al frente de galeras y tropas de tierra, en combates librados por la cruz. Debéis saber, que no ha mucho, los turcos intentaron conquistar Sicilia y estuvieron a punto de conseguirlo, de no ser por la oportuna intervención de las galeras del rey don Fernando. Murieron muchos de los nuestros y…

-Decidme que don Martín se halla sano y salvo, y su esposa la dama Marcia…-su ansiedad le traiciona, más ignora lo que siente el comandante don Alvaro.

-No puedo mi señor don Rodrigo, que ha de saber vuestra merced que murió en duro combate don Martín de Santoñán y…-no le permiten continuar los hijos del difunto, que se agolpan contra él al saber de la desgracia a acaecida a su familia en su ausencia.

-Decidnos de nuestra madre y de cómo fue la muerte de nuestro señor padre don Martín de Santoñán que Dios tenga en su gloria…-lloran sin poder contener el dolor que los atraviesa a pesar de ser caballeros curtidos ya en dura lucha.

Una bandera negra como la muerte es elevada en el palo mayor, como crespón de luto. No queda en nada la alegría, que es menester dar gracias al cielo por la acción de la providencia, y rezan con acción de gracias a Dios. La flota numerosa y disuasoria, pone rumbo a Sicilia para que allí desembarquen los hijos de don

Martín, y ver de consolar a su madre, la viuda, que llora la pérdida de su señor. Sicilia que se repone de las heridas causadas por el ataque se ve aun humeante y rasgada en sus entrañas, como mujer que a punto estuvo de ser violada. Las galeras se aparejan en línea, que semejan un bosque de árboles altivos, dispuestos a defender con sus ramas rectas, las vidas de sus dueños. Los hijos de don Martín corren al castillo, que se ve ruinoso y desgarrado, y penetran en él, con el corazón estallando en terror, que al hombre puede. En la torre del homenaje ven a su señora madre que sus cabellos al viento van, cono luto negro que la vida le diera en garantía de tenerlo siempre con ella. Allí se abrazan los tres, que se consuelan y conduelen de la pérdida del gobernador, que al rey representaba en aquella parte del mundo. Rodrigo sube los escalones lento y temeroso, que con espada no puede conquistar aquella plaza, y los ve en racimo de dolientes a los tres. Ella deja a sus hijos y se llega digna y sin aspavientos hasta él, que sus hijos están presentes y no desea enemistarlos ni con ella tener cuitas.

-Soy mujer desgraciada, que la diosa fortuna me ha abandonado y he perdido a mi señor el padre de mis hijos-le dice escueta y con los ojos hablando otro idioma que solo ellos comprenden.

-Aquí está mi alma, que acaba de perder a la que más amaba, mi hija Isabel, que mora con su esposo en Estambul, y jamás ya la podré volver a ver, como muerta queda allá atrás. Decidme si debo tener en mi alma esperanza, de que dama de alta alcurnia quede con migo en tiempos que deben pasara lentos como el goteo de la miel.

-Esperad en mí, señor de Pechuán, que debo el luto guardar, por el señor que dio vida a mis hijos, y partiré en busca de vos, si aun deseáis tenerme por señora de Pechuán, que honor me haríais.-Sus ojos hablan de amor por vez primera y deja que afloren sentimientos largamente reprimidos, que ahora le llenan de esperanza al fin-.Su voz suena baja y queda, que anda con remilgos, ante los descendientes de Santoñán, y debe mantener su honor fuera de toda duda. Se contrae su mente y su rostro enrojece, que le traiciona el sentimiento que por don Rodrigo late, y le empuja suavemente escaleras abajo, antes de que sea tarde, y luchen los varones de la casa por el honor del padre muerto, que ,lo último que desea ella es tal cosa. En el alféizar de una de las ventanas que al patio de armas da, con la cristalera rota por el combate y cerrada como bien se pudo, se abrazan y se besan sin contenerse, que se desean como nadie lo hizo antes que ellos. La calidez de sus cuerpos se mezcla como especias de oriente con el mar que cubre sus vidas. Siente que hace mal doña

Marcia y se separa antes de seguir, que el alma le dice que prosiga y su mente lo contrario, y a esta hace caso al fin. No podrán besarse de nuevo hasta cumplidos dos años si es que el rey no dispone otra cosa, que así es la vida y el honor está en juego. Bajan los dos varones, que buscan a su señora madre, que ahora gobierna el castillo para ofrecerle sus servicios como hombres de armas que son, que experiencia acumulan.

Se mandan mensajeros al rey don Fernando y a la reina doña Isabel de Castilla, para que ellos dispongan de nombrar gobernador en la isla y así dejar al mando de las mesnadas de los dos reinos a quien sepa manejar los asuntos de las armas. Salen raudos, que traerán nuevas de la corte y sabrán a qué atenerse, cuando el rey disponga de sus vidas como a bien tenga.

Los días transcurren rápidos y se deslizan las horas como si el tiempo acelerase el ritmo, para separar a los dos amantes que se miran por los corredores del castillo, seguros de su discreción y conscientes del peligro que esto entraña. Desde las almenas ven llegar la galera que luce el pendón real que anuncia desgracia para ellos y dará nombramiento de gobernador a quien el rey considere digno de tal prebenda. Un bosque de palos de las galeras que esperan ordenes de zarpar en busca de enemigos turcos o berberiscos, puebla el puerto dando seguridad a los moradores de la isla y animando sus corazones que se derritieron con el ataque de los turcos de Bayaceto II. Ven llegar al mensajero enviado que ,lo acompaña un séquito de soldados y dos varones que nobles parecen encabezando la comitiva, y creen que será el nuevo señor de Sicilia. En el gran salón se reúnen por última vez, doña Marcia y don Rodrigo, que en pie permanece a su diestra, con sus hijos a la siniestra, y la guardia de honor lista, para recibir al emisario de los reyes. Suenen los clarines y las trompetas, que es momento de importancia y gran trascendencia, este que viven en el castillo. El sonido de las armas entrechocando en las cinturas de los caballeros y soldados, son lo único que se oye al penetrar en el salón los enviados de los reyes. Ante la señora se planta el emisario que rodilla dobla y cabeza baja ante ella en señal de respeto. Le transmite el sentimiento de pesar del rey y la reina, que sinceros son, pues en muchas ocasiones, les sirvió don Martín de Santoñán, con excelentes resultados, manteniendo a raya a los infieles en aquella parte del mar, y la levanta para mirarla con admiración, que no vio jamás tan bella viuda, que su mente desea, y ha de contenerse.

-Mi señora son los reyes quienes hablan por mi boca, que es su deseo que se cumpla como escrito traigo en este pliego, de tal forma y manera que así ha de hacerse. -Extiende las credenciales para que las alcance don Ramiro que a su madre le entrega con solemne reverencia.- Como veis se ha nombrado varón que regirá la isla en nombre de sus majestades los reyes de Castilla Aragón, Navarra y Granada.

La señora abre el pliego resignada y lee quedando su faz blanca que no cree, lo que allí está escrito. Lo pasa a don Rodrigo que a su vez lee en voz alta parándose en el nombre que allí ha escrito con caracteres góticos la reina misma, doña Isabel de Castilla y refrenda don Fernando de Aragón. Los trazos de tinta negra son claros y nítidos aparecen, que duda no cabe.

-"Don Rodrigo de Pechuán, ha de ser considerado gobernador de Sicilia, y a, tal efecto firmamos doña Isabel de Castilla y don Fernando de Aragón, reyes ambos de los dos reinos."-lee con voz grave, que ve cumplidas sus plegarias imposibles de mano de Dios y los santos que por él interceden. Marcia le mira y se inclina ante el nuevo señor del castillo, más aún hay más en el pliego, que se ha de hacer como se pide, que el deseo de los reyes órdenes son para sus vasallos.

-"Que sabemos del valor de doña Marcia y deseamos ambos reyes, que se cumpla en ella el mandato, que dará regencia a su hijos en caso de fallecimiento de la tal señora doña Marcia y serán herederos de don Rodrigo, que de ellos carece, y por tal se ha de efectuar matrimonio de conveniencia entre ambos sin dilación".

Se miran tensos los dos varones, hijos del finado, que no saben si tomarlo como afrenta grave, o como protección de sus reyes que por sus intereses miran, que de los reyes vienen caprichos que los mortales no comprenden bien, y no es bueno contrariarlos. Miran ahora a los dos interesados y estos se encogen de hombros, que dentro de sí de gozo no caben, sabiendo que los reyes sabios son al unir a dos que se aman sin saberlo, y que poderosos serán aquellos que en los tales se apoyen. Todos en el gran salón esperan la reacción de doña Marcia que la de don Rodrigo clara ha de estar, pues viudo es y de tal manera igual ha de darle. Nobles de la isla y señores venidos de lejos con intención de ayudar a su señor que vasallos suyos eran, ven con buenos ojos la unión de dos feudos que fortalecerá el estado en que se halla la isla debilitada por el ataque de los turcos. Se levanta doña Marcia que aun es la señora hasta delegar poderes en don Rodrigo y dice con voz firma y segura que todos escuchan bien.

-"Yo soy la señora de Santoñán, que dos hijos tengo de tal hombre, que gobernó con mano de hiero esta isla y cumplió con los mandatos de nuestros reyes como ningún otro hiciera...ahora s eme pide que contraiga matrimonio con don Rodrigo, que amigo de mi esposo fue en vida y fiel servidor de los reyes que es. Que se cumpla el deseo de los reyes, que yo no he de oponerme, si mis hijos obtienen los que les corresponde por descender de tan noble varón. Todos admiran su obediencia, y aplauden su destino, que varón poderoso es don Rodrigo, y ha de darle cuanto desee, que la protegerá como hiciera con su primera mujer, que la amó tanto que leyendas se cuentan de sus amores entre ambos.

Ramiro y Enrique de Santoñán se felicitan de tener en el castillo como padre putativo a don Rodrigo, que como padre lo ven al cabo, y se ciñen a los deseos de sus reyes con placer. Pasan los días y ven como pueden sentarse juntos, amarse sin ataduras ni estorbo, y como la isla se recupera con las donaciones de los hebreos y comerciantes, que les conviene a todos que el ritmo se alce para comprar y vender las mercaderías de oriente que allí llegan como intermediarios que son. Marcia pasea con su recién esposo don Rodrigo que ahora es señora de Pechuán y tiene sus deseos cumplidos. Trece galeras quedan bajo el mando de don Rodrigo y éstas traen de continuo presas turcas que entre ellas están hoy dos varones de raza judía que le son familiares por sus rasgos a don Rodrigo, que manda llevarlos a él para interrogarlos en persona como es su costumbre con los del pueblo de Israel.

Ve en ellos a don Isaac Abravanel y el rostro palidece, que al fin podrá satisfacer la deuda que contrajo con el judío en Estambul, y así zanjarla de una vez, que le causa placer llevarlo a cabo.

-¿Acaso no sois vosotros los dos hijos de don Isaac Abravanel?-inquiere don Rodrigo par ver la templanza de los dos jóvenes.

-Sí mi señor, que no hemos de negar lo que con orgullos llevamos y que su sangre es.

-Debo mucho a vuestro señor padre y he de pagarle con vuestras vidas lo que por mi hija realizó en tierras de Estambul con acierto y afecto para ella. Contadme por demás como habéis llegado a esta situación, que daba por perdidos mis deseos de ayudaros a ambos.

-Señor fuimos capturados por la santa inquisición, que exigió de nuestras personas oro en tal cantidad, que veinte kilos de oro habían de ser. No poseíamos tal cantidad y al regresar los soldados nos tomaron presos y llevaron encadenados en fila de a dos. Que estaban dispuestos a torturarnos y así poder saber del paradero de nuestra fortuna, que daban por mucha. Más al pasar por la costa en que debíamos embarcar con destino a nuestra cárcel definitiva…los turcos atacaron la comitiva y mataron a todos salvo a los esclavos ya al oficial que al mando llevaba la caravana de esclavos. Embarcaron nuestras personas en sus galeras y al enfilar el mar abierto, las naves d los reyes católicos tomaron cada una de ellas destruyendo dos y apresando las tres restantes. Presos de nuevo nos trajeron a la isla y el resto ya conocéis mi señor...

Don Rodrigo cae en cuenta de que la providencia le pone en el camino la oportunidad de satisfacer la deuda contraída y hace gala de misericordia con los dos hebreos. Piensa en que Abravanel sabrá comprender como se siente un padre que recupera a sus hijos y les unirá un lazo más fuerte que la sangre misma. Los dos varones se presentan como aguerridos caballeros, que lo serían de ser cristianos y nada envidian la planta de los tales. Manda que se les de cobijo como a embajadores de un reino, y que se preparen tres galeras que lucirán el pabellón de su padre para llevarlos con bien a Estambul, a presencia de su augusto padre el señor Abravanel. Don Alvaro será el encargado de hacer tal cosa y así y de esta manera poder espiar las galeras y fuerzas del sultán, que han de saber si seguro se halla la isla.

BAYACETO II EL TOLERANTE

Han pasado tres meses de que legaran a brazos de su padre, don Isaac Abravanel, los dos vástagos mayores salvados por mano de Yavéh y de don Rodrigo, que gran fiesta dio, para todos los que compartían tal ánimo. Bayaceto se lamenta en su palacio aun de la partida de tan grandes estrategas, que se queja de tenerlos por enemigos a causa de la fe. Las tropas de las fronteras del este usan todavía las técnicas d épicas en cuadro que les enseñase don Felipe de Leizo, y triunfan con ellas contra los agresivos mongoles. Los ulemas escasos antes de nuevo gobiernan en su trono, que se sientan a su lado, y la sultana madre en el harén confinada se halla, por no tener mesura en sus consejos. Selim queda como señor al lado del sultán, que los ulemas le temen, por la temible influencia que detenta sobre el monarca turco. Las escuadras del sultán se enfrentan a las de los reyes católicos y barren del mar oriental a los que osan penetrar en él, más en el sector occidental reinan ellos, que detentan el poder, y desean ampliarlo a costa de sus dominios. Se pregunta el monarca bajo su turbante enorme y enjoyado, la razón por la que combaten los hombres, que anhelan el poder, como si la ambrosía de los dioses la sangre humana fuera. Riegan con ella la tierra que se fertiliza para dar nuevos varones, nuevas hembras, que darán a su vez otros combatientes para otros reyes, tan ambiciosos o más que sus predecesores.

El humo de los pebeteros asciende y recuerda al sultán que antes de él hubo otros, y aun después habrá otros más, que no darán cuartel a los que no se plieguen a la fe de Mohammed.

En el barrio judío es David Bejhat quien medita sobre lo que es trascendente y lo que no, y sueña con retornar a Sefarad un día tras visitar Jerusalén. Rememora los sucesos que han tenido lugar y ve dos Isabeles, dos caras de una misma moneda. Isabel de Castilla reina de poderosas mesnadas que le dan cuanto anhela sin que nadie lo impida, y del otro lado, Isabel de Sefarad, la que por amor renuncia a la vida fácil para ser quien no iba a ser, y sin embargo le embarga la felicidad que el destino regala a quien lucha por tales cosas. Isabel, Isabel...piensa en voz alta y se vuelve su esposa que sonríe al oírle. Solo pensaba, pero le agrada saber que su dueña está alerta, para que no se pierda la llama que arde en los corazones de los que supieron dejar atrás, todo lo que superfluo es, y quedarse con esto que da, lo que los hombres buscan.

¡¡Ah, Isabel, Isabel...Isabel de Sefarad...!!

Kendall Maison

Fin